다산 정약용의 토지개혁사상

홍덕기 저

다산 정약용의 토지개혁사상

전남대학교출판문화원

A Study on Tasan Chong Yak yong's Land Reform Thought by Hong Duk-Ki

▪ 개정판 머리말

이 책을 쓴 지 20년 가까운 세월이 흘렀다. 다산 정약용의 「전론(田論)」을 접하고 받은 여러 가지 충격과 의문을 해결하고자 쓴 『다산 정약용의 토지개혁사상』은 2001년도 문화관광부 우수학술도서로 선정되는 등 나름대로 좋은 평가를 받아왔다. 그런데 초판 출간 이후 오랜 세월이 흐른 만큼 이제 학계의 진전된 연구결과를 반영해야할 필요가 있었고, 개인적으로도 정년을 앞두고 다산의 토지개혁사상을 정리할 필요성 때문에 개정판을 준비하게 되었다.

그리고 그때만 해도 한자를 많이 사용해 책을 쓰는 것이 일반적이었던 데다, 중국이나 우리나라 조선시대의 토지개혁사상을 다루는 이 책의 특성 때문에 한자를 많이 쓸 수밖에 없었다. 그러나 요즘은 한글 사용이 대세여서 그 흐름을 이 책에서도 반영하되, 괄호 안에 더러 한자를 첨가해 보는 이들의 이해를 돕고자했다. 그리고 군데군데 필요한 곳에 업데이트를 했다.

나는 지난 20년 가까운 세월 동안의 연구 성과를 새로 반영하려고 했다. 여러 흐름을 살피고 들여다보았지만 연구 결과, 나의 이전의 주장을 근본적으로 바꿀만한 특별한 근거를 찾지 못했기에 결론은 그대로 유지하였다.

나는 실학파의 토지개혁사상은, 거시적으로 보아 그 근원을 중국의 정전제(井田制)에 두고 있으며 철학적으로는 그 근원을 중국의 유교사상에 두고 있다고 인식하고 있다. 총체적으로 보아 실학파나 다산의 토지개혁사상을 서구적인 근대지향으로 이해하기보다는 당시 조선후기사회의 왕권강화와 관련된, 봉건체제 테두리 내의 진보적인 개혁안으로 재검토해야 한다는 주장을 유지했다.

나는 대학에서 주로 서양경제사상사를 강의하고 연구하면서 역량이 쌓이면 한국의 경제사상 특히 다산의 경제사상과 서양학자들의 경제사상을 비교연구해보고 싶었다. 그래서 오랫동안 관심을 가지고 들여다보았으나 끝내 만족할만한 결실을 맺지 못한 것이 못내 아쉽다.

그동안 연구를 도와준 많은 분들께 감사드린다. 책을 잘 꾸며준 전남대학교출판문화원 여러분께도 감사드린다.

2018년 12월

저자 씀

■ 머리말

다산 정약용의 토지개혁사상에 관한 연구는 그간 적지 않게 이루어져 왔다. 그러나 지금까지의 연구는 경제사상과의 연관을 소홀히 하고 경세적(經世的) 측면에만 관심을 두었거나 어느 일부분에 지나치게 한정된 연구를 해 왔기 때문에, 다산의 토지개혁사상을 전체사와 연관하여 종합적이고 거시적으로 파악하는 데에는 한계가 있었다고 생각한다.

또한 기존의 연구에 의하면 실학사상은 탈성리학적, 근대지향적, 민족주의적 성격을 지니고 있으며 실학의 집대성자인 다산의 사상 특히 그의 토지개혁사상은 그 정점에 있다고 분석되고 있다. 그러나 이와 같은 결론은 식민사관의 극복이라는 문제에 너무 집착한 나머지 근대적인 면만을 살피는 부조적(浮彫的)인 연구에 치중한 결과이며, 그로 인해 당시 다산이 처해 있던 시대적·계급적 제약성을 간과했던 데에서 연유된 것이 아닌가 생각한다. 필자는 총체적으로 보아 실학파나 다산의 토지개혁사상을 서구적인 근대지향으로 이해하기보다는 당시 조선후기사회의 왕권강화와 관련된, 봉건체제 테두리내의 진보적인 개혁안으로 재검토해야 한다고 본다.

필자는 실학파의 토지개혁사상은 거시적으로 보아 그 근원을 중국의 정전제(井田制)에 두고 있으며 철학적으로는 그 근원을 중국의 유교사상(儒教思想)에 두고 있다고 인식하고 있다. 그래서 다산의 토지개혁사상을 유교사상과 연관시켜 살펴 보았다. 다산의 토지개혁사상은 「농책(農策)」, 「응지논농정소(應旨論農政疏)」 등의 초기농업론에 이어 「전론(田論)」의 여전론(閭田論), 그리고 만년에 『경세유표(經世遺表)』의 정전론(井田論)의 순서로 전개되고 있다. 그러나 필자는 저작연대와 상관없이 사상적으로 보아 다산의 토지개혁사상의 발전을 여전론으로 이행하는 것으로 봤던 만큼, 이 책에서는 다산의 토지개혁사상 가운데 여전론을 중심으로 살펴보았다.

흔히 다산이 활동했던 조선후기 사회를 삼정(三政)의 문란과 계급 차에 따른 빈부의 극심한 갈등으로 변혁이 요구될 수밖에 없는 사회로 설명한다. 다산은 조선사람 중 2할 밖에 안 되는 소수가 전 국토의 대부분을 소유했다는 것이 갈등의 가장 중요한 요인이라고 봤다. 그런데 오늘날에도 그 수를 약간 넘는 소수가 전 국토를 차지하고 있다. 2백 년 전 다산이 간파한 사회적 모순 즉 빈부의 격차 및 토지소유자의 심한 편재현상은 오늘날에도 계속되고 있다. 따라서 시공의 한계가 있는 것이 사실이지만 여전제를 오늘날의 경제·사회적 시각에서 재해석한다면 이를 통해 한국의 토지문제를 통찰할 수도 있을 것이다. 여기에 다산 정약용의 여전론을 살펴보는 현대적 의의가 있다.

물론 이 책에서는 한국의 토지문제를 해결하는 직접적 방안으로 여전제를 연구하려는 것이 아니다. 현실을 파악하고 현실을 개조하기 위한 실천적 관심에서 비롯한 연구작업은 차후로 미루고, 이 책에서는 학문적 관심 즉 객관적 연구 대상으로서 여전론으로 표징되는 다산의 토지개혁사상에 표적을 맞추고자 했다.

이 책은 필자의 박사학위 논문을 보완한 것이다. 필자가 박사학위과정을 이수하고 있을 때 토론을 위해 자료를 찾던 중, 다산의 「전론(田論)」을 접하고 받은 여러 가지 충격과 의문을 해결하고자 택한 주제가 「다산 정약용의 토지개혁 사상 연구 - 여전론을 중심으로」였다.

필자가 대학에서 주로 서양경제사상사를 강의하고 연구하게 되면서 학위과정 때 연구하였던 한국경제사상사 특히 다산의 토지개혁사상을 일단 정리할 필요성을 느끼게 되었다. 그것이 이 책을 쓰게 된 동기이다. 언젠가 역량이 쌓이면 한국의 경제사상 특히 다산의 경제사상과 서양의 경제사상을 비교연구해 보고 싶은 것이 필자의 소망이다.

이 책을 쓰는 데는 여러 사람들의 도움을 받았다. 먼저 학문의 길을 열어주셨던 지도교수 박광순 선생님의 은덕을 잊을 수 없다. 여러모로 조언해 주신 고 조기준 교수님과 정병휴, 안진오, 박광서 교수님께 감사드린다. 그리고 많은 자료를 제공해 주신 전남대의 정병련, 최대우 교수님과 광주여대의 정성일 교수님, 서석고의 김병찬 선생님, 다산학연구원의 강기욱 선생께도 감사드린다.

그러나 이 책이 가지고 있는 여러 한계는 전적으로 필자의 한계라는 것을 밝혀둔다.

2001년 3월

전남대학교 용봉캠퍼스에서

저자 씀

차 례

제4장 우리나라의 토지개혁사상 / 087

제5장 다산 정약용의 토지개혁사상 / 141

제1장 서 론

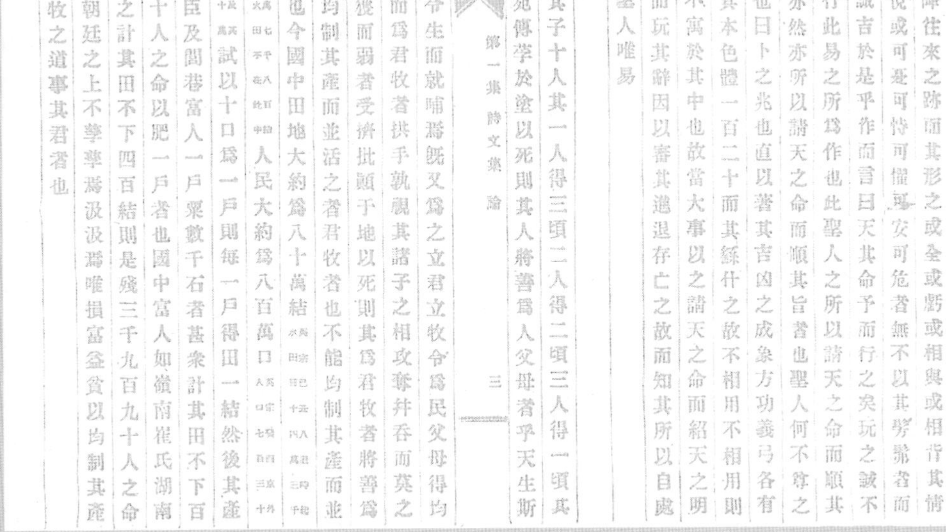

畫之象察其所升降往來之跡而其形之或全或虧或相與或相背其情
之或舒或蹙或可悅或可畏可恃可懼焉安可危者無不以其勞鬱者而
玩之[illegible]玩之誠吉於是乎作而言曰天其命予而行之矣玩之誠不
吉兢兢然莫之敢行此易之所爲作也此聖人之所以請天之命而順其
旨者也曰然則卜亦然亦所以請天之命而順其旨者也聖人何不尊之
爲六經使其書亡也曰卜之兆也直以著其吉凶之成象方功義弓各有
定體兩齊蓋圈各具本色體一百二十而其繇什之故不相用不相用則
其升降往來之象不寓於其中也故當大事以之請天之命而紹天之明
則長於易者夫居而玩其辭因以審其進退存亡之故而知其所以自處
也則唯易有之故聖人唯易

田論一

有人焉其田十頃其子十人其一人得三頃二人得二頃三人得一頃其
四人不得焉啼號宛轉莩於塗以死則其人將善爲人父母者乎天生斯

與猶堂全書 第一集 詩文集 論 三

民先爲之置田地令生而就哺焉既又爲之立君立牧令爲民父母得均
制其產而並活之而爲君牧者拱手熟視其諸子之相攻奪幷吞而莫之
禁也使強壯者益獲而弱者受擠批顚于地以死則其爲君牧者將善爲
人君牧者乎故能均制其產而並活之者君牧者也不能均制其產而並
活之者負君牧者也今國中田地大約爲八十萬結[illegible]
[illegible]人民大約爲八百萬口[illegible]
[illegible]試以十口爲一戶則每一戶得田一結然後其產
爲均也今文武貴臣及閭巷富人一戶粟數千石者甚衆計其田不下百
結則是殘九百九十人之命以肥一戶者也國中富人如嶺南崔氏湖南
王氏粟萬石者有之計其田不下四百結則是殘三千九百九十人之命
以肥一戶者也而朝廷之上不孶孶焉汲汲焉唯損富益貧以均制其產
之爲務者不以君牧之道事其君者也

田論二

제1장 서 론

제1절 문제의 제기

토지는 인류가 출현하기 이전부터 이미 존재해 온 대표적인 천혜의 자원으로서 인간 생존 자체에 불가결한 절대적 존재이다. 또한 토지는 고래로 가장 중요한 보편적 생산수단이며 노동과 더불어 인간의 근원적 생산수단이다.[1] 따라서 인류의 역사는 인간과 토지와의 관계라고 해도 과언이 아니다. 농업생산이 압도적인 비중을 차지하는 전근대사회에서 토지는 기본적 생산수단으로서 근대사회의 상품과 대비되는 부(富)의 포괄적 기반이 되고 있다. 토지는 단순히 객관적인 천여의 노동장소일 뿐만 아니라 노동수단의 일대 창고요, 무기고요, 거주지이기도 하기 때문이다.[2]

전근대뿐 아니라 근대에도 토지는 생산의 주요 기본요소일 뿐만 아니라 자칫 배분이 잘못되면 사회 불평등의 근원이 되기 때

1) 김준보, 『토지이론과 지대이론』, (한길사, 1987), p.9.

2) K. Marx, *Pre-capitalist Economic Formations,* (New York : International publishers, 1964), p.69 참조.

문에 예나 지금이나 모든 사람에게 집착의 대상이 되어오고 있다.

그럼에도 불구하고 인간의 발전과정을 소유사적인 측면에서 살펴보면 공유(共有) 속에서 사유(私有)가 싹터 점점 공유(共有)를 침식해 가는 과정이라고 할 수 있다.

인간의 사회구성 중 가장 먼저 나타난 원시공동체에서는 생산력이 매우 낮았기 때문에 집단성, 공동소유, 공동분배를 바탕으로 하고 있었고 따라서 토지는 공동체적 토지소유의 형태를 지니고 있었다.

원시공동체 안에서 생산력의 발전과 더불어 여전히 토지의 공동점취가 토대를 이루면서, 한편으로는 그 내부에서 사적점취가 단서적으로 발생하고 노동용구의 사적점취라는 이원성이 싹터 자라면서 마침내 원시공동체는 붕괴하지 않을 수 없게 된다. 원시공동체가 무너지면서 나타난 새로운 공동체의 가장 중요한 특징은 공유(共有)와 사유(私有)가 함께 존재한다는 사실이다. 이 새로운 공동체는 토지의 사적 점취도의 진전 등에 따라 아시아적 형태, 고전 고대적 형태, 게르만적 형태라는 단계적 발전을 거치며[3] 마침내 공동체가 분해되고 사유의 전면적 확대가 이루어진 자본주의가 도래한다.

역사적으로 봉건사회의 발전과 더불어 공권적 질서에 의거하는 영주적 또는 국가적 토지소유권이 약화되어 가는 반면에, 토지경작권의 사유화가 강화되면서 근대적인 사적소유의 확립을 보게 된다. 그런데 그 시기는 근대적 요소의 발전에 따르는 봉건사회의 몰락기와 더불어서 이며, 대체로 서구의 시민혁명을 거쳐

3) 大塚久雄, 『共同體の基礎理論』, 改版, (岩波書店, 1970) ; 박광순, 『한국어업경제사연구-어업공동체론』, (유풍출판사, 1981), pp.27~34.

산업혁명기에 이르러서이다.

근대에 이르러서는 토지사유권의 법제도가 확립되고 그로 인해 지나칠 정도로 사유권의 강조 내지는 일반화로 인하여 그 역기능적인 측면, 즉 현대사회에서 보는 바와 같은 많은 토지 문제를 발생시키기에 이른다.

한국에서도 토지문제는 전 역사과정을 보더라도 오늘에 이르기까지 그 방향을 정립하지 못하고 방황하고 있다고 할 수 있다. 국가적 토지소유제를 왕조지배체제 유지, 존속의 기반으로 한 고려와 조선시대는 국가적 토지소유제와 사전화(私田化)의 갈등의 반복이었고, 개항이후는 소작제와 경자유전의 농민적 토지소유제의 혼란이 거듭되고 있는 현실이었다.[4)]

흔히 조선후기 사회를 삼정(三政)의 문란과 계급 차에 따른 빈부의 극심한 갈등으로 변혁이 요구될 수밖에 없는 사회로 설명한다. 다산은 조선사람 중 2할 밖에 안 되는 소수가 전 국토의 대부분을 소유했다는 것이 갈등의 가장 중요한 요인이라고 보았다.

그런데 오늘날에도 그 소수를 약간 넘는 수가 전 국토를 차지하고 있다. 2백 년 전 다산이 간파한 사회적 모순, 즉 빈부의 격차 및 토지소유자의 심한 편재현상은 오늘날에도 계속되고 있다. 따라서 시공의 한계가 있는 것이 사실이지만 여전제(閭田制)를 오늘날의 경제·사회적 시각에서 재해석한다면 이를 통해 한국의 토지문제를 통찰할 수도 있을 것이다. 여기에 다산 정약용의 여전론을 살펴보려는 현대적 의의가 있다.

물론 이 연구에서는 한국의 토지문제를 해결하는 직접적 방안

4) 이영협, 「실학파의 경자유전론」, 『낙원지』, 제14집, 건국대, 1979), p.35.

으로 여전제를 연구하려는 것이 아니다. 현실을 파악하고 현실을 개조하기 위한 실천적 관심에서 비롯한 연구작업은 차후로 미루고 이 책에서는 학문적 관심, 즉 객관적 연구의 대상으로서 여전론에 표징되는 다산의 토지개혁사상에 표적을 맞추고자 한다.

주지하는 바와 같이 중국역대의 토지제도는 주대(周代)의 정전제(井田制)의 부활을 그 궁극적 목표로 하고 있다. 정전제란 고대 중국의 하(夏), 은(殷), 주(周)대에 시행되었다고 전해지는 토지제도로서 후세 유가(儒家)의 이상이었다. 이 제도는 언제고 부패한 사회의 혁신과 병행하여 전제의 개혁론이 대두될 때마다 위정자들 간에 논의된 바 있었으나 그 시행의 난점 때문에 논의에만 그치는 경우가 많았다.

정전제의 실재에 대해서는 논쟁이 많으나 실재 여부를 떠나서 중요한 것은 유가고전에 나타나 있는 국가적 토지소유(公田制)의 이념이다. 즉 국가적 토지소유의 원칙에 의하여 농민에게 토지를 균등 분배한다고 하는 사상이 그 후 중국의 지배계층에게 계승되어 호족의 토지집중을 방지하고 농민을 국가권력의 장악 하에 확보하려는, 현실의 정책적 요구를 정당화하는 데에 중요한 역할을 했다는 점이다. 이와 같은 국가적 토지소유의 이념이 중국의 역사과정에서 실제로 현실적인 토지제도로서 구체적인 형태를 취하여 나타난 것이 이른바 북위(北魏)~수당(隋唐)의 균전제(均田制)이다. 균전제 역시 중국 역대의 토지제도에서처럼 주대의 정전제의 부활을 의도한 것이다.

여하튼 이와 같은 균전제도는 우리나라와 일본, 베트남 등 여러 나라에 영향을 주었는데, 한국 역사상의 토지제도는 이 중국제도의 영향을 적지 않게 받은 것으로 생각한다.[5]

조선후기에 들어 가장 줄기차게 토지개혁을 주장한 실학파들에게서 공통적으로 찾아볼 수 있는 것은 토지겸병의 반대와 정전제에서 영향을 받은 토지개혁사상이라 할 수 있다. 그들은 토지겸병을 지양하는 토지개혁의 모델을 일차적으로 정전제에서 찾으려 하였고, 정전제의 본질을 살리는 방향에서 개혁의 지표를 설정했다. 이렇게 볼 때 정전제는 중국뿐만 아니라 우리나라에서도 일찍부터 이상적인 토지제도로 간주되어 왔다고 할 수 있다.

이 연구에서는 우리나라의 실학파들의 토지개혁사상이 그 근원을 중국의 토지개혁사상 특히 중국의 정전제(井田制)에 두고 있으며, 철학적으로는 그 근원을 유교사상(儒教思想)에 두고 있다는 인식하에 논의를 전개하려고 한다.[6)]

지금까지의 실학연구는 성리학자들이 지주전호제(地主佃戶制)를 옹호하는 중세사회의 생산관계로 규정하고, 실학 사상가들의 균전론(均田論), 한전론(限田論)은 지주전호제를 부정한다[7)]고 파

5) 한국에서의 균전제의 존부에 대해서는 浜中 昇, 『朝鮮古代の經濟と社會-村落·土地制度史 研究』, (法政大學 出版局, 1986), pp.88~120을 참조할 것.

6) 물론 이같은 인식은 1930~40년대의 일본 관학자들(예컨대 末松保和, 藤塚隣, 山口正之, 高橋停 등)의 주장과 같은 타율성론, 외재론에 빠질 위험성이 있다. 타율성론, 외재론을 전개한 저작으로는 末松保和, 「朝鮮正祖朝に於ける書物傳來の一例-古今圖書集成の場合-」, 『朝鮮』, (1937) ; 藤塚隣, 「李朝の學人と乾隆文化」, 『淸朝文化東傳の硏究』, (國書刊行會, 1975) ; 藤塚隣, 「朴楚亭·柳惠風の入燕と淸儒」, 같은 책 ; 山口正之, 「近世朝鮮に於ける西學思想の 東漸と其の發展」, 『小田先生頌壽紀念朝鮮論集』, (1934) ; 高橋亨, 「朝鮮學者の土地平分說と共産說」, 『服部先生古稀祝賀紀念論文集』, (1936); 淺見倫太郎, 『朝鮮法制史考』, (1922) 등이 있다. 이들의 주장에 전적으로 따른다면 실학은 중국사상의 이 땅에서의 축소판에 불과할 뿐이라는 비판이 있을 것이다(정창렬, 「실학」 이가원 등편, 『한국학연구입문』, (지식산업사, 1981), pp.288~289). 그러나 오늘날의 연구에서도 중국사상-청조문화(淸朝文化)의 영향 또는 청조(淸朝)에 전래되었던 서구문화-을 실학발생의 절대적 요인으로까지는 보지 않으나 중요한 인자로 보는 학자가 없지 않다.

악하고 따라서 실학사상은 농민의 이해를 대변한 사상이요, 또한 근대지향적인 것으로 보아 왔다.

그러나 필자는 균전·한전사상 등은 역사적으로 대토지소유자에 의한 토지겸병이 심하게 진행됨으로써 농민들이 영락하게 됨에 따라, 계급적 모순이 첨예화되던 시기에 봉건사회의 모순을 수습해 보려는 통치자들과 그 대변가들에 의하여 제기되었다는 점을 중시하고자 한다.

우리나라에서 균전론·한전론이 심각하게 제기되기 시작했던 것은 16세기를 전후한 시기-특히 임진왜란 후였다. 또한 이 개혁론이 비단 실학사상가들뿐만 아니라 집권계급 내부에서도 논의되었다[8]는 것을 고려해 본다면, 균전론이나 한전론이 실학파사상가에 국한되지 않고 봉건정부에서도 논의된 봉건적 토지정비론의 성격이 강했음을 부인할 수 없다 하겠다.

이렇게 볼 때 균전론·한전론은 농민을 위한 측면보다는 봉건통치를 유지하기 위한 봉건통치의 계급적 이해관계에서 나온 것으로 볼 수 있다. 결국 다산을 포함한 실학자들의 토지개혁사상은 봉건적 한계를 벗어날 수 없었으며, 다만 부분적 개량으로써 봉건국가의 장구한 이익을 옹호하는 견지에 서려 했음을 구명하는

7) 김용섭, 「주자의 토지론과 조선후기 유학」, 『연세논총』(인문과학 편) 제21집, (연세대학교 대학원, 1985) 참조.

8) 1739년(영조 16년)에 검토관 서명신(檢討官 徐命臣)은 영조에게 "비록 정전법은 실시할 수 없다 하더라도 만약 한(漢)나라 때의 한전법(限田法)을 실시한다면 빈민들이 보장될 수 있다"고 제안하였다. 이에 대하여 영조는 "비록 한전법을 실시한다 하여도 거저 빼앗아 빈민에게 나누어 줄 수도 없고 또한 국가에서 값을 주고 모두 살 수도 없는 이상 빈민들이 어떻게 자체적으로 살 수 있겠는가? 겸병의 폐단은 비단 토호들뿐만 아니라 높은 양반관리들도 역시 그러하다. 팔도가 모두 이러하니 소민(小民)들이 매우 불쌍하다."고 하였다.(『英祖實錄』 권51, 16년 2월 甲申日).

것을 이 연구의 목적으로 삼고자 한다.

제2절 연구의 방법과 구성

1. 연구의 방법

다산은 흔히 조선후기 실학의 집대성자로 일컬어지고 있다. 집대성이란 말은 일차적으로는 조선후기 실학의 여러 유파들, 즉 경세치용이니 이용후생이니 실사구시니 하는 여러 유파의 사상을 통합했다는 의미를 지닌다. 그러나 그것보다는 오히려 수성지학(修省之學)에 치중한 성리학의 한계를 벗어나 수성지학(修省之學)=수기지학 (修己之學)을 근본으로 삼아 경국제세(經國濟世=치인(治人)의 이상을 실현한다는 유학(儒學)의 근본이념을 재천명한[9] 데에 보다 중요한 의미가 있다고 생각한다. 즉 조선조 후기에 당시 사회의 모순과 폐해를 극복하기 위해 다산이 제시한 경제적인 모든 개혁사상은 그의 육경사서(六經四書)의 경학을 발판으로 하여 이루어진 것[10]이라 볼 수 있다.

따라서 다산 사상의 올바른 이해를 위해서는 두 가지 측면에서 접근하는 것을 고려해봐야 할 것이다. 먼저 들 수 있는 것은 경학적(經學的) 측면의 접근으로, 이는 전통적인 유학사상에 기초하여 다산의 실학이 지니는 성격과 그 위치를 해명하는 것이다. 다음은 경세적(經世的) 측면의 접근방법으로 이를 살펴보기 위해서는

---

9) 안진오, 「≪맹자요의≫고」, 최대우 외, 『정다산의 경학』 (민음사, 1989), p.131.

10) 같은 논문, p.133.

역사적 조건과 계급적 성격을 아울러 살펴야 할 것이다.

다산의 토지개혁사상에 대한 직접, 간접의 연구는 결코 적은 양이 아니다. 그러나 다산 토지개혁사상에 관한 지금까지의 연구는 지나치게 경세적 측면의 접근에만 치우쳐 있고 경학적 측면은 경시되어 왔다. 또한 연구의 세분화 및 연구영역의 확대가 지나침으로 해서[11] 그의 토지개혁사상을 전체사와 연관시켜 거시적으로 파악하지 못하는 한계를 보여 온 것도 사실이다.

다산은 수기(修己)와 치인(治人), 경학(經學)과 경세학(經世學)을 둘로 보지 않고 하나로 보면서 하나의 인격을 전인적으로 파악하려고 노력했다. 다산은 유배된 18년 동안에 이루어진 자기의 저술에 관해 자서전 가운데서 다음과 같이 정리하였다. "육경사서(六經四書)로는 몸을 닦게 하고, 일표이서(一表二書)로는 천하국가를 위하게 한 것이니, 이로써 본(本)과 말(末)을 갖추게 되었다.[12]" 다산은 당시에 주자학자, 혹은 성리학자들이 관념론적인 공리공론에 빠져서 인생의 진솔한 문제를 소홀히 다루었기 때문에 반사적으로 경세학에 치중했다고 볼 수 있다. 다시 말하면 일부 학자들이 너무 수기지학(修己之學)에 치중했기 때문에 그는 경세학에 치중했던 것이다. 그리하여 다산 자신은 일표이서(一表二書)를 저술하고 여전론과 같은 독특한 토지개혁론을 창안·제창한 것이다.

필자는 실학파의 토지개혁사상은 전술한 바와 같이 거시적으로 보아 그 근원을 중국의 정전제(井田制)에 두고 있으며 철학적

---

11) 한상권, 「조선후기」, 『역사학보』 제116집, (1987. 12), p.303

12) 『與猶堂全書』 제1집, 제16권, p.18, 「自撰墓地銘(集中本)」. 이 책에서 원전을 인용할 때는 일률적으로 우리말로 새겨서 쓰기로 한다.

으로는 그 근원을 중국의 유교사상(儒教思想)에 두고 있다고 인식한다. 즉, 실학자들의 토지개혁사상은 궁극적으로는 정전제를 지향하고 있으며 그 기초가 되는 것은 유가고전에 나타나 있는 국가적 토지소유의 이념인 것으로 본다.

이을호는 다산으로 대표되는 실학사상이 송대 정주학(程朱學)을 극복하고 원시유교(洙泗學)를 지향했다고 주장한다. 즉, 다산 유학의 철학적 근거는 한(漢)·당(唐)·송(宋)·명(明)이 아닌 선진(先秦)의 수기치인(修己治人)의 수사학적 맹자학에서 찾아야 한다는 것이다. 이을호의 유학론은 시공의 조건 하에서도 불변하는 본질로서의 수사학적 원시유학을 강조하는 철학적 입장을 취했다는 점에 그 특색이 있다[13] 할 것이다.

그렇다면 우리가 다산의 토지개혁사상을 살피기 위해서는 먼저 중국의 유교사상 특히 고대의 원시유교사상을 살피지 않으면 안될 것이다. 원시유교란 무엇이며 그것은 어떠한 사회적 배경에서 탄생했으며, 특히 인정(仁政)·덕치(德治)사상은 봉건사회의 통치와 어떻게 연결되는가. 송대에 나타나는 주자학은 원시유교에 비해서 어떤 점이 변질되었는가. 주자학은 어떻게 우리나라에 영향을 미쳤으며 다산이 어떻게 원시유교에 회귀했는가 등도 살펴야 할 것이다.

그러므로 이 책에서는 다산의 토지개혁사상 연구에 종래 흔히 사용되어 오던 경세위주의 측면만을 대상으로 하는 연구시각을 지

13) 이을호, 『다산경학사상연구』 (을유문화사, 1966) ; 이을호 「이조후기 신유학의 경학사상사적 연구」, 『철학』 8, (1974) ; 이을호 「실학사상의 철학적 측면」, 『한국사상』 13, (1975) 참고. 이을호는 다산의 경학이 수사학(洙泗學)을 지향하였다는 점을 밝힌 면에서는 일정한 기여를 하였다고 할 수 있다.

양하고, 그의 경학을 기초로 한 사상적 구조의 파악에 관심을 가지고 철학적 측면에 관한 고찰도 동시에 수행하는 방법을 취하였다. 이와 같은 연구를 수행하기 위해서 기존 제문헌의 분석과 기타 2차 자료의 분석을 병행하는 방법을 택하였다.

2. 이 책의 구성

1) 제2장에서는 선행 연구를 검토한다. 여기서는 김용섭, 신용하 등 남한학계의 선행연구들이 다산의 토지개혁사상을 근대지향적인 것으로 파악하고 있는데, 이를 비판하여 다산의 토지사상은 진보적인 면이 있으나 봉건적 테두리를 벗어나지 못했음을 설명한다. 아울러 북한학계의 연구성과도 검토한다.

2) 제3장에서는 중국의 토지개혁사상을 살펴본다. 상술한 바와 같이 실학파 내지 다산의 토지개혁사상의 연원이 될 것으로 생각되는 중국의 정전제를 중심으로, 중국역대의 토지개혁사상을 유교사상의 이데올로기와 연관하여 살펴볼 것이다.

3) 제4장에서는 우리나라의 토지개혁사상을 살핀다. 먼저 고대 이후 실학파 이전까지 우리나라 토지개혁사상이라고 할 만한 것을 추출해 본다. 이어서 조선지배계급의 통치사상인 유교사상이 어떻게 기능했는가를 보고, 다산 이전의 실학자인 반계 유형원, 성호 이익, 연암 박지원의 토지개혁사상 역시 당시로서는 진보적이었으나 봉건적 테두리를 벗어난 것은 아니라는 점을 밝힌다.

4) 제5장은 본 연구의 주제라 할 수 있는 다산의 토지개혁사상을 여전론을 중심으로 살피되, 그 제1절에서는 다산의 토지개혁사상을 유교사상과 연관시켜 살펴본다. 그리고 제2절에서는 다산

의 토지개혁사상의 추이를 살핀다. 다산의 사상 역시 유교적 관념을 완전히 벗어난 것은 아니라고 보기 때문에 다산의 토지개혁사상을 유교사상과 연관하여 고찰한다. 그 다음에는 여전론이 나타나 있는 「전론(田論)」의 작성 연대를 규명하고, 이와 연관하여 다산의 토지개혁사상이 「농책(農策)」, 「응지논농정소(應旨論農政疏)」 등의 초기농업론에 이어 「전론(田論)」에서의 여전론(閭田論), 다음에 만년의 『경세유표(經世遺表)』에서 정전론(井田論)의 순서로 전개되었음을 살핀다. 그러나 저작연대와 상관없이 사상적으로 보아 다산의 토지개혁사상의 발전을 여전론으로 이행하는 것으로 보아야 한다는 점을 밝혀 볼 것이다. 제3절에서는 다산의 여전론을 구상하게 된 배경을 편의상 개인적 배경과 사회경제적인 배경으로 구분하여 살펴보고, 이어서 「전론(田論)」을 중심으로 여전론 토지개혁사상을 살핀다. 여기서는 여전론의 문제의식은 무엇이며, 여공동체(閭共同體)의 운영원리는 무엇이고, 여전론이 갖는 사상사적 의의는 무엇인가를 살펴보고 아울러 시대적, 계급적 한계를 살펴보고자 한다.

5) 제6장에서는 요약 및 결론을 다룬다.

제2장 선행연구의 검토

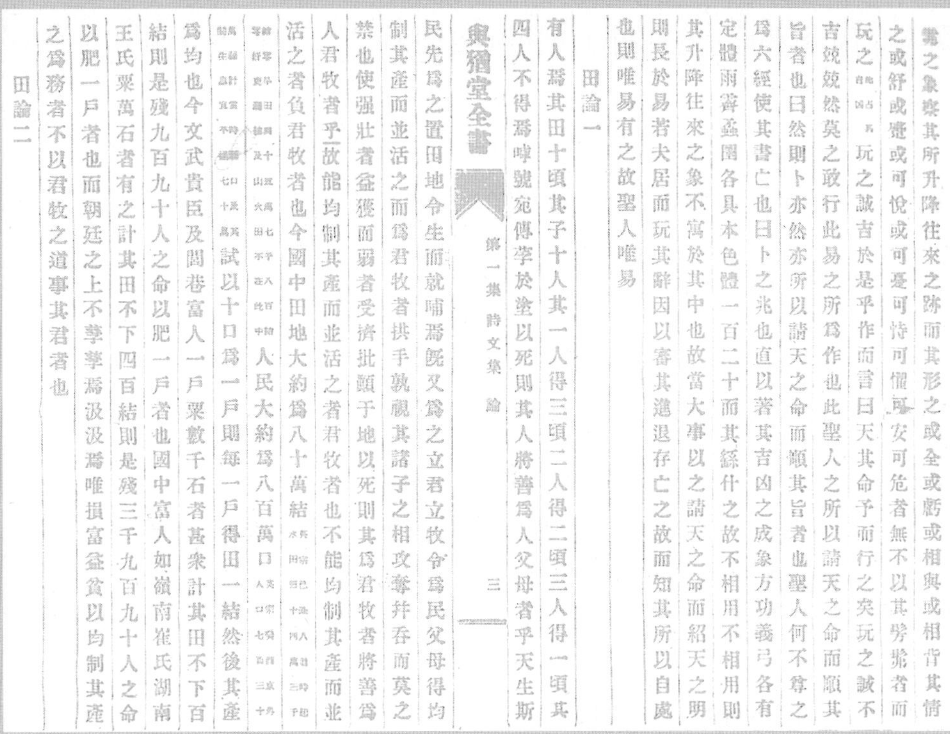
爻之象察其所升降往來之跡而其形之或全或虧或相與或相背其情
之或舒或蹙或可悅或可憂可恃可懼可安可危者無不以其髣髴者而
玩之 玩之誠吉於是乎作而言曰天其命予而行之矣玩之誠不
吉兢兢然莫之敢行此易之所爲作也此聖人之所以請天之命而順其
旨者也曰然則卜亦然亦所以請天之命而順其旨者也聖人何不尊之
爲六經使其書亡也曰卜之兆也直以著其吉凶之成象方功義弓各有
定體雨霽蒙圛各具本色體一百二十而其繇什之故不相用不相用則
其升降往來之象不寓於其中也故當大事以之請天之命而紹天之明
則長於易若夫居而玩其辭因以審其進退存亡之故而知其所以自處
也則唯易有之故聖人唯易

田論一

有人焉其田十頃其子十人其一人得三頃二人得二頃三人得一頃其
四人不得焉啼號宛傳孛於塗以死則其人將善爲人父母者乎天生斯

與猶堂全書 第一集 詩文集 論 三

民先爲之置田地令生而就哺焉旣又爲之立君立牧令爲民父母得均
制其產而並活之而爲君牧者拱手孰視其諸子之相攻奪幷呑而莫之
禁也使强壯者益獲而弱者受擠批顚于地以死則其爲君牧者將善爲
人君牧者乎故能均制其產而並活之者君牧者也不能均制其產而並
活之者負君牧者也今國中田地大約爲八十萬結
人民大約爲八百萬口
試以十口爲一戶則每一戶得田一結然後其產
爲均也今文武貴臣及閭巷富人一戶粟數千石者甚衆計其田不下百
結則是殘九百九十人之命以肥一戶者也國中富人如嶺南崔氏湖南
王氏粟萬石者有之計其田不下四百結則是殘三千九百九十人之命
以肥一戶者也而朝廷之上不孳孳焉汲汲焉唯損富益貧以均制其產
之爲務者不以君牧之道事其君者也

田論二

제2장 선행연구의 검토

다산에 대하여는 실학연구의 일환으로서, 또 조선후기사회에 대한 연구의 일환으로서 다방면으로 많은 업적이 축적되어 왔다.

그런데 지금까지의 실학사상과 다산사상의 연구는 '근대적 요소'의 추출에 그 중점이 두어져 있는 경우가 많았다. 기존의 연구는 실학사상은 탈성리학적, 근대지향적, 민족주의적 성격을 가지고 있으며, 실학의 집대성자인 다산의 사상, 그 중에서도 특히 토지개혁사상은 그 정점에 있다고 주장되고 있다. 말하자면 조선후기사회에서 다산의 사상은 진보적인 것으로만 천착되어 왔다. 그러나 어떠한 사상이든지 그것은 그 시대의 사회적 상황 속에서 구체적이고 객관적으로 평가되어야 한다.

다산의 저서에는 복고적 의지와 근대적 의지가 혼재되어 있으며, 사농공상에 대한 직업의 평등사상이 표현되어 있는 듯도 하다. 그러나 계급적 견지에서도 평등의식을 가지고 있었다고 보기는 어려운 측면이 있으며, 조선조 왕권을 옹호하는 편에 서 있기도 하고 때로는 체제를 부인하는 듯한 혁명의지가 보이기도 한다. 이를 어떻게 평가하여야 할 것인가? 다산의 사상을 어떻게 가름할 수 있느

냐에 따라 실학의 학문적 성격 또한 규명할 수 있을 것이다.

다산사상의 봉건적 측면, 혹은 보수적 관점에 대한 논의는 그 동안 커다란 관심을 끌지 못했다. 그것은 다산이 봉건기에 속한 사상가인 이상 너무도 당연하다는 이유에서 그러했거나, 아니면 민족사의 선각자로 다산을 재해석하는 입장에서 그의 사상의 봉건적 측면을 지적하는 것이 온당치 않을 것이라는 생각이 빚은 결과이기도 하다.[1)]

그 동안의 연구 결과 1960년대 이후의 사회경제사적인 연구성과인 내재적 발전론의 시각에 힘입어 실학의 성격도 발전적으로 규정하려는 시도가 있었다. 보다 구체적으로는 실학사상의 역사적 본질과 그 위치를 민족의식과 근대지향의식으로 파악하기에 이르렀다.[2)]

김용섭은 「최근 실학 연구에 관하여」[3)]에서 실학은 근대적 성격을 가진다고 주장했다. 또 1970년대에 천관우는 「조선후기 실학의 개념 재론」[4)]에서 실학을 유학사상의 테두리를 벗어나지 않는 '개신유학'으로 결론지었다. 그리고 자신의 50년대의 견해를 수정하면서도 결국 그것은 전근대의식에 대립하는 근대정신을, 몰민족의식에 대립하는 민족정신을 의미한다고 주장하고 있다. 정구복도 실학을 '중세체제를 탈피하려는 조선후기의 새로운 학문경향'으로 개념 짓고 있으며[5)] 조기준은 실학의 역사적 성격을

1) 김홍명, 「다산의 전제론-서구 공상적 사회주의와의 한 비교(Ⅰ)」, 『다산의 생애와 사상』 (천주교 광주대교구 정의평화위원회, 1986), p.49.

2) 정창렬, 앞의 글 참조.

3) 김용섭, 「최근 실학 연구에 관하여」, 『역사교육』 6, (1962).

4) 천관우, 「조선후기 실학의 개념 재론」, 『한국문화사대계』 Ⅵ, (고대 민족문화연구소, 1970).

더욱 적극적으로 평가하여 근대 국민주의사상이라고 하였고[6] 김영호는 19세기말 실학이 개화사상으로 계승, 발전되었다는 새로운 견해를 제시하기도 했다.[7]

실학사상을 민족의식, 근대지향의식으로 파악하는 이러한 경향은 위에서 언급한 김용섭, 천관우, 정구복, 김영호, 조기준 이외에 김용덕, 유원동, 한영국, 송찬식, 이성무, 정석종, 신용하, 유승주, 원유한, 이병휴, 조광, 강재언, 박종근(朴宗根), 이을호, 윤사순, 박충석, 이가원, 임형택, 송재소 등의 학자들에게도 대체로 공통되는 것이었다.[8]

실학의 집대성자라고 부르는 다산의 사상에 대한 평가 역시 근대지향적인 것으로 파악되고 있음은 더 말할 나위가 없다. 이제 몇 사람의 얘기를 들어보기로 하자.

구한말 이래 최근에 이르기까지 이건방, 안재홍, 최익한, 박종근(朴宗根) 등에 의하여 다산학의 세계는 근대 서양의 계몽주의의 세계, 특히 루소(J.J. Rousseau), 몽테스키외(Montesquieu), 케네(F.Quesnay) 등의 부르조아 계몽사상과 비교할 수 있는 근대지향적 세계로 이해되고 있다.[9] 이것은 주로 다산의 「탕론(湯論)」, 「전론(田論)」, 「원목(原牧)」, 「기예론(技藝論)」 등에 나타난 진보적인 정치경제사상에 대한 적극적 평가과정에서 나온 것이었다.

5) 정구복, 「실학」, 한국사연구회 편, 『한국사연구입문』, (지식산업사, 1981).

6) 조기준, 「실학사상의 사회경제적 인식」, 『한국자본주의 성립사론』 (대왕사, 1987), p.87.

7) 김영호, 「실학과 개화사상의 연관문제」, 『한국사대계』 8, (1972).

8) 정창렬, 앞의 글, p.293

9) 김영호, 「다산학 연구사 서설-다산실학에 대한 연구성과와 그 문제점-」, 『다산학보』제9집 (하), (다산학연구원, 1987), p.1054.

예컨대, 안재홍은 다산의 농업, 세제, 무역론이 "근세 자본주의적 국가사상 발흥기의 정통파적 경제사상에 입각한 재정·경제·식산·흥업의 책과 교육발전과 강병자위의 정책이었다"고 말하고, 이런 점에서 다산의 사상을 근세국민주의의 선구자라고 하였다.[10] 또한 박종근(朴宗根)은 『경세유표』의 정전론을 주로 검토하였는데, 다산의 토지개혁사상은 봉건사회로부터 자본주의로 이행하는 단계에서 토지개혁의 측면으로부터 농업생산력의 상승에 합리적인 방법을 시도하고자 한 것이라 했다.[11]

다산학의 세계를 근대지향적인 것으로 파악하는 견해는 김용섭, 신용하의 경우 역시 마찬가지이다.[12]

---

10) 안재홍, 「현대사상 선구자로서의 다산선생지위」, 『신조선』 12, (1935).

11) 朴宗根, 「茶山丁若鏞の土地改革思想の考察-耕作 '能力に應じに' 土地分配を中心として-」, 『朝鮮學報』 第28輯, (1963).

12) ① 여전론에 관한 연구로는 다음 등을 참조할 것.
홍이섭, 『정약용의 정치경제사상연구』, (한국연구도서관, 1959), pp.109~113.
김광진, 『정다산의 경제사상』(과학원출판사, 1962), pp.123~154.
정석종, 「다산 정약용의 경제사상-그의 전제개혁안을 중심으로-」, 『이해남박사화갑기념 사학논총』, (일조각, 1970).
정성철, 『실학파의 철학사상과 사회정치적 견해』, (사회과학출판사, 1974), (한마당, 1989 재간행).
김용섭, 「18,9세기의 농업실정과과 새로운 농업경영론」, 『증보판 한국근대농업사 연구(상)』, (일조각, 1984), pp.78~110.
신용하, 「다산 정약용의 여전제 토지개혁사상」, 한우근 외, 『정다산연구의 현황』 민음사, 1985).
박진태, 「다산과 여전론-여전론 형성의 의미를 중심으로」, 『사림』 제35호, 수선사학회, 2010.
박진태, 「다산의 토지문제 인식의 추이와 연속성」, 『다산과 현대』 6, 연세대학교 강진다산실학연구원, 2013. 2.
② 정전론(井田論)에 관한 연구로는 다음 등을 참조할 것.
김광진, 같은 책, pp.97~123 ; 朴宗根, 같은 논문; 정성철, 같은 책 ; 김용섭, 같은 책(1984), pp.110~141 ; 신용하, 「다산 정약용의 정전제 토지개

김용섭은 우선 「18·9세기 농업실정과 새로운 농업경영론」[13]에서 「전론」의 저작연대가 1799년(38세, 정조 23년)으로, 『경세유표』의 저작연대인 1817년(56세, 순조 22년)보다 훨씬 앞선 것이라는 점을 밝혔다. 그는 다산이 궁극적으로 달성하려고 하는 이상적인 농업생산의 형태는 '공동농장적'인 여전제였다고 보고, 다만 이 혁신적인 공동농장은 그 실현성이 희박하였기 때문에 과도적으로 '독립자영농적'인 농업경영론인 정전론을 제기하였다고 보았다. 그리고 그는 사적인 생산·경영을 인정하여 소농층이 경영형부농으로 성장하는 데에 일단의 목표를 두었다고도 보았다. 또 김용섭은 『조선후기농업사연구 Ⅰ, Ⅱ』[14]에서 조선후기는 봉건사회에서 자본주의사회로 이행하고 있었으며 조선후기의 사회적 격변 속에서 농업생산력이 미증유로 발전하고 새로운 사회를 담당할 자본가적 차지농에 비정될 수 있는 경영형 부농이 하나의 사회계층을 형성하게 되었다고 했다. 이에 따라 봉건적 신분구조가 해체되어 가고 새로운 농학이 발전되고 있었다는 것이다. 그는 실학파에 있어서 이미 봉건적 지주제를 타도하고 경영형 부농을 중심으로 자본주의사회를 건설하려고 노력하고 있다고 보아, 조선후기의 농업사정과 실학파의 농업개혁론을 너무 근대화시켜

혁사상」, 『김철준박사화갑기념 사학논총』, (지식산업사, 1983) ; 박찬승, 「정약용의 정전제론 고찰-≪경세유표≫ <전제(田制)>를 중심으로-」, 『역사학보』 110, (1986. 6) ; 이영훈, 「다산의 정전제개혁론과 왕토주의」, 『민족문화』, 19, 민족문화연구원, 1996. 김태영, 「다산의 정전제론」, 『다산 정약용 연구』, 사람의무늬, 2012.

13) 김용섭, 「18,9세기 농업실정과 새로운 농업경영론」, 『대동문화연구』 9, (1972).

14) 김용섭, 『조선후기 농업사 연구(Ⅰ)』, (일조각, 1970) ; 김용섭, 『조선후기 농업사 연구(Ⅱ)』, (일조각, 1971).

놓은[15] 감이 없지 않다. 더구나 독립자영농이란 자기 토지의 소유가 전제되는 것이므로, 토지국유제를 전제로 하는 다산의 정전제 위에서 독립자영농의 개념이 성립될 수 있는지 의문이다.[16]

신용하는 「다산 정약용의 정전제 토지개혁사상」[17]에서 다산의 정전론이 매우 실현성이 높은 개혁안으로 농업생산력의 증대, 농민에 대한 이서(吏胥)의 중간 수취의 배제, 정부재정의 증대, 유민의 취업문제 해결 등을 의도하고 있다고 보았다. 그러나 그는 다산의 정전론은 가구당 토지경작의 상한을 100묘(畝)로 한정하고, 또 가족 노동력을 고려하면서도 고용 노동력(임금 노동력)을 고려하지 않았다는 점에서 기업적 농업경영의 이론은 될 수 없으며, 어디까지나 봉건적 범주 안에서 토지제도의 구조적 모순을 어느 정도 완화시키면서 농업생산을 향상시키려는 토지개혁사상이었다고 평가하였다. 또 다산의 여전론에 대해서는[18] 그것이 결코 공상적인 것이 아니라, 당시 농촌의 두레 등 공동노동의 실재라는 현실에 기초한 독창적이고 진보적인 사상이라고 했다.

이상과 같은 논의에 덧붙여, 조선후기는 조선봉건사회의 해체기였으며 이앙법(移秧法), 견종법(畎種法)의 보급이 이끈 농업생산력의 획기적 발전에 따른 격심한 농민층의 분화 속에서 이른바 경영형 부농, 광농, 광작 등의 근대적인 자본주의 맹아가 싹트고

15) 안병직(서평), 「농업사연구의 문제점」, 『창작과 비평』 제11권 제2호, (1976 여름호), p.338.

16) 박찬승, 「조선후기 사회·경제사상 연구현황」, 근대사연구회 편, 『한국 중세사회 해체기의 제문제(상)-조선후기사 연구의 현황과과 과제』(정치사상 편), (한울, 1987), p.258.

17) 신용하, 앞의 논문(1983).

18) 신용하, 앞의 논문(1985).

있었다는 주장이 전면에 부상하였다. 그리고 이와 같은 조선후기 사회경제사 연구의 진전에 힘입어 조선왕조의 봉건체제가 해체되면서 근대적인 제반 관계의 발생·발전이라는 조건 속에서, 조선왕조의 정치·경제·사회·문화 구조를 근대의 방향으로 변혁하려는 사상으로 실학을 인식했던 것이다.

그러나 이와 같은 연구경향들은 이미 안병태(安秉珆)에 의하여 적절히 지적된 바와 같이[19] 봉건사회 체제의 조선사회를 전구조적으로 파악하지 않은 채, 그 발전적 면모만을 부각시킨 이른바 '부조적(浮彫的)' 수법의 결과라는 비판 또한 허술한 것만은 아니다.[20] 즉 사회경제사 연구에서 자본주의 맹아의 추적이 조선왕조 봉건사회구조의 확실한 해명과 함께 그것과의 명확한 대비에서 이루어지지 않고, 근대 서유럽 사회의 자본주의 발생·발전과정과의 외면적 유비(類比)에서 이루어졌던 것과 마찬가지로, 실학사상의 근대지향적 성격도 서유럽 근대사상과의 외면적 유비에서 추적되었을 뿐이다.[21] 말하자면 실학운동과 다산의 사상은 지나치게 서구 경제사적 기준에서 진보주의적 해석을 내려왔다고 할 수 있다.

이상에서 살펴본 바와 같이 다산학 연구는 해방 후 우리 학계가 거둔 가장 큰 수확 중의 하나로 꼽힌다. 그러나 이 연구에서는 한국사에서 자생적 근대사상의 싹을 발견하고 일제식민사관에서 말하는 정체론의 극복을 위해 다산의 근대적 성격을 너무 강조해

19) 安秉珆, 『朝鮮近代經濟史研究』, (日本評論社, 1975), pp.27~28 참조.
20) 이호철, 조선시대 사회경제사연구의 새로운 지평을 위하여」, 『역사비평』, (역사문제연구원, 1988 봄호), pp.302~303. 참조.
21) 정창렬, 앞의 글, p.259. 참조.

왔으며, 그로 인해 당시 다산이 처해 있던 시대적 제약성과 계급적 제약성을 간과했다고 본다.

한편, 북한학계의 경우 최익한의 『실학파와 정다산』(1955년)[22] 이후 『정다산』(다산 정약용 탄생 200주년 기념 논문집 : 1962년)[23]이 출간되고, 1970년대에는 정성철의 『실학파의 철학사상과 사회경제적 견해』(1974년)를 펴내놓고 있는 바, 여기에서 잠깐 북한 학계의 연구동향을 검토해 보기로 하자.

1962년의 『정다산』(다산 정약용 탄생 200주년기념 논문집)에서 북한 학자들은 다산을 대단히 높이 평가하고 있다. 예컨대 김광진은 이 논문집에서 다산의 「전론」, 「원목」, 「원정(原政), 「탕론」 등을 들어 다산의 사상은 일체의 봉건적 권력의 폐기를 지향하는 것이라고까지 보고 있다. 또한 그는 다산이 '여전법에서 토지에 대한 사적 소유의 청산'을 주장하였는데 '이것은 확실히 반봉건적 사상이며 농민해방의 사상'이라고 주장하였다.

그러나 1970년대에 들어오면 이와 같은 입장은 크게 달라진다. 즉, 정성철은 1974년에 내놓은 『실학파의 철학사상과 사회경제적 견해』에서, 지난 1960년대의 입장을 수정하여 다산에 대하여 긍정적인 평가를 하면서도 그의 철학사상이 '전체 체계에서 유교관념론에 머물고 있었다'고 지적하였다. 더불어 현실사회에 대한 예리한 비판 폭로자로서 '당시 역사적 조건하에서는 진보적이며 애국적인 견해들이 다분히 포함되어 있지만 시대적·계급적 제한성으로 인하여 아직은 봉건제도 자체의 개혁에까지는 이르지 못하

22) 최익한, 『실학파와 정다산』, (국립출판사, 1955).

23) 과학원 철학연구소 편, 『정다산』 (다산 정약용 탄생 200주년 기념논문집), (과학원 출판사, 1962. 7).

고, 다만 현존제도를 인정(仁政)의 요구에 맞게 개조한 봉건제도를 그렸을 뿐'[24]이라고 보고 있다. 정성철은 실학 전반을 연구하면서 특히 다산의 철학 및 사회정치사상의 분석에 중점을 두고 있다.

이상에서 본 바와 같이 북한학계의 연구는 전반적으로 유물사관, 변증법 및 여전론 중심의 분석에 기울고 있으며,[25] 북한학계에서는 다산의 사상이 여전론으로 귀일되고 완성되는 것으로 파악하고 있다. 여기에서 북한학계의 연구가 다산에 대한 객관적 평가라기보다는 북한의 현재 체제 및 이데올로기와 다산을 연결시키려는 데서 나온 것에 불과하다는 비판이 있을 수도 있으나,[26] 남한 학계에서 실학을 근대지향적인 사상, 민족주의 사상으로 지나치게 높이 평가하는 경향은 재음미되어야 할 것이 아닌가 한다.

필자는 다산사상을 분석하는 데 있어 다산이 파악한 개념과 구상에는 봉건적 한계가 엄연히 존재하고 있으며 이것이 다산사상의 중요한 부분을 차지하고 있음을 부인하기 어렵다고 생각한다. 물론 다산의 사상에는 근대지향적인 견해가 없지 않고, 다산이 우리 중세사회가 안고 있는 모순을 가장 확실하게 밝혀냈으며 당시 중세사상 내에서 그리고 모든 실학자 중에서도 가장 진보적인

24) 정성철, 앞의 책.

25) 북한 철학사상에 대한 비판적 검토에 관한 것으로는 다음을 참조할 것.
이남영, 「북한의 ≪조선철학사≫ 서술의 특징과 문제점」, 『철학연구』 제23집, (철학연구회, 1988 봄호), pp.5~14.
이준모, 「≪조선철학사≫에 적용된 유물사관」, 『철학연구』 제23집, pp.15~33.
성태용, 「≪조선철학사≫의 사실성 문제」, 『철학연구』 제23집, pp.35~48.

26) 신용하, 「토론개요 ; 다산 경세사상의 역사적 성격」, 한우근 외, 『정다산 연구의 현황』, (민음사, 1985), p.220. 참조.

사상가였던 점은 부인하지 않는다. 그러나 그의 사상에는 분명 반동적인 요소가 혼재되어 있었고 중국의 경제사상이 여기에 중요한 역할을 했으며[27] 총체적으로 보아 근대지향적인 것으로 다산사상을 규정할 수는 없다고 생각한다. 오히려 다산은 시대적, 계급적 한계로 말미암아 봉건적 테두리를 완전히 벗어나지는 못한 것으로 생각하기 때문에, 실학파나 특히 다산의 경제사상을 서구적인 근대지향으로 이해하기보다는 당시의 조선후기의 왕권강화와 관련된 개혁안으로 재검토해야 할 것으로 본다.

이와 같은 관점에서 다산의 여전론을 중심으로 하는 토지개혁사상을 고찰해 보고자 하거니와, 그의 토지개혁사상을 올바로 이해하기 위하여 먼저 중국과 우리나라의 토지개혁사상을 고찰해 보고자 한다. 그것들이야말로 다산의 토지개혁사상의 연원을 이루고 있기 때문이다.

27) 안병직, 「실학의 경제사상」, 『한국의 경제사상과 이론』, 제13회 경제학 심포지움, (서울대학교 경제연구소, 1987. 12), p.19 참조.

제3장 중국의 토지개혁사상

제1절 중국의 유교사상과 토지개혁사상

제2절 중국의 토지개혁사상

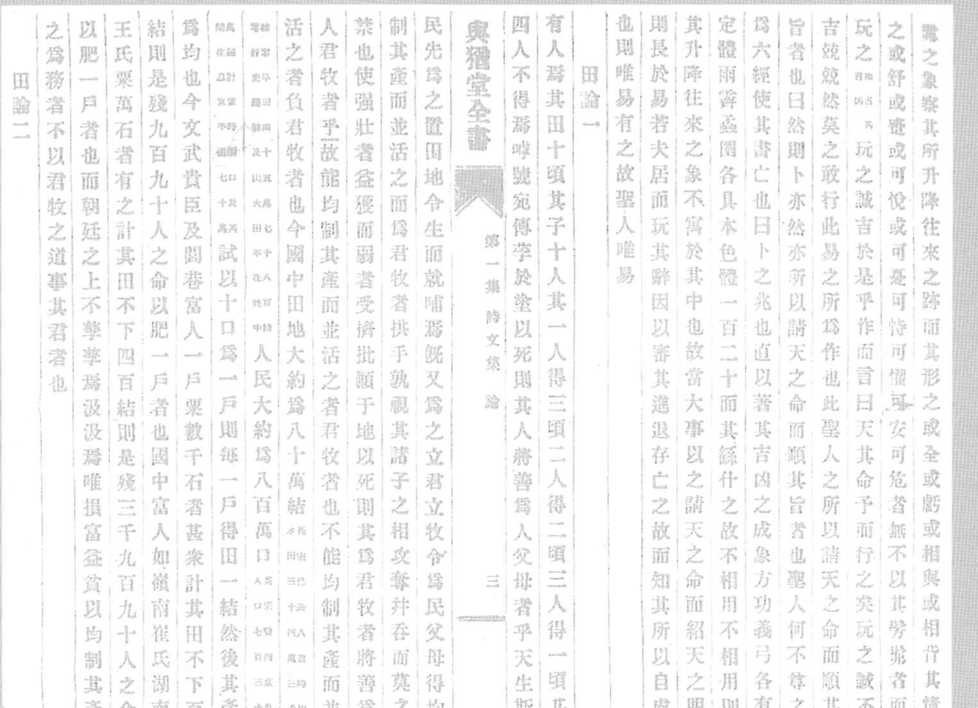

제3장 중국의 토지개혁사상

제1절 중국의 유교사상과 토지개혁사상

이제 다산의 토지개혁사상의 연원을 살펴보기 위하여 중국의 토지개혁사상과 유교사상을 개관해 보기로 하자.

중국의 전통적 사유를 형성시키는 데에 커다란 영향을 끼친 것으로 유교사상, 불교사상 및 도교사상을 들 수 있으나, 그 중에서도 가장 깊은 영향을 끼치고 중국사상을 형성한 중심적인 역할을 한 것은 유교사상이었다고 할 수 있다.[1)]

유교는 당초 중국 고대의 춘추(春秋)·전국(戰國)시대에 공자 및 맹자를 중심으로 개화한 학파로서 인정(仁政)·덕치(德治)를 표방하는 수기치인(修己治人)의 도덕교라 할 수 있다. 유교사상은 극히 짧은 기간을 제외하고, 실로 2,500년이나 되는 오랜 세월동안 중국 국민을 지배하였으며, 여러 학파들과의 대립과 투쟁을 통하여 더

1) 고병익, 「유교사상에서의 진보관」, 민두기 편, 『중국의 역사인식(상)』, (창작과 비평사, 1985), pp.70~72.

강력해졌다.[2)] 따라서 중국의 전통사회는 유교적 사회라 불린다.

중국의 '유교적 사회'-특히 전국시대(戰國時代, 475~221BC)이래 약 2,500여 년 동안-에서는[3)] 토지의 사적소유가 사회경제적 상황을 결정지어 왔다고 볼 수 있다. 거대한 농업사회가 걸어온 기나긴 역사 속에서 토지는 상부계층에 집중되었으며, 따라서 농민층 내지 일반 백성 측에서는 항상 토지의 절대적인 부족이 두드러지게 되었다. 이 결과 토지집중의 가속화와 비례하여 소작제는 갈수록 더욱 널리 파급되어갔다. 중국의 '유교적 사회'에서 근본을 이루는 생산관계는 애초부터 소작관계의 항구적인 확대재생산으로 결정되었다.[4)] 여기에 바로 무토농민층 내지는 빈농층의 불안정한 경제 상태가 반영되어 나타나고 있는 것이다. 이러한 무토농민층 내지는 빈농층의 불안정한 경제상태를 '대관료-지주들'과 이들과 결탁하고 있던 '상인-지주들'의 억압 및 병합으로부터 보호하려는 황제(국가)의 시도는 그치지 않았으며, 그러한 시도 중에서도 가장 중요한 것이 바로 정전제, 한전제, 균전제 등의 토지개혁안이라 할 수 있다.

잘 알려진 바와 같이 중국 유가에서는 정전제를 이상화하였다.

정전제는 전국의 토지는 '왕의 토지가 아닌 것이 없다'(莫非王土)는 원칙하에 마을마다 정전(井田)을 만들어 9등분하여 8가가

2) 林語堂, 『孔子의 思想』, 閔丙山 譯, (玄岩社, 1972), p.13.

3) 풍우란(馮友蘭)에 따르면 유교적 사회는 '경학시대' 즉 정통적 유교시대와 일치한다. 유교적 사회는 서한(西漢, BC 206~AD 8) 초에 형성된 후 무제(武帝)때의 동중서(董仲舒, 179~104 BC) 등 금문학파(今文學派)들에 의해 유교가 공식적인 국가이념으로 정착되는 데서 비롯되며, 약 2천년이 지난 19세기말 서구 자본주의의 유입에 의해 종결되었다. (송영배, 『중국사회사상사』, 완정판, (사회평론, 2012), p.30. 주 4).

4) 같은 책, pp.319~320 참조.

공동으로 1/9씩의 공전을 경작하여 나라에 바치고, 나머지는 각각 1/9씩 사전(私田)으로 경작하게 하는 제도였다. 유가에서는 역사적 상황과 지대적 조건으로 인하여 정전제를 실시하기 어려우면, 대신 한전제나 균전제를 실시하여야 한다고 주장하였다.

그런데 왜 유가가 정전제를 이상화했는가를 알기 위해서는 먼저 유가의 시조인 공자가 그의 시대의 사회적 변화에 대하여 취한 입장을 탐구할 필요가 있다.

우선 서주(西周)사회의 가부장적인 종족지배, 즉 종법(宗法)이데올로기를 살펴볼 필요가 있다. 이 종법이념은 크고 작은 영지들을 지배하기 위하여 정립되었다. 주(周)의 영토는 광대하였고 여기에 분봉(分封) 배치한 제후국이 100~180개에 달하였으므로, 그 결속을 공고하게 하기 위하여 혈연을 기반으로 한 종법제도를 봉건제도에 도입하였다. 말하자면 주의 종법적 봉건제도는 내면적으로는 종법제도를 통해 혈연적 유대에 의탁하면서도 외면적으로는 조공을 통해 철저한 군신관계를 확립했던 정치제도라고 할 수 있다.[5]

이러한 가부장적원리는 특히 주나라의 통치질서 유지를 목표로 했다. 예(禮), 천명(天命)사상, 조상숭배의식 등은 지배질서의 강화를 위해 큰 기여를 했다. 그러나 이와 같이 서주(西周)의 질서는 공자가 살았던 춘추시대와 맹자가 살았던 전국시대에 붕괴하기 시작했다. 기원전 8세기 이후로, 더 정확히 말하면 패국의 등장과 함께 최고 지배권의 소유자인 주왕(周王, 天子)은 그의 제후들을 더 이상 관할할 수 없게 되었다.[6] 중앙권력은 이미 붕괴되었고 봉건제후들이 왕에게 단지 명목적인 충성만 표시하였다. 주실(周室)이 그 권위

5) 이춘식·신승하, 『중국통사』, (한국방송통신대학, 1986), p.28.

6) 송영배, 앞의 책(2012), p.53.

를 잃게 되자 봉건제후들이 이를 계기로 패권을 다투기에 여념이 없었다. 오직 힘과 힘만이 존재하며 인간성이나 사회정의 같은 것은 찾아볼 수 없는 무질서한 사회였다. 덕치(德治)는 이치(利治)·법치(法治)로, 왕도(王道)는 패도(霸道)로, 종법질서(宗法秩序)는 가족질서(家族秩序)로, 조법(助法)은 철법(徹法)으로, 토지의 공유(公有)는 사적소유(私的所有)로 바뀌어 가고 있었다. 생산방식에서 보면 종법지배하의 공동경작지(公田)에서의 예농들의 부역노동으로부터 새로이 등장한 지주들이 가족구성원이나 그들의 소작인이 사유지에서 행하는 독립적 노동으로 발전해 가고 있었다. 즉 주대(周代)의 종법(가부장적-종족지배적인) 지배질서가 새로운 사회경제적 관계에 의해 근본적으로 흔들린 것이다. 이것이 사회구조의 변동을 야기한 객관적 근거라 할 수 있다.

이러한 혼란한 시기에 공자는 유학사상을 제기하였다. 잘 알려진 바와 같이 공자는 춘추말기의 대사상가로 그의 사상은 기본적으로 통치계급의 이익을 대표하였으며, 이에 걸맞게 그는 당시 몰락하는 귀족에 의한 통치를 시도하였다. 반면에 그는 평민계층의 흥기에 주의하였을 뿐만 아니라 평민에게도 상당하게 양보할 것을 주장하기도 했다. 그는 모순 속에서 조화·절충하는 태도를 취한 것이다.

이미 살펴본 대로 공자가 살았던 세상은 이상과는 거리가 너무 멀었기 때문에 그 시대에 현저하게 결여된 것을 갖춘 국가, 즉 모든 백성이 평화와 안전 및 풍요를 향유할 수 있는 국가를 그는 최선의 국가로 생각했다. 따라서 공자는 지배층인 군자(君子)와 생산을 담당하는 소인(小人)으로 나뉘어져 있는 주(周)의 사회질서를 완전한 사회질서로 생각하여, 주 사회의 질서 회복을 자기의 기본입장으로 삼았다.[7] 소수의 통치자를 위한 잉여생산물을 전체 백성이 생산하는 사회에서, 공자는 군자지배와 하층백성의 생산이라는 주례(周禮)에 합당한 사회적 분업을 계급적 모순 관계에서 고찰하지 않고 하늘이 부여한 자연질서로 파악했다.

예('禮')는 공자의 정치사상 중 중요한 개념이다. 그는 서주(西周)의 제도를 찬미하면서 말하기를, "주(周)나라는 하(夏)와 은(殷) 2대(二代)를 본 땄으므로 문물제도가 빛난다. 나는 주(周)를 따르겠다."[8]라고 하였다. 그는 춘추시대의 "예악(禮樂)이 붕괴하는" 현상을 '천하무도(天下無道)'의 상징으로 간주하고 신흥사상을 공격하였다. 『논어(論語)』 49장은 「예악」을 말하고 있는데, 대부분 전통적 체제를 유지하려는 뜻을 포함하고 있다. 물론 공자는 부분적으로 서주의 예(禮)를 수정하고는 있으나, 그 내용은 통치계급의 이익을 저촉하지 않는다는 전제하에서 평민계층의 요구를 용납한 것이었다.[9] 이것은 곧 춘추말기의 사회적 모순을 그 자신의 사상에 반영하였음을 보여준 것이다.

주(周)의 예(禮), 요컨대 '군자' 또는 도덕적 수양이 있는 지식인들에 의한 '통치'와 '소인'들에 의한 '생산활동'이 역사·사회에 불변하는 보편적 사회질서(天下之通義)라는 확고한 개인적 신념에 따라, 공자는 주의 사회질서가 붕괴되어가는 당대(當代)의 사회적 변화를 '사회적 위기'로 간주했다. 동시에 주의 사회질서의 반영인 예(禮)를 절대적이고 보편타당한 사회질서로 추상화했다. 그리고 이미 변화된 사회 상황에서 사회질서를 재건하기 위하여 덕치를 주장하게 된다.

---

7) 같은 책, p.142.

8) 『論語』, 「八佾」.

9) 侯外廬 主編, 『中國哲學史』 上, 梁再赫 譯, (일월서각, 1988), p.56.

"군자는 정신으로 일하고 소인은 육체로 일한다"[10]는 불평등한 사회적 분업에 따른 대립적 이해의 충돌을 최소화 하고자 공자는 '화(和)'의 세계관을 펴고 있다. 유가는 근본적으로 이와 같은 '화(和)'의 세계관을 펴고 있기 때문에, 가부장적인 '유교적 사회'에서 상하차등이 분명한 인간관계들 사이에 이른바 '화(和)' 즉 조화와 화합을 강조하게 되는 것이다. 그리하여 유가는 사회생산물의 공정한 분배가 단순한 생산의 증식 추구보다 중요하며, 단순한 사회적 부(富)의 증가보다는 사회구성원간의 화합이 더욱 중요하다고 본다. 그렇기 때문에 사회생산력이 매우 저급하여 거의 잉여생산물이 없었던 태고의 공동체사회에서는 인간관계에 개별적 이기적인 투쟁이 없었을 것으로 상정하여 '대동(大同)'사회의 이상을 펼쳤다. 뿐만 아니라 한 사회가 태고로 거슬러 올라갈수록 그 사회를 태평한 이상적 사회로 설명한다. 그래서 유가는 현실을 위기로 보고(非今), 현실에서 과거로 진행하는(是古), 다시 말해 '회고적' 또는 '보수적' 역사·사회관을 갖게 된다.[11]

따라서 고대를 되찾고 고대로 되돌아가는 복고사상(復古思想)이 유가사상의 중요한 일면을 이루게 되었으며, 새로운 개혁을 저지시키는 정신적인 방패가 되어 왔다. 그렇기 때문에 개혁을 추진하게 될 필요에 맞닥뜨렸을 때에도 그 개혁은 언제나 고대로 복귀하는 것을 지향하는 방식이 되어서야 비로소 그 정당성을 주장할 수 있었고, 타자를 설득시키는 힘을 가질 수 있었던 것이다. 이 때문에 신(新)의 왕망(王莽)(B.C 45~A.D. 23)이나 송(宋)의 왕안석(王安石)(1021~86) 또 근래의 강유위(康有爲)(1858~1927)에

10) 『左傳』 襄公 9年.

11) 송영배, 『고대중국 철학사상』 (성균관대학교출판부, 2014), p.55.

이르기까지 모두 개혁의 구호를 고대로 복귀하는 데에서 찾았던 것이다. 토지의 균등분배와 공사전의 구분을 내용으로 하는 고대의 정전제가 실제로 시행되었던 제도이냐 아니냐에 대해서는 고려함이 없이, 역사의 전 시기를 통해 그 제도로 복귀하는 것을 끊임없이 주장해 왔던 것도 이런 맥락에서이다.[12]

공자의 화(和)의 세계관에 입각한 정치이론이 바로 유가의 '덕치(德治)'의 이념이다. 공자는 덕치의 중요성을 강조하여 "덕으로 정치를 하면 마치 북극성이 자기 자리에 있어도 모든 별들이 사면을 돌면서 북극성을 향하는 것과 같다."[13]라고 하였다. 그리고 이와 같이 덕치를 위해서는 사람들을 교화하며 덕화해야 한다고 주장하였다. 또한 덕치를, 왕을 대가장(大家長)으로 하는 가부장적 종법사상과 결부하여 가장이 가정에서 덕에 의한 감화가 중요한 것처럼 대가장도 국가를 다스림에 있어서 덕에 의한 도덕정치가 중요하다고 설교하였다.[14]

공자가 천명한 덕치의 이념은 본질적으로 통치자와 백성 사이의 이해와 충돌을 어느 정도 완화시키는 데 그 목적이 있다. 『논어』「안연(顔淵)」에 "군자의 덕은 바람과 같고 소인의 덕은 풀과 같은 것이라 풀은 바람이 불면 반드시 쓰러지게 마련이다."[15]라는 구절이 있다. 이 문구는 유교의 정치사회론에서 치자(군자)와 피치자(소인)의 관계를 상징적으로 표현한 것으로, 그 뜻은 피통치계급이 풀과 같아서 바람이 불면 쓰러지는 것과 같이 통치자계

12) 고병익, 「다산의 진보관-그의 기예론을 중심으로」, 『다산학보』 제9집(하) (다산학연구원, 1987), pp.868~869.

13) 『論語』, 「爲政」.

14) 정성철, 앞의 책, p.82.

15) 『論語』, 「顔淵」.

급의 지배를 받아야 한다는 뜻이다. 이를 통치주체의 구성원리의 차원에서 보면 민은 주체적인 요소가 아니라 어디까지나 통치자에 대한 객체적인 요소로서 복종의 의무만이 부과되어 있으며, 군주는 이러한 민에 대하여 무한한 배려 즉 통치자의 인정을 베풂으로써 정치사회의 주체와 객체가 통일적 조화를 이루는 것을 특징으로 하고 있다.[16] 이것은 바꾸어 말하면, 고대 유교에서는 정치사회질서의 확립 여부가 기본적으로 통치자의 선정 여하에 달려 있다는 것이다. 이와 같이 통치자인 군자의 지배를 더 강화하는 동시에 이 지배를 위태롭게 하는 계층 간의 모순을 조화시키는 것을 목표로 하여, 인정·덕치의 이념을 새로운 이데올로기로서 제시하였다.

한편 유가의 인(仁)에서 파생된 여러 가지의 도덕개념은 등급성을 가진 것이다.[17] 이 이념은 맹자(390~305 BC)와 순자(340~245 BC)에 의해 더욱 발전되어, 결국 전국시대를 이은 유교적 중국사회에서 주요 이데올로기로 등장하게 되었다. 맹자와 순자는 두 가지의 요청, 즉 객관적으로 타당한 통치질서인 '예(禮)'와 통치의 전제인 윤리, 도덕성을 더욱 발전시켰다.[18]

맹자는 도(道)의 연원을 요순(堯舜)으로부터 시작하여 우(禹), 탕(湯), 문(文), 무(武), 주공(周公), 공자(孔子)를 거쳐 자신에 이르기까지 도(道)의 정통을 세움으로써 유교의 체계를 확립시켰다. 맹자는 당시의 혼란된 질서를 바로잡아 요순시대와 같은 이상적인 중국

16) 박충석, 「실학사상에서의 민본주의」, 조명기 외, 『한국사상의 심층연구』, (우석, 1988), p.340.

17) 侯外廬 主編, 앞의 책, p.58.

18) 송영배, 앞의 책(2012), p.91.

을 건설해 보려고 양(梁), 제(齊), 송(宋), 노(魯) 등 천하열국(天下列國)을 순방하면서 왕도정치를 외쳤던 것이다.

여기에서 잠시 왕도정치의 핵심이 되는 문제들을 간추려 본다면 토지제도, 세제, 교육제도, 현자등용 등을 들 수 있다. 토지제도로는 정전제를 적용하고 경계를 정확히 함으로써 토지분배의 공정을 기하여 백성들에게 항산(恒産), 즉 고정된 직업을 부여할 것을 강조했다. 세제로는 십일세를 주장했는데, 이는 세의 부담을 가볍게 하는 것을 어진 정치의 큰 덕목으로 생각했기 때문이다. 또한 도의교육을 강화하여 윤리도덕을 밝히는 것만이 부자, 군신, 부부, 장유, 붕우 등 인간관계의 질서를 확립하여 명랑하고 건전한 사회를 이룩할 수가 있다고 봤다. 이는 군주가 어진 정치를 베풀려면 무엇보다도 먼저 현명한 인재를 얻어서 그의 보필을 받아야 한다는 현자등용을 말한 것이다.

그런데 맹자의 왕도론(王道論)은 흔히 민본주의로 불리고 있으나[19] 과연 그것을 서구에서 말하는 민주주의(데모크라시)와 같은 성격의 것으로 볼 수 있을 것인가?

청말(淸末)의 대학자 양계초(梁啓超)는 민주주의에 대하여 다음과 같이 말하고 있다. "만약에 어떤 사람이 민주주의에 대하여 묻는다면 대답하기를, 맹자가 중국의 민주주의를 처음으로 창시하였다고 할 것이나, 그에 대하여 내가 질문하고 싶은 것은 과연 맹자가 논하던 민주주의(백성을 근본으로 삼는다)가 오늘날 서구에서 진행되고 있는 민주주의와 같은 것일까? 그것은 전혀 다른 것이다. 만약에 맹자가 민주주의를 원한다면 그것은 국민을 어린

19) 廣常人世, 「孟子」, 宇野精一·中村 元·王城康四郎 編, 『講座 東洋思想』 2, (東京大學校 出版會, 1967), p.115.

이와 같이 보호하고 걱정한다는 의미이다.[20]

다시 말해서 맹자의 민본사상에서는 오직 지배자에게 결정권이 있기 때문에 국민들은 지배자가 그들을 행복하게 해 줄 것을 기다릴 뿐이다. 그러나 현대의 민주주의는 특정 지식인(君子類)의 중개를 매개함이 없이 그 사회성원 개개인의 자유를 보장하며 그들의 결의에 의해 민주주의가 구성된다.[21] 따라서 유교사상의 중심개념인 덕치가 현대 민주주의적 기본원칙과는 다른, 지식층(士)의 독재를 위한 이데올로기[22]라 보는 견해도 성립하게 되는 것이다.

이와 같은 덕치 이념에 따라 공자(특히 맹자)는 '민'(下)을 위한 '군자'(上)의 정치를, 바로 '민'으로부터의 '上'에 대한 믿음 즉 민신(민신)을 '국가와 정권이 존립하는 존재 근거'로 보며, 또한 통치의 소임을 맡을 지식인(군자)들의 '도덕적 수양'을 바로 그들의 정치권력에 대한 요구를 합법화(정당화)시키는 필수불가결한 전제로써 강조한다.[23] 공자는 당면한 사회적 위기의 근본 원인이 바로 통치자인 군자의 도덕적 타락에 있다고 보았다.

사실 '덕치'의 이론은 '군자', 이른바 도덕적 수양을 갖춘 특수 지식인층에 속하는 유가가 '우매한 백성'을 보호하기 위해 국가권력에 참여해야만 한다는 것을 정당화하고 합법화하는 이데올로기라 할 수 있다.

공자는 궁극적으로 볼 때 사회적인 문제를 '군자', 즉 통치의 소임을 맡은 지식인들의 '윤리적 노력'의 문제와 동일시하고 있다.

---

20) 『梁啓超 全集』 제2권, 「자유에 대한 소견」, pp.40~41.

21) 양재혁, 『동양사상과 마르크시즘』(일월서각, 1987), p.223.

22) 같은 책, p.236.

23) 송영배, 앞의 책(2014), p.54.

이런 의미에서 공자는 사회문제를 해결하는 데에 인간 특히 지식인들의 도덕적 의식 즉 인(仁)의 역할을 매우 중요시하였다.[24]

공자사상체계에서 최고의 도덕적 표준은 '인(仁)'이다. 공자는 "군자로서 어질지 않은 자는 있지만, 소인으로서 어진 사람은 있어 본 일이 없다."[25]고 말하고 있다. 춘추시대의 정치신분으로 말하면 군자는 귀족통치자를 가리키며 소인은 피통치자인 인민을 가리킨다. 때문에 공자의 이 말의 의미는 피통치자는 인에 도달할 자격이 없다는 것이다.[26] 여기서 '인(仁)', 혹은 '불인(不仁)'은 인간의 두 종류의 길을 구별한 것이며, 곧 『맹자』에서 인용된 공자의 말, 즉 "도(道는) 둘인데, 인(仁)함과 인(仁)하지 않은 것뿐이다."[27]에서 보는 바와 같다.

맹자는 또한 『논어』에서 인(仁)과 애인(愛人)과의 관계를 설명하고 있다. 어떤 사람은 그가 보편적 인류애를 주장했다고 하지만, 사실상 계급사회에서의 인간은 계급적인 것이며, 따라서 초계급적인 보편적인 인류애란 존재하지 않는다.[28] 맹자의 '인자애인(仁者

24) 공자학이 인(仁)에 근거한 사실 그 자체는, 바로 유교가 윤리적 특징을 갖추게 될 소인(素因)을 이미 그 안에 내포한 것으로 보아야 할 것이다. 인(仁)이란 「설문(說文)」에 나타난 고전적 해석에서 이미 이인(二人)을 의미하는 것이고 보면, 이는 이인(二人)의 윤리적 인간관계를 문제삼은 것임이 분명하다. 이렇듯 공자의 인(仁)에서 비롯한 유교의 윤리사상은 맹자의 오륜사상(五倫思想)에서 보다 구체화 되었고 그것이 진한시대(秦漢時代)로 넘어와서는 동중서(董仲舒)의 삼강오상설(三綱五常說)로 변모하였다. 그 후에 오상(五常)이 오륜(五倫)으로 전화되어 삼강오륜(三綱五倫)이라는 복합술어가 형성되기에 이르렀고, 이로써 삼강오륜은 유교윤리로 굳어졌다.(이을호, 「삼강오륜론」, 『다산학의 이해』, (현암사, 1975), p.292).

25) 『論語』, 「憲問」.

26) 侯外廬 主編, 앞의 책, p.57.

27) 『孟子』, 「離婁章句 上」.

愛人)'은 모든 사람을 사랑함이 아니다. 그는 인간을 군자와 소인으로 구분하였으며, 소인을 철저히 반대했음을 우리는 이미 살펴보았다. 따라서 맹자는 보편적인 인류애를 주장한 것이 아니다.

그는 사회문제를 해결하는 데에 결정적으로 인간적이며 도덕적인 요소들의 중요성을 강조하였다. 그러나 공자는 사회적인 문제를 결국 인간적인, 즉 '주관적 윤리적' 문제와 동일시함으로써 사회발전의 '객관적'인 문제를 충분히 고려할 수가 없었다. 그는 그 당시에 일어나고 있는 근본적인 사회변화의 객관적인 근거를 당대의 사회생산력의 본질적인 증가와 연관하여 설명하지 못했다. 따라서 ① 주례(周禮)라는 것도 근본적으로는 그 시대에 주어진 사회경제적인 관계에 의하여 조성된 당시 사회질서의 반영에 불과하며, ② 이와 같은 기존질서는 공자 당시 점차 성숙되어 가는 새로운 생산 또는 인간관계에 의하여 필연적으로 해소될 수밖에 없다고 하는 사회발전의 객관적 필연성을 공자는 인식하지 못한 것이다.[29]

공자는 다만 자기 확신에 따라 주례(周禮)를 만세불변의 근본적 사회질서로 추상화함으로써, 어떤 사회가 "비록 백세(百世) 뒤라 할지라도" 주례(周禮)의 '가감변통(加減變通)'에 따라 그 사회내용을 미리 알 수 있다고까지 생각하는 등 역사 이해에 한계를 보이고 있다.

문제는 공자시대의 통치자들에게는 도덕성이 결여되어 있었다는 점이다. 공자는 당시 권좌를 차지하고 있는 군주와 같은 사람들이 계속 정치를 좌우하는 한 자기가 생각하는 이상세계가 구현

---

28) 侯外廬 主編, 앞의 책, p.58.

29) 송영배, 앞의 책(2012), pp.146~147.

될 수 없다는 것을 인식하였다. 가능하였다면 공자도 세습군주를 기꺼이 폐지했을지 모른다는 것도 전혀 근거 없는 추측은 아니다. 그러나 그것은 불가능한 일이었기 때문에 그는 정부의 행정기능을 유덕·유능하며 적절한 교육을 받은 대신(大臣)들에게 위임할 것을 군주들에게 설득하였고, 청년들을 교육하여 그러한 대신들을 만들려고 노력하였던 것이다.[30]

공자의 사후, 그의 가르침이 제자들에 의해 한 두 세대 계승되면서 유가학파의 규모는 점차 커졌고 영향력도 증대하였다. 그의 학설은 그 자신도 몰라보리만큼 변경되고 세련되어 갔지만 그런 가운데서도 두 가지의 원칙만은 고수하였다. 즉 정치를 담당하는 사람은 가문이 아닌 덕과 능력으로 선출되어야 한다는 주장과, 정부의 진정한 목적은 백성들의 행복과 복리를 도모하는 것이라는 주장이 그것이다. 이 후자의 원칙 때문에, 전쟁과 억압이 더욱 심해지고 생활이 점점 더 어려워질수록 유교는 평민들에게 더욱 인기를 얻게 되었다.[31]

일찍이 상앙(商鞅), 한비자(韓非子) 등의 법가(法家)들이 당대(當代)의 조류인 군주를 중심으로 하는 권력집중과 관료 국가의 실현을 위한 개혁을 추진했다면, 유가들은 당시의 '군주 절대주의'에 반대를 하였다. 따라서 유가는 춘추전국시대의 사회변환기에는 그 영향력을 발휘할 수 없었다.

그러나 공자의 사후 300년이 지난 한초(漢初)에 이르러 '관료적 중앙집권제'가 확고히 정립되자, 이제 새로이 등장한 지배세력

30) H. G. Creel, *Confucius, the Man and the Myth,* (New York: 1949), 이성규 역, 『공자 : 인간과 신화 (지식산업사, 1983), pp.12~13.

31) 같은 책, p.14.

들인 '군자' 즉 시민적 엘리트('士')는 그들의 이해에 따라 유가의 덕치이념을 공식적 국가 통치이념으로 삼게 된다.

한편 우리들의 주제인 정전론, 균전론, 한전론은 일반적으로 토지겸병과 사유화가 심하게 진행되고 중앙집권적 국가권력이 약화되었을 때 제기되곤 하였으며, 또한 낡은 보수파 세력을 반대한 신흥세력의 사회정치이론으로 제기되었다. 그것은 본질에 있어서 권력과 토지의 재분배를 위한 투쟁에 불과하였다. 이 같은 토지개혁론은 그 본질이 토지문제의 해결에서 봉건적 울타리를 완전히 벗어나지는 못했으며, 객관적으로는 봉건적 중앙집권을 강화하려는 방책이었기 때문이다. 토지의 사유화과정이 진행되고 사적 토지 소유제도가 확립되어 있는 상황 아래서 이 같은 토지개혁론은 '인정(仁政)' 이론의 고리로서 기능을 하게 되지만 그 본질이 봉건적 울타리를 완전히 벗어나지는 못했으며, 객관적으로는 봉건왕권을 중심으로 하는 중앙집권제를 강화하려는 것 이상으로는 나갈 수 없었다.

이하 절을 바꾸어 정전론, 한전론, 균전론을 중심으로 중국에 있어서의 토지개혁사상의 전개과정을 개관해 보기로 하자.

제2절 중국의 토지개혁사상

1. 정전론

정전제(井田制)란 중국에서 원시공동체사회가 붕괴된 후 하(夏)·은(殷)·주(周)대에 시행되었다고 전해지는 토지제도로, 후세 유가의 이상이 된다. 유교에서는 하(夏)·은(殷)·주(周) 삼대를 이상사회로 보고 이때의 정치를 정치의 표준으로 삼고 있음은 주지의 사실이거니와, 그 삼대에는 정전제가 시행되었다고 이해되고 있다. 정전제는 그와 더불어 실시된 수납제도를 포함해 불린 적도 있었다. 그러면 이와 같은 정전론이 그 이상형으로 제시된 것은 어느 시점이며 그 내용은 어떤 것이었을까?[32]

정전제에 관한 가장 오래된 기록이라고 여겨지는 『맹자』와 『주례』에서는 1가(家) 단위로 토지의 균등분배가 나타나고,[33] 가장 세밀하게 기록된 『한서(漢書)』「식화지(食貨志)」에서는 1가 단위가 아니라 1정(丁) 단위로 균등분배하고, 그 보유기간도 20세에서 60세로 한정하며, 그 기간이 지나면 국가가 환수한다는 원칙이 나타난다.[34] 『맹자』와 『주례』가 편찬된 것은 일반적으로 전국시대 이전으로 소급될 수 없고, 정전제에서 경제단위로 설정하고 있는 일부일부의 가족체계가 나타난 것도 전국 말(戰國 末)이었다는 점에서[35] 정전제의 이념이 나타난 것은 아무리 빨라도 전국 말 이후라고 할 수 있다. 또 『한서(漢書)』는 후한대(後漢代)에 편찬되었고, 왕망(王莽)의 왕전제(王田制)에서도 환수(還受)는 규정되지 않았다는 점에서, 환수사상이 포함된 정전제의 관념은 후한

32) 그 소전(所傳)으로는 『맹자(孟子)』「滕文公章句 上)」, 『주례(周禮)』(地官「小司徒」, 「大司徒」, 「遂人」, 夏官 「大司馬」, 冬官 「考工記」), 『司馬法』, 『穀梁傳』「官公十五年」, 『禮記』「王制」, 『韓詩外傳』, 『漢書』「食貨志」 등이 있다.

33) 『孟子』, (滕文公章句上); 『周禮』(地官 「小司徒」, 「大司徒」, 「遂人」, 夏官 「大司馬」, 冬官 「考工記」).

34) 『漢書』 권24, 「食貨志」.

35) 守屋美都雄, 「漢代家族の形態に關する考察」, 『中國古代の家族と國家』, (東洋史硏究會, 1968), pp.297~338.

(後漢)에 형성되었다고 본다.[36)]

그러나 이상의 여러 소전(所傳) 중에서 정전설의 근원은 『맹자』에 있다고 할 것이다. 그러므로 이하에서는 『맹자』를 중심으로 정전론에 관하여 구체적으로 살펴보고자 하거니와, 『맹자』「등문공장구상(滕文公章句上)」의 관련 기록은 다음과 같다.

① "하후(夏后)씨는 50묘로써 공법(貢法)을 했고, 은나라 사람들은 70묘로써 조법(助法)을 했으며, 주나라 사람들은 100묘로써 철법(徹法)을 했으나, 실상은 모두 10분의 1이었다."[37)]

② "『시경(詩經)』에 '우리 공전(公田)에 내리는 비는 우리 사전(私田)까지 미치도다'라고 하였다. 조법에만 공전이 있는데 이 『시경』에 (공전이란 말이 있는 것을) 보면 주나라라 하더라도 역시 조법이었던 것이다."[38)]

③ "바라건대 들(野)에서는 9분의 1로 조(助)를 하고, 성안(중국)에서는 10분의 1로 하여, 각기 스스로 납부하여 오도록 하여야 한다. 경(卿)벼슬 이하의 사람들은 반드시 규전(圭田)을 갖도록 하여야 한다. 규전은 50묘씩이다. 여부(餘夫)에게는 25묘씩 배당한다. …사방 1리에 한 정전을 두는데, 한 정전은 900묘이다. 그 가운데를 공전으로 하고 8가가 각각 100묘씩을 사전으로 하고 함께 공전을 가꾼다. 공전의 일이 끝난 후에야 감히 사전을 경작한다."[39)]

---

36) 堀 敏一, 『均田制の研究-中國古代國家の土地政策と土地所有制』, (岩波, 1975), pp.7~13.

37) 『孟子』, 「滕文公章句 上」.

38) 같은 글.

39) 같은 글.

이상에서 첫째부분(①)과 둘째부분(②)은 고대토지제도에 대한 맹자의 연구결과이다.[40)]

첫째 부분에서 맹자는 치국안민의 한 방법으로 수납제도의 개혁을 주장하고 있다. 맹자는 백성들로부터 거둬들이는 데에도 한계가 있어야 한다고 주장한다. 당시의 집권자들이 부국강병의 슬로건 아래 이(利)의 추구에 급급한 나머지 백성들의 경제적인 안정은 전혀 고려하지 않고 감행하는 무제한의 수탈을 맹자는 졸렬한 방법으로 보았다.

맹자는 1/10의 세를 가장 이상적인 수납법이라고 주장하고 있다. 즉 공법(貢法)은 1/10, 조법은 1/9, 주의 법은 공전 100묘 가운데 20묘의 택지를 급여하는 까닭에 8농가에서 80묘의 공전을 조경(助耕)하는 것이 되므로 1/10, 그리하여 대체로 모두 1/10이라고 한 것이다. 이것은 중세(重稅)에 허덕이는 당시의 백성들을 구제하는 데에 1/10을 '수취의 한계'의 표준으로 삼은 것을 의미한다. 맹자는 등나라에서 조법과 1/10세를 실시하는 것이 좋겠다고 강력히 주장한다.

물론 수취의 한계를 말한 맹자도 실상 수취의 전폐를 주장한 것은 아니다. 군자(치자)와 야인(피치자, 농부)의 관계에 있어서 군자에 의한 일정한 제한이 있는 야인(野人)의 수취는 맹자에게는 천하에 통용되는 원칙이었다. 그리하여 치자계급의 유지와 피치자계급의 안정을 함께 보장하는 중용의 수납법을 1/10세로 보았다. 1/10이라는 표준 수납법-이것이 요순의 방법이라는 것이다. 요순의 방법보다도 세를 가볍게 하려는 자는 대맥(大貊)이나

40) 趙 岡·陳鐘毅, 『中國土地制度史』, 尹貞粉 譯, (大光文化社, 1985), p.13.

소맥(小貊)같은 미개 민족이요, 요순의 방법보다도 세를 무겁게 하려는 자는 저 하(夏)나라의 폭군 걸(傑)에다 대자(大字)와 소자(小字)를 붙인 대걸(大傑)이나 소걸(小傑)이라는 것이다. 즉 맹자의 요순의 정치는 완전무결할 뿐만 아니라 어느 시대의 어떤 장소에도 적합한 것이므로, 요순보다 수납을 더 걷는 것도, 덜 걷는 것도 모두 잘못이라고 봤다.

『맹자』의 기록에 의하면 하·은 왕조시대에는 각각 일정한 토지를 나누어주는 제도가 있었고, 부세에 대해서는 하 시대에는 공법(현물지대), 은왕조시대에는 조법(노동지대), 주왕조시대에는 철법(1/10세)에 의해서 징수한 것으로 되어 있다.[41]

사실상 맹자는 자신의 연구결과에 대해서도 전적으로 긍정하고 있는 것 같지는 않다.[42] 즉 첫째부분에서 그는 먼저 주가 은을 멸하고 그 제도를 이미 고쳐 '철법에 의한 세를 내었다.'고 판단했지만, 그 후 『시경(小雅「大田」)에서 사전과 공전을 언급한 것을 발견하고 이에 의거해 먼저의 판단을 뒤엎어 '주나라라 하더라도 역시 조법이었다.'라 하였다. 맹자 당시 조법은 거의 없어지다시피 했고 전적(田籍)도 잘 보존되어 있지 않았다. 맹자는 오직 위의 시 구절에 의거해서 주(周)도 조법을 사용했던 것으로 짐작했던 것 같으며,[43] 등나라에서도 세록(稅祿)을 주고 있는 이상은 조

---

41) 공법(貢法), 조법(助法), 철법(徹法)은 동양사회의 이상적인 토지제도로서 알려져 왔다. 하·은·주 3대의 이상적인 사회를 모델로 할 때 우선 거론되는 것이 공법(貢法), 조법(助法), 철법(徹法)이었다. 또한 토지제도가 문란할 때마다 거론되는 것이 공조철貢助徹法)법이었고 이를 복원하는 방법을 통해서 당 시대의 체제위기를 극복하려했다(최윤오 「조선시기 토지개혁론의 원리와 공법(貢法)·조법(助法)·철법(徹法)」, 『역사와 실학』, 32, 2007, p.461).

42) 같은 글.

법(助法)을 실시하여야 한다는 뜻으로 이 『시경』의 한 구절에 근거하여 이해한 만큼 의문점이 없지는 않다.

그러나 공동경작지의 역사적 실재와 토지와 국민에 대한 왕의 소유권에 대한 『시경』[44]의 몇 군데의 언급을 근거로 해서 볼 때, 공동경작지인 공전에서의 농민들의 공동노동을 생각해 볼 수 있다. 모든 농민은 공전에서 공동적인 부역(助)으로 잉여 생산물을 생산해야만 하고 이러한 공동노동의 과정에서 농민들은 서로 도움을 주고받았으리라 생각한다.[45]

주의 지배집단은 억압받는 농민에 의해 산출된 잉여 생산물에 전적으로 의존하고 있었으며 당시 미개한 단계의 농업방식으로는 조법(노동지대)이 공법(현물지대)보다 훨씬 유리한 것으로 여겨졌다. 그래서 경작기술이 거의 발달되지 않았던 서주시대에는 조법이 일반적이었던 듯하다. 여기서 유명한 토지분배제도인 정전제가 생겨난 것이 아닌가 한다. 주대의 농민들은 귀족지주나 종족집단의 공동경작지로부터 자신이 경작하기 위한 토지를 배당 받아서 일종의 노동지대로 지대를 납부하였다. 이때 농민들은 다른 농민들과 함께 공동부역으로 해당되는 귀족경지나 공동경작지를 경작했다. 그러나 이와 같은 서주(西周)의 경제질서는 춘추시대와 전국시대에 이르면서 붕괴하기 시작했고[46] 그리하여 맹자가 주의 경제질서 회복을 주장하게 된 것으로 추단된다.

기원전 8세기경에는 주의 선왕(宣王, 통치기간 827~782 BC)이

---

43) 堀 敏一, 앞의 책, p.8.

44) 『詩經』, 小雅, 「大田」, 「北山」.

45) 송영배, 앞의 책(2012), p.41.

46) 같은 책, p.48

공동경작지제도와 노동지대제를 철폐하고 '철법(徹法)'이란 수납제도를 널리 도입하였다. 이 제도에 따르면 농민들은 배당지의 크기에 관계없이 한 해 동안 경작한 수익의 1/10세를 현물로 내야 했다. 노국(魯國)에서는 기원전 594년에 처음으로 1묘 단위로 부세(賦稅)가 부과되었다. 이 시기를 전후하여 세묘법(稅畝法), 즉 묘단위의 현물지대가 일반적인 조세제도로 널리 퍼져 간다.[47]

셋째부분(③)은, 맹자의 등문공에 대한 회답이자 건의였다. 전국시대에 등문공이 신하인 필전(畢戰)을 시켜서 맹자에게 정지(井地)에 관하여 물어오자, 맹자는 전국시대에 이르러 붕괴된 고제(古制)(토지공유제와 수전표준)를 회복하고자, 위와 같은 정전법을 건의한 것이다.

맹자에 의하면 정전법은 은대(殷代)에 처음으로 행하여졌는데[48] 그 내용은 다음과 같다. 즉 630묘의 전지(田地)를 9구(口)로 9등분하여 중앙의 1구는 공전으로 하고, 주위의 8구는 8가에 각각 1구씩 70묘의 사전으로 주어 경작케 하였다. 수납법은 사전에는 무세(無稅), 그 대신 공전에 대한 경작의무를 사전경작자에게 부여한다. 8가의 농부는 공동으로 힘을 합하여 공전경작에 조력할 의무가 있다. 즉 일종의 노동지대의 형식으로서 지대를 바친 것이다. 그리고 주대(周代)에는 1가가 전지(田地) 100묘를 받은 것을 제외하고는 은대(殷代)의 법과 거의 같다. 사전에 대하여 조세를 징수하지 않는 것도 같다. 다만 향(鄕, 왕성의 사방 100리 이

47) 같은 책, p.50.

48) 다산에 의하면 정전법(井田法)은 상고(上古)의 황제 신농(黃帝·神農)때 처음 만들어졌고 그 뒤 은대(殷代)·주대(周代)로 내려오면서 그 시대에 알맞게 변화되었을 것이라고 한다 (『與猶堂全書』(景仁文化社 本) 제2집, 제5권, p.38, 『孟子要義』 권1, 「滕文公 제3장 이하」).

내의 땅)과 수(遂, 왕성으로부터 200리 이내의 땅)에는 십일법(什一法)인 하(夏)의 공법을 사용하였고 그 이외의 교외(300리 이내의 땅)에는 구일법(九一法)인 철법을 사용하였는데,[49] 전지(田地) 경작 시에는 협동하여 경작하고 수확 시에 묘수를 계산하여 분배하는 까닭에 이것을 철(徹)한다고 이름을 붙이게 된 것이다.

정전(井田)이란 말에서 우물을 의미하는 '정(井)'이라는 문자는 사각형으로 된 아홉 개의 경작지를 나타내며 '전(田)'이란 문자는 4개의 경작지를 가리킨다. 주대의 정전의 토지분급도를 그려보면 <그림 1>과 같다.

여기서 보면 주대(周代)의 정전제는 토지의 국가적 소유에 토대를 두고 대개 농민에게 100묘씩의 땅을 분여하여 그 사전을 개별적으로 경작하게 하였다. 8가의 농촌집단이 1개의 단위가 되어 따로 100묘의 공전을 공동경작하여 거기에서 나오는 소출을 국가에 수납하는 것이다. 그 외에는 아무 것도 뺏기는 것이 없었다.

---

49) 맹자에 의하면 구일법(九一法)과 십일법(什一法)은 동시에 시행된 세법이다. 그러나 다산은 「전론(田論)」에서는 1/10세를 주장했으나 『경세유표(經世遺表)』의 정전론(井田論)과 『맹자요의(孟子要義)』에서는 1/9세가 기본임을 밝히고 있다. 다산은 구일세(九一稅)와 십일세(什一稅)의 근거를 『주례(周禮)』에서 찾고 있다. 『周禮』「小司徒」의 "그 전야(田野)를 정(井)과 목(牧)으로 구획한다." (井牧其田野)에서 정(井)은 구일(九一)을 말하며 『周禮』「遂人」의 "전야(田野)를 다스리는데 10부(夫)의 토지에는 구(溝)가 있고 100부의 토지에는 혁(洫)이 있다." (治野, 十夫有溝, 百夫有洫)라는 것을 근거로 십일법을 도출한다. 다산은 맹자시대에조철법(助·撤法)의 세제가 이미 폐지되었고 공법(貢法)에 가까운 제도가 성행하였으며 "선왕(先王)의 법은 본시 구일"(先王之法, 本是九一)이라고 하여 그는 대종을 이루는 것을 구일세라고 주장한다[『與猶堂全書』 제1집, 제11권, p.6, 「田論」 6 ; 같은 책, 제5집, 제6권, 『經世遺表』 권6, 「田制」 3 ; 『孟子要義』 권1, 「賸文公 第3章 以下」, pp.42~43. 참조.(이하 『經世遺表』의 인용은 『與猶堂全書』 수록본에 의함.)].

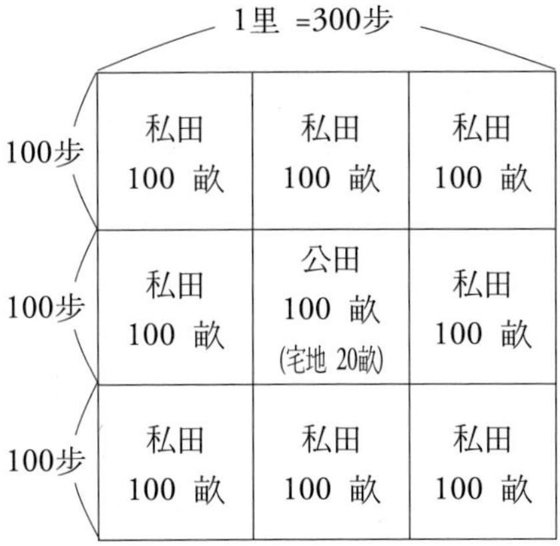

계 산 법

1夫 私田지급 100畝×8口 = 800畝
1夫 公田지급 10畝×8口 = 80畝
1夫 宅地지급 2.5畝×8口 = 20畝

* 1井 = 方 1里

자료 : 堀 敏一, 앞의 책, p.8.

그림 1. 주대(周代) 정전의 토지분급도

우선적으로 이 1개 구역을 공동경작케 하고 그 주위에 밀집되어 있는 8개 구역의 사전에서 나오는 수확 전부를 자유로 소비할 수 있었다.[50]

맹자의 정전법 실시에 대한 건의는 기본적으로 비록 고제(古制)를 참고했다고는 하지만 맹자의 이상도 함께 곁들여 있었기 때문에 새롭게 설계된 토지제도로 간주할 수 있을 것 같다. 따라서 고대에 실행했던 어떤 토지제도와도 완전하게 부합되는 것은 아닌 듯하다. 바꾸어 말하면 그는 조법, 철법을 융합하고, 다시 여기에 규전(圭田)의 조항을 첨부하여 여부(餘夫)에 대한 처리방법을 마

50) 정전제(井田制)에 대하여 다산은 다음과 같이 이해하고 있다. "전체의 토지는 900묘이며 1부(夫)는 사전(私田)으로 일단 100묘를 지급받는다. 8부의 총 묘수는 800묘이다. 여기에 다시 부세(賦稅)에 해당되는 토지 10묘씩을 지급받으면 8부의 합계는 80묘이다. 공사전(公私田)의 총 지급묘는 800묘로 20묘가 남는다. 남은 20묘를 8부가 나누어 택지로서 각기 2.5묘씩 지급받는다(『孟子要義』 권1, 「梁惠王 第1」, p.5).

련함으로써 새로운 토지공유 수전제를 마련한 것으로 본다.[51]

그러면 맹자가 등문공에게 정전법 실시를 건의한 이유는 어디에 있는 것인가? 이것은 그의 왕도론에 근거한다고 볼 수 있다.

『맹자』「진심장구하(盡心章句下)」에 "국가에 있어서는 백성(의 문제)이 가장 중요하고, 사직(의 문제)이 그 다음이며, 군주(의 문제)는 가장 가벼운 것이다."[52]라는 말이 있다. 이는 백성이 통치의 근본이며, 따라서 백성의 신뢰를 얻는 자가 통치자가 될 수 있다는 것이다. 그러면 어떻게 해야 백성의 신뢰를 얻을 수 있는가. 그것은 맹자에 의하면 통치자가 인정(仁政)을 베풀어야 하는데 "인정(仁政)이란 반드시 토지의 경계를 바로 잡는 것으로 시작"되는 것이기 때문에 구체적인 경제정책으로서 정전제를 시행하여야 한다는 것이다.

유가사상에서 군자와 소인(野人)의 관계는 결코 융합될 수 없는 이원개념이었다. 이에 관한 기록은 "군자는 두루 사귀지만 편중되지 않고, 소인은 편당하여 두루 사귀지 못한다."[53], "군자는 정의를 표준으로 이해하고, 소인은 이익을 표준으로 이해한다.[54] 군자는 모든 일을 자기 자신을 위하여 강구하고, 소인은 모든 일을 남의 이목을 위하여 강구한다."[55] 등 이루 다 셀 수가 없다. 『맹자』에도 "군자가 없으면 야인(野人)을 다스릴 사람이 없고, 야인이 없으면 군자를 먹여 살릴 사람이 없다."[56]라는 구절이 보이

51) 趙 岡·陳鐘毅, 앞의 책, p.13.
52) 『孟子』, 「盡心章句 下」.
53) 『論語』, 「爲政」.
54) 같은 책, 「里仁」.
55) 같은 책, 「衛靈公」.
56) 『孟子』, 「滕文公章句 上」.

는데, 이것은 군자는 계급으로서 피치자인 야인(소인)에 의하여 그의 경제생활이 해결되고 또 야인은 군자에 의하여 다스림을 받게 된다는 것이다. 이같이 맹자는 군자와 야인의 공존이 한 국가 안에 꼭 필요한 것으로 보았으며, 이러한 군자라는 치자와 야인이라는 피치자간의 계급질서가 확고하여 동요가 없는 사회를 이상사회로 규정하였다. 이러한 이상사회의 완성은 곧 왕도정치의 종점이다. 백성의 경제생활의 안정과 서열관념을 고취하는 도덕교육을 토대로 백성을 계급사회의 피치자로서 아무 불만이 없도록 하여 신분사회를 기존체제대로 유지하여 나가는 것이 곧 왕도지종인 것이다. 이것은 유가가 치자계급에게 참으로 편리한 논리를 편 것이라는 비판을 피할 수 없게 한다.

이상에서의 고찰은 주로 『맹자』(滕文公章句 上)를 통해 본 것이다.

『맹자』 이외의 소전(所傳)에서 『주례(周禮)』(地官 「少司徙」, 「大司徙」, 「遂人」 夏官 「大司馬」, 冬官 「考工記」를 보면 대략 다음과 같다.57) [<그림 2> 참조]

① 주(周)의 '왕기(王畿-왕의 영역)'는 '향수(鄕遂: 왕성 200리 이내)와 도비(都鄙: 왕성 200리 이외 500리)의 둘로 구분하였고, 이밖에 제후국들이 있다.

② 공경대부(公卿大夫)의 채지(采地)는 도비(都鄙)에 있어서 그 구획은 100묘 1부(夫), 9부 1정(井)이며 그 위로는 사진법

57) 천관우, 「반계 유형원 연구」, 『근대조선사연구』, (일조각, 1979), p.247; 堀 敏一, 앞의 책, pp.8~10 참조.

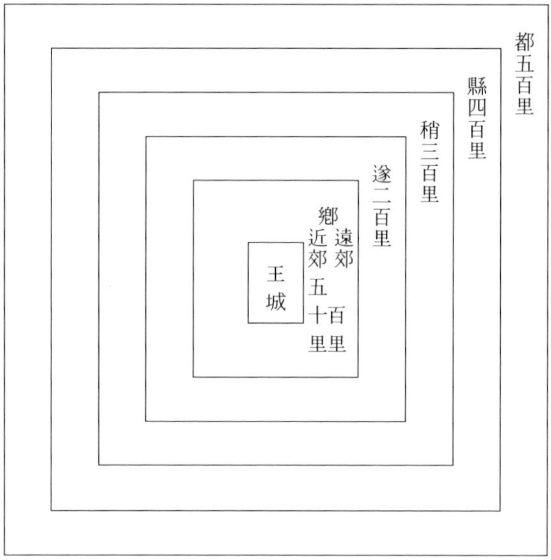

그림 2. 왕성(王城)

(四進法)으로 정(井)·읍(邑)·구(丘)·전(甸)·현(縣)·도(都)로 구성된다.

③ 이 토지구획에 기하여 수로와 도로가 배치되는데, 10부에 '구(溝)·진,(畛),' 100부에 '혁(洫)·도,(涂)' 1000부에 '회(澮)·도(道),' 10,000부에 천('川)·로(路)'가 있어 관개와 함께 경계를 삼는다.

④ 경지분배에 있어서는, 향수(鄕遂)에서는 토지를 3등급으로 나누어 휴한법(休閑法)을 쓰되, 1부(夫)에 대하여 상전(上田)은 150묘, 중전(中田)은 200묘, 하전(下田)은 300묘를 분배하고, 그 중 100묘는 늘 휴경하게 하며 이 분배는 가족수와 장정 수를 표준으로 삼는다. 도비(都鄙)에서도 토지를 토리(土理)에 따라 3등급으로 나누어, 상전(연작지)은 가구

당 100묘, 중전(1년 휴한지)은 가구당 200묘, 하전(2년 휴한지)은 가구당 300묘씩을 분배하고 그 중 100묘만을 해마다 경종(耕種)하게 한다. 또한 공전과 사전의 구별이 없고, 경지의 구획도 반드시 정방형(井字形)으로 배열된 것은 아니었다.

⑤ 이 토지분배를 기초로 하여 군(軍)과 부(賦)를 규정한다.

이제 『주례』가 『맹자』와 다른 점을 살펴보면 첫째, 토지의 비옥도에 의해 지급면적을 달리 했다는 것 둘째, 이러한 비옥도에 의한 토지의 배분은 가구 수 및 인정(人丁=역역인수)을 고려하여 결정한다는 것 등이다.[58]

이 두 가지 계통의 정전법의 소전은 후세사람의 주석(註釋)에 의하여 더욱 정세(精細)한 것으로 발전되었는데, 『한서』 「식화지」에서는 두 가지 소전이 통일되어 설명되고 있으며, 게다가 연령에 의한 환수 규정(20세에 수전(受田)하고 60세에 환전(還田)이 부가된다. 이와 같이 정전법에 관한 이론 자체가 발전되고 있다. 그 후 정전론은 왕망의 토지제도 및 북위(北魏)~수당(隋唐)의 균전법의 정신에 영향을 미치게 된다.

최근 중국문헌에 의하면 중국에서는 이와 같은 정전제가 실존했었는가 하는 것이 의문시되고 있다. 처음으로 정전제에 대해 의문을 제기한 사람은 호적(胡適)이다. 호적은 1920년경 두부를 자른 것 같은 정전의 균산제는 전국시대의 유토피아에 지나지 않는다고 주장함으로써, 균전법의 유무를 둘러싼 논쟁을 제기했다.[59]

58) 堀 敏一, 같은 책, p.10.

59) 胡適, 『胡適 文存』 권2 「井田辯」. 정전론의 부정론과 실재론의 논쟁에 대

그 후 문헌비판이나 금문자료(金文資料)에 기초를 둔 연구가 추진된 결과, 지금은 『맹자』의 정전과 같은 정연한 제도가 있었으리라는 것은 거의 부인되고 있으나, 그 소전에서 반영되고 있는 어떤 토지제도(역역제도 등)가 실재하지 않았나(그것과 유사한 당시의 토지제도를 반영하지 않았나) 생각하는 사람도 있어, 확실한 정설은 없는[60] 형편이다.

여기에서 중요한 것이 유가고전에 나타나 있는 국가적 토지소유의 이념(공전제)이라고 하는 것은 이미 언급한 바 있다.

아무튼 유교에서는 삼대를 이상사회로 보고 이때의 정치를 정치의 표준으로 삼고 있음은 주지의 사실이거니와, 그 삼대에는 정전제가 시행되었다고 이해되고 있으므로, 부패한 사회의 혁신과 병행하여 토지의 개혁론이 대두될 때마다 토지개혁론자들이 일반적으로 떠올린 것이 바로 이 정전제였다.

예컨대, 대토지소유자들의 토지겸병과 소토지소유자 자경농민층의 몰락 및 이로 인한 농민항쟁이 크게 일어난 송대에 제기된 정이(程頤)·정호(程顥)·장재(張載)의 정전가행설(井田可行論), 주자의 정전난행론(井田難行論) 등이 그것이다.

정이, 정호, 장재 등은 정전법은 모든 토지를 정자형(井字形)으로 구획하는 것이 아니고, 정자형으로 구획할 수 없는 곳에서는 계산상으로 100묘를 모아 1부(夫)를 만들고, 다시 9부를 모아 1정(井)을 만드는 것이라고 하였다. 즉 정이와 정호는 "지형이 반드시 넓고 평탄하여 방형(方形)을 그을 수 있어야 할 필요는 없고,

---

해서는 小竹文夫, 「中國井田論考」, 『東京教育大學文學部紀要』 31, (1961), pp.1~36을 참조할 것.

60) 京大 東洋史辭典編纂會 編, 『新編東洋史辭典』, (創元社, 1979), pp.464~465.

다만 산법(算法)을 써서 땅의 묘수(畝數)를 잘라 계산하여 백성에게 주는 것도 가하다"[61]고 하여 정전의 복구가 가능하다는 것을 주장하였다.

물론 이들은 정전을 구획하는 문제 외에 겸병자의 토지를 어떻게 수용할 것인가의 문제도 쉽지 않다는 것을 인식하고 있었다. 장재도 "그 토지는 정형(井形)을 만들 수 있는 곳에는 정형을 만들고, 능히 정형을 만들 수 없는 곳에서는 혹 5부(夫)·7부로 하고, 혹은 3부·4부로 하고, 혹은 1부로 하는데 그 실전(實田)의 면적에 따라서 하며, 또 혹 1부의 땅도 이루지 못하는 곳은 100묘의 땅을 채워서 주면 되니 행하지 못할 일은 없다."[62]고 하여 정전가행을 주장하였으며, 방법만 잘 세워 국왕이 이를 실시하면 한 사람도 벌하지 않고 수년 내에 쉽게 시행할 수 있을 것이라고 주장하였다.

이에 반해 주자는 정전은 구획하기가 어려운 곳이 많다는 것과 정전구획에 앞서 다른 사람들의 토지를 빼앗는 일이 어렵다고 하는 점을 들어, 『맹자』에 언급된 대로 정전제를 시행하긴 어렵다는 이른바 '정전난행설(井田難行說)'을 제기하였다. 물론 주자는 정전제의 근본취지까지도 부정하는 것은 아니었다. 주자는 한전론에 대해서 "그것은 일반적으로 그 상한을 30경으로 하는데 이는 균평을 기하는 것이 아니다"[63]라고 하면서 비판하였다. 토지개혁을 하려면 반드시 정전제를 실시할 것이며 그렇지 않으면 그대로 두는 것이 좋다고도 하였다. 모든 유자들에게 있어서 삼대의 정치가 이상정치의 표본이었듯이 그에게도 그것은 이상일 수

61) 『二程全書』 권10, 「洛陽議論」, (박찬승, 앞의 논문(1986), p.106에서 재인용).
62) 같은 글.
63) 『朱子大全』 권68, 「井田類說」.

있었다. 그러나 그는 정전제가 현실적으로 실현될 수 있는 것으로 보지 않았다. 결국 주자는 여러 가지 난점으로 인하여 정전은 평상시에는 행하기 어려운 것이고, 큰 변란을 겪은 후 천하에 사람이 드물고 토지가 모두 나라에 귀속되었을 때나 가능한 것이라 하였다.[64] 주자는 이와 같은 '정전평세난행설 (井田平世難行說)'의 입장에서 남송(南宋)의 현실적인 개혁의 방향을 '경계(打量)'를 통한 부세불균(賦稅不均)의 해소에 더 역점을 두는 세제개혁쪽으로 잡았으며 토지개혁에는 부정적이었다.[65]

여하튼 국가적 토지소유의 개념은 주 왕조의 정전법 이래 중국 전통사회에서 일관되어 흐르는 토지제도의 한 이상형으로 인식되었다. 그래서 후대 토지제도에 관한 논의에서 긍정적으로든 부정적으로든 자주 거론되어 왔으며, 각 시대에 부분적으로나마 정책으로 채용되었다. 그것이 중국의 역사과정에서 비로소 현실적인 토지제도로 구체적인 형태를 취하여 나타난 것이 바로 북위(北魏) 효 문제(孝 文帝)때부터 당 중기(唐 中期)까지 약 300년 동안 실시된 균전제이다.

2. 한전론

중국의 토지소유관계는 춘추시대까지의 씨족적 총유제가 철기 농구의 출현과 이에 수반된 농업생산력의 획기적 발전에 의해, 소가족단위의 개별적 노동관계가 성립되면서 토지소유의 불균등화가 생겨난다. 노 선공(魯 宣公) 15년(BC 594)의 '초세묘(初稅

64) 『朱子語類』 권98, 「張子書一」.
65) 김용섭, 앞의 논문(1985), pp.244~246.

畝)'에서 시작된 이 경향은 시간의 흐름에 따라 진전되고 진 효공(秦 孝公) 12년(BC 350) 상앙(商鞅)의 변법령(變法令) 중의 '개천맥(開阡陌)'에 의해 사유제가 확립되었다.[66]

상앙(商鞅)의 개혁이 일반적으로 차지하는 의미는 첫째, 세습귀족제라는 전래의 봉건제를 그 뿌리에서부터 파괴하였다는 것과 둘째, 이 차원을 넘어서 본질적으로 유교적 중국사회의 관료적 중앙집권제의 기본구조를 확정 시켰다는 데 있다.[67] 상앙의 사회경제적 정책은 대체적으로 진(秦)이후 한대(漢代)에까지 연속되었으며, 그 결과 유교적 중국사회의 근본구조를 뚜렷하게 정착시켜 놓았다.

진(秦)·한대(漢代)에 이르면 토지를 소유하는 호족이 있는 반면, 한줌의 토지도 없는 빈농이 있는 토지소유의 불균등화 현상이 고대 전제주의 국가의 정책면에 반영되어 한전론이라는 토지소유의 제한책으로 표현되는데,[68] 일부에선 토지국유화를 철저하게 실시한 뒤에 농민에게 균등하게 분배하여 경작케 하는 방법을 주장하기도 했다.[69]

말하자면 맹자의 주대 정전설에서 시작된 토지의 100묘 균분이념은 당시의 토지불균등 현상의 산물이라 할 수 있는 바, 그 뒤 한대(漢代)에 이르러 유교가 국교화 되면서 이 설은 유가적 경세이념으로 계보화 되어 계승된 것이다.[70] 한초(漢初)의 국가 정책

66) 민성기, 「한대(漢代) 한전설 연구-사회적 계기를 중심으로-」, 『부대사학』 제1집, (1961), p.5.

67) 송영배, 앞의 책(2012), p.219.

68) 민성기, 앞의 논문, p.5.

69) 趙 岡·陳鍾毅, 앞의 책, p.33.

70) 민성기, 앞의 논문, p.5.

면에서 토지균분이념에 입각한 한전론이 뚜렷한 형태로 표현된 것은 당시의 대토지 소유제의 발전 현상의 반영일 뿐만 아니라 토지경계문제는 고대 전제주의국가의 경제적 존립 기반에 깊이 연관되기 때문이었다.

자율적 성격이 강한 지역에서 강고한 동족적 결합을 보호하면서 주변의 농민에게 유형무형의 지배력을 나타낸 것이 한대(漢代)의 호족이다.[71] 호족에 의한 대토지사유는 토지제도상 사전의 한 형태로 존재한 것이다. 이와 같은 대토지소유의 발생 원인은 전국시대에 진나라 상앙의 개혁에 의해서 공동체적 소유(정전법)가 폐지되고 토지의 자유로운 매매가 인정되기에 이르렀기 때문이다.

철기 농구의 출현과 기타 농업생산력의 발전이 공동체사회를 분해시키고 토지사유제의 출현을 가져온 이래 가부장적 토지소유자의 동족적 결합체인 호족의 형성은 봉건적 중국고대국가에 적대되는 존재로서 나타난 것이니, 당시 위정자들로서는 국가 권력을 약화시키는 이 호족세력의 제거에 진력하게 되었던 것이다.[72]

호족에 의한 토지집중은 첫째, 토지부족의 문제를 더 한층 첨예화 시켰으며, 그 결과 대체적으로 대부분의 영세자영농에 결정적인 타격을 주었다. 둘째, 몰락의 운명에 처해있는 농민들은 호족에 대한 예농관계나 전호관계로 전락해 갔다. 토지집중의 결과 국가에 수납의 의무를 지고 있는, 이른바 자경농이 갈수록 감소되어 갔던 것이다.

서한시대(西漢時代)는 정전제에서 토지사유제로 진입하는 초기 단계였기 때문에 사람들의 토지사유제에 대한 평가는 상당히 유

71) 西嶋定生, 『中國古代社會經濟史』, 卞麟錫 編譯, (學文社, 1983), p.65.
72) 민성기, 앞의 논문, p.6.

보적이면서도, 소유권분배상의 불균형에 대해서는 다른 왕조보다도 더욱 민감하였다. 이 때문에 서한시대에는 한전과 토지국유제를 회복하자는 주장이 가장 많았다.

『한서(漢書)』에는 동중서(董仲舒)가 무제(武帝)에게 건의한 내용을 기록하고 있는데 "옛날의 정전법이야 갑자기 시행하기 어렵겠지만 옛날 법(法)과 조금 가깝게 해서 백성의 명전(名田)을 제한하여 겸병의 길을 막는 다음이라야 잘 다스릴 수 있다."[73]고 하였다.

대토지소유자의 토지는 토지를 갖지 못한 빈민에게 대여하여 '가(假)'라고 불리는 소작료가 징수되는 편이 많았던 듯하다. 동중서는 무제에 대한 진언을 통해서 당시 대토지사유의 폐해를 논하면서 "진(秦)나라가 제왕의 제도를 고치고, 정전을 없애 백성이 매매할 수 있게 하여 부자는 밭두둑(阡陌)을 잇는 토지를 소유한 반면, 가난한 자는 송곳을 꽂을 만한 토지조차 갖지 못하는 상태에 이르렀는데 한(漢)나라가 일어난 뒤에도 그대로 따르고 고치지 않았다. 가난한 자는 호족의 토지를 경작해서 5/10라는 소작료를 지급하고 있다."[74]고 한 말은 이러한 소작제도의 존재가 일반적이었음을 나타내는 것이라 할 수 있겠다. 동중서는 이러한 대토지소유의 폐해를 뿌리 뽑기 위한 대책으로 토지소유의 제한을 주장했던 것이다.

전한(前漢) 후기가 되자, 대토지소유의 진전은 더욱 더 현저해지고 국가도 그 대책을 진지하게 검토하지 않을 수 없었다. 그 결과 표면화된 것이 애제(哀帝) 즉위의 해(BC 7 ; 수화 2)에 발포된

---

73) 『漢書』, 「食貨志」.

74) 같은 글.

한전법이다. 이 법률은 대사마 사단(大司馬 師丹)의 제안으로, 승상 공광(承相孔光)이 "여러 왕후·공주 및 관리, 인민의 명전(名田)을 모두 30경을 넘지 못하도록 하되 3년을 기한으로 하여 이 기한이 다 되도록 한계를 넘어 소유하고 있는 자의 토지는 관이 몰수하자."[75] 고 진청(秦請)하여 발포된 것인데, 이것은 또한 노비 소유수도 작위에 따라 200인, 100인, 30인의 3단계로 제한하려고 한 것이다.

한 애제(漢 哀帝)는 이러한 한전의 방법을 국부적으로 시행하였다. 그가 조서(詔書)를 내려 시도한 바 있는 한전정책은 결코 성공하지 못하였다. 그 이유는 첫째, 한전의 최고 면적 책정이 너무 높다는 것이다. 즉 당시의 인구밀도로 말하면 30경도 너무 많은 수량이기 때문에 다만 극소수의 대지주에 대해서만 제약이 될 뿐이었다. 따라서 30경의 최고한도 하에서도 여전히 심각한 겸병 현상이 일어날 수밖에 없었다. 둘째로 애제(哀帝)의 한전정책 시행에 대한 의지가 투철하지 못했다는 점이다. 그는 동현(董賢)에게 한번에 2,000여경의 토지를 상사(賞賜)하여 스스로 한전의 입법을 파괴하였다.[76]

이와 같이 대토지소유의 진행은 이미 국가권력에 의해서도 제어할 수 없는 상황에 이르렀으나, 다시 이에 대하여 통제를 시도해 보려고 한 사람이 왕망이었다.

전한(前漢)을 멸하고 신(新)을 세운 왕망(王莽)(B.C 45~A.D. 23)은 토지국유제를 회복하고 난 뒤 농민에게 평등하게 균분하여 경작하게 하자는 균전의 이상을 편다.[77]

---

75) 같은 책, 권11, 「衷帝紀」.

76) 趙 岡·陳鍾毅, 앞의 책, pp.33~34.

77) 같은 책, p.34.

왕망은 시건국 원년(始建國 元年, A.D.9)에 조서(詔書)를 내려 다음과 같이 선포하였다.

“천하의 토지를 왕전(王田)으로, 노비를 사속(私屬)으로 이름을 바꾸며, 왕전과 사속은 모두 매매할 수 없다. 남자의 수가 8명이 안되면서 토지가 1정(井)이 넘는 자는 나머지 토지를 구족(九族) 혹은 인근 향당(鄕黨)에 주도록 하라. 예전에는 토지가 없었는데 지금 수전(受田)해야 하는 자는 기존제도와 같이 하라.”[78)]

즉 왕망은 주례 중의 정전제를 모델로 모든 사유 토지를 왕전으로서 국유(호족소유 名田의 公田化)로 하였고 개인의 매매를 금지하였다. 일정한 토지 분배량을 정하고 그것을 초과하는 자는 남은 땅을 친척 또는 가까이 있는 토지 없는 자에게 주어야 하며 원래 토지가 없던 자에게는 남자 한 사람당 100묘를 준다. (이것은 1호당 백묘분전(百畝分田)이라는 맹자의 소위 도식적인 9등분 정전제의 한대적(漢代的) 표현이라 할 수 있다.) 이것은 결코 진정한 정전제의 부활도 토지사유제의 폐지도 아니며, 단지 토지겸병이 계속되는 것을 막고 대지주의 일부의 토지를 농민에게 주어 그들이 토지로 복귀해 생산에 종사케 함으로써 봉건질서를 안정시키려는 것이었다.[79)]

공동체적 소유가 오래 전에 이미 폐지되었고 토지에 대한 사적 소유와 이에 상응해서 상품경제가 엄연한 현실의 생산관계를 무시하고, ‘이상적인 정전제의 재현’에 사로잡혀 있었던 왕망은 자

78) 『漢書』 권99, 「王莽傳」.

79) 徐連達·吳浩坤·趙克堯, 『中國通史』 (上海: 復旦大學出版社, 1986. 12), 中國史硏究會 譯, 『中國通史』 (靑年社, 1989), p.203.

기 정권을 공고히 하기 위하여 토지제도의 개혁을 주장한 것이다.

왕망은 또한 노비의 대량 존재가 농촌노동력 부족의 근본원인이라고 인정하면서 사노비의 매매를 금지하였다. 만약 공전의 사노비를 매매하는 경우는 사형에까지 이르도록 하는 엄벌에 처하도록 규정하였다.[80] 그러나 실은 노비의 매매금지도 완전히 노예를 해방한 것이 아니고 단지 빈곤한 농민들이 계속 노예화되는 것을 잠시 동안 동결한 것에 지나지 않았다.[81]

정부가 대량의 국유토지를 소유하지 못한 상황에서 토지사유자로 하여금 그 소유권을 강제로 국가에 바치도록 한 왕망의 정책은 당연히 강력한 반항을 불러일으키지 않을 수 없었다. 그 결과 농민들은 오히려 토지를 잃고 경제는 침체하여 유민화 되었다. 마침내 왕망 자신도 실패를 자인하지 않으면 안 되었고, 다시 토지의 사유권을 인정하지 않을 수 없었다. 이 때문에 토지매매에 대해서 법으로 다스리지 않겠다고 하기에 이른 것이다.

이상에서 보는 바와 같이 전한대(前漢代, BC 206~AD 8)의 개혁안은 호족 권력의 토대를 토지와 노비에 두고 있다. 그리고 호족 권력의 제한을 실천하기 위해서 제안된 한전의 사상적 기반을 맹자의 정전설이라는 전국시대 토지소유관계에서 우러난 이론체계에 두고 있었던 것이다.[82]

왕망의 신(新)나라 이후 누구도 토지국유라는 강경한 방법은 시도하지 않았고 다만 한전법에 대한 건의는 계속해서 제안되고 있었다.

---

80) 정성철, 앞의 책, p.212.

81) 徐連達·吳浩坤·趙克堯, 앞의 책, p.203

82) 민성기, 앞의 논문, pp.24~25.

그 후 후한(後漢)에서 위진(魏晋)에 걸쳐 대토지사유가 한층 진전되었으므로, 위(魏)의 서간(徐幹), 서진(西晋)의 염화(恬和) 등은 전대(前代)와 같은 노비의 제한, 전택(田宅)의 매매금지를 되풀이 강조한다. 여기에 대해서 후한(後漢)의 순열(荀悅)은 당시의 한전론의 근거였던 정전제를 부활할 현실적인 조건이 없다고 하여 특별히 가구 수에 따라서 소유량을 한정할 수 있다고 했다. 또 서진(西晋)의 이중(李重)은 정전제는 시대착오이고 당장 왕자(王者)의 법도 사람의 사유재산을 제한할 수 없다고 염화(恬和)를 반박하였다. 이러한 순열(荀悅), 이중(李重) 등이 주장한 토지개혁의 방향이 구체화된 것이 점전(占田)·과전제(課田制)로, 그 다음에야 균전제로 나아갔다고 본다.[83] 그것은 한편으로는 토지사유의 용인이며 다른 한편으로는 가족 노동력에 따른 제한이었다.

그 후 한전론은 송대(宋代)의 소순(蘇洵)에 의하여 제기된다. 당 중기(唐 中期) 이후 균전제가 붕괴되어 가면서 토지겸병과 토지집중의 현상이 크게 일어나 농민층이 토지를 상실하게 되는데 이와 같은 현상은 바로 송대(宋代)에 이르러 절정에 달했다. 이 같은 시대적 배경 속에서 소순은 정전제를 깊이 검토한 후 그 시행의 어려움을 알고 한전제를 실시할 것을 제기하였다. 즉 그는 "(정전제에서) 구(溝)·혁(洫)·회(澮)·천(川)의 제도와 밭 경계에 도랑과 길을 만드는 방법은 구렁을 메우고 시내와 골짜기를 메우고 큰 내와 산골을 평지로 만들며, 언덕을 깎아 평평하게 하며, 분묘를 파헤치며, 집을 무너뜨리고, 성곽을 옮기고, 경계를 바꾸지 않고는 할 수 없다."[84]고 했다. 또한 "천하의 사람을 동원하고 천

83) 京大 東洋史辭典編纂會 編, 『新編東洋史辭典』 (創元社, 1979), p.259.
84) 『嘉祐集』 권5, 「田制」(『經世遺表』, 권5, 地官修制 「田制」 1, p.1에서 재인용).

하의 식량을 다 털어서 수백 년 동안 다른 일을 하지 않고 이 일에 만 전력한 뒤에야 천하의 토지를 모두 정전으로 만들 수 있다."[85] 고 하여 전지(田地)를 정정방방(井井方方)으로 구획해야 하는 정전제 실시의 난점을 강조하였다. 따라서 그는 정전제 실시는 불가능한 것이라고 보고 그 대신 토지를 수용하지 않고 그 소유의 상한만을 정한 채 이를 지켜 나가게 하면 수 세대를 지나는 사이에 상속매매 등 자연히 부민들의 토지는 줄고, 빈민들이 쉽게 그 토지를 얻게 될 것이라는 한전론을 주장하였다.[86] 이 시대에 이와 같은 한전론은 관료대토지소유자의 면역특권을 일부 희생시키는 것을 의도하는 개량적인 성격을 띠고 있는 것이기 때문에 토지문제에 대한 근본적인 해결책이 될 수는 없었다.

서진(西晋)의 사마담(司馬談)은 오(吳)를 평정한 후에 점전법(占田法)을 마련하였는데, 이에 관해서는 사료상의 기록이 상세하지 않기 때문에 후세 학자들 간에 커다란 쟁론과 각기 다른 해석을 불러일으켰다. 서진의 점전법에 관한 해석 중에서 비교적 합리적이라고 생각되는 것을 간략하게 살펴보면 대체로 다음과 같다.

서진(西晋)의 점(占)·과전제(課田制)는 16세 이상 60세 이하 남녀의 정(丁)에게 일정의 토지를 '점(占)' 혹은 '과(課)'하게 한다는 제도로서[87] 일반적으로 점전(占田)은 인민이 가질 수 있는 토지사유의 최고 한계량이고 '과전(課田)'은 점전(占田)의 한도 내에서 전부 (田賦)를 내어야 하는 토지면적을 뜻하는 것[88]으로 본다.

85) 같은 글.

86) 김용섭, 앞의 논문(1985), pp.240~241.

87) 김유철, 「균전제와 균전체제」, 서울대학교 동양사학연구실 편, 『강좌 중국사Ⅱ-문벌사회와 호(胡)·한(漢)의 세계-』, (지식산업사, 1989), p.139.

88) 趙 岡·陳鍾毅, 앞의 책, pp.35~36.

먼저 긍정할 수 있는 것은 서진의 점전법과 북조의 균전제가 다르다는 것이다. 점전법은 결코 토지국유화를 한 뒤 균등하게 농민에게 균분, 경작하는 것을 요구하지 않는다. 점전법의 법령에는 토지의 환수 규정이 없고 서진의 다른 사료에서도 토지환수에 대한 언급은 없다. 따라서 점전법은 기본적으로 토지사유제를 인정하는 것임을 알 수 있는데, 이 같은 사유제 하에서 국가가 토지의 균분을 이루고자 한 것이 곧 한전의 방법이다. 따라서 서진의 점전법의 입법 취지는 순수하게 사유토지의 균분을 달성하기 위해서가 아니라 새로운 부세제도를 실시하는데 도움을 주고, 그 폐단을 감소시키는 데에 있었음을 추측할 수 있다.

일반적으로 정전론이나 균전론을 시행하려고 할 때 거기에는 획정과 토지수용이라는 난제가 있었다. 설사 획정을 하지 않는다 하더라도 토지수용문제는 여전히 어려운 문제가 아닐 수 없었다. 물론 한전론자들도 정전적·균산적인 토지개혁을 이상으로 삼고 있었지만 그것을 시행하기란 사회적 세력관계로 인해 쉬운 일이 아니었다. 획정성방(劃定成方)하는 정전은 실질적으로 불가능한 것이고 균전은 호우겸병자(豪右兼併者)를 누를 수가 없었기 때문이다.

요컨대, 한전론은 토지의 사적소유가 보편화되는 상황에서 사적소유 자체를 부정하려는 것이 아니고 그것을 인정하되 지나친 토지겸병을 억제하고 균산을 기하려는 것이었다. 하지만 토지를 수용하거나 획일적으로 균분하려는 것은 아니었다. 그것은 토지의 소유권에 몇 가지 제약을 가함으로써 겸병을 억제하고 균산을 유도하려는 것이었다. 한전론은 개인의 토지소유를 일정하게 제한함으로써 겸병자들이 소유하고 있는 토지를 무전농민들이나 소토지소유자들이 매입할 수 있도록 하려는 것이었다.

3. 균전론

균전제도는 중국 역대의 토지제도에서와 마찬가지로 주대(周代)의 정전제의 부활을 표방하고 있다. 균전제를 제안한 북위 효문제 때의 대신 이안세(李安世)의 상서(上書)에 "현재 비록 정전제를 부활하는 것은 어렵지만 마땅히 다시 토지를 균등하게 측량하고 경지의 구획을 정리하여 기준에 따라 나누도록 하고 힘써 노력하는 것을 권장하면 세민(細民)은 생활할 이(利)를 얻고 호우(豪右)는 불필요하게 남아도는 경지가 없게 된다."[89]라고 한 것을 보면 균전제는 정전제와는 차이가 있지만 그 이념을 염두에 두고 있는 것은 분명하다. 정전제를 이상화하게 된 역사적 조건은 첫째, 씨족공동체의 해체로 자립 소농민이 등장하고 아울러 계층분화가 일어남과 동시에 덕치체제가 해체되고 전제적 지배체제 (이치·법치체제)로 이행됨에 따라 주(周) 제도가 현실적으로 붕괴하였다는 것 둘째, 덕치에 대한 갈망이 주(周) 제도를 이상화하게 되는데 이는 바로 정전제를 이상화하게 됨을 의미한다.[90] 정전의 이념만은 추구해야 하겠는데 그 외형을 갖추는 것이 어려운 일임을 알게 되었을 때, 토지개혁론자들은 균전론을 택하게 된다. 획정 없는 정전제는 균산의 의미만 있는 것이므로 균전제인 것이며, 이런 의미에서 본래의 균전론은 이념으로서의 정전과 조금도 다를 것이 없다고 본 것이었다. 균전제라고 해서 정전제보다 그 실현이 쉬울 수는 없는 것이지만, 그러나 획정의 난제만은 해결된다는 점에 이점이 있다 하겠다.

89) 『魏書』 권53, 「李安世傳」.

90) 堀 敏一, 앞의 책, p.4.

후한(後漢)의 순열(荀悅)은 한편으로는 "전제는 모름지기 큰 난이 일어난 후에나 정할 수 있다."[91]고 하면서도 또 한편으로는 한대의 토지겸병 현실을 타개하기 위하여 비록 정전법을 모두 갖추지는 못하더라도 정전제의 취지를 살려 구수(口數)를 기준으로 토지를 나누어주고 그 매매는 할 수 없게 하는 내용의 균전제를 실시할 것을 주장하였다.

균전제는 북위(386~534)의 효 문제(孝 文帝, 태화 9년: 485)의 균전조(均田詔)의 반포와 함께 시작되어 북제(北齊)·북주(北周)에 계승되고 남북조시대의 북조에서 널리 시행되다가 수(隋)의 통일과 더불어 전국적으로 행해지고 당대에 이르러 제도적으로 완성(당에서 가장 완비된 형태로 시행된 토지제도)되었다. 그러나 당 중기에 이르러 안사의 난(安史의 亂, 755~780)이후 장원의 보급과 780년(당 덕종 건중 원년) 양세법(兩稅法)의 시행으로 붕괴되었으며[92] 당의 멸망과 원의 건국으로 균전제로서의 공전제는 토지사유제도로 다시 바뀌게 된다.

균전제는 규정상 국가권력에 의하여 농민 개인에게 경지가 균등하게 분배되고, 국가에 의하여 토지가 관리되고, 일정기간이 지나면 환수되는 것을 특징으로 한다.[93] 실제로 북위이후의 균전제는 이와 같은 것이 일원적으로 체계화되었으며, 구체적인 시행방안이 강구되어 정도의 진폭은 있었지만 300년 가까이 유지되었다는 점에서 다른 어느 시대의 토지제도보다도 그 역사적 성격과 의미가 강조되었다. 즉 균전제의 이념적 지향은 국유관념에 입각

91) 『朱子語類』 권111, 「論民」.

92) 김유철, 앞의 논문, p.133 참조.

93) 堀 敏一, 앞의 책, p.13 참조.

한 토지균분에 있고 그 정책적 의지는 노동력에 입각한 권농정책과 부세제도(賦課制度)에 있으며 이를 전제로 한 제도적 원칙은 수전(水田)과 환수(還受)에 있다.

균전제의 이념적 지향을 토지국유를 전제로 한 균분사상이라고 했을 때, 그 전통의 기원은 어디에서 찾을 수 있을까? 그 원천적 기원은 물론 주대의 정전제에서 찾을 수 있을 것이다. 정전제는 북위시대에 균전제 자체를 정전제라고도 불러 정전제와 동일한 제도라고 인식되기도 했으며, 명칭은 다르더라도 균전제 시행시기에 이미 정전제를 부활하려는 생각이 분명히 있었다고 주장되기도 했다.

균전제의 시형(始型)으로서 앞에서 이미 언급한 한전제·공전·왕전을 들 수 있다.[94] 첫째, 한(漢)의 한전제(限田制)는 북위의 균전제라는 용어에 앞서 '균전지제(均田之制)'라는 말로도 쓰였다. 비록 반대세력의 압력에 의해 실패하였으며 소농민을 직접적인 대상으로 하는 정책은 아니지만 결과적으로 황제의 제민지배체제하(齊民支配體制下)에서 자립적인 소농민의 경영을 이상적인 생산양식으로 설정하고 호족적 대토지소유를 억제하려고 했다는 점에서, 북위·수·당의 균전제와의 동일한 이념적 배경 하에서 형성되었다고 본다.

둘째, 공전(公田)이다. 공전은 왕실소유토지를 빈민에게 분여하여 왕실의 인민지배에 중요한 역할을 하였다. 전한(前漢) 중반 이후 전국(戰國)이래 전제권력의 성립과정에서 생성된 가산(家産)은 사전과 다를 바 없었는데 이것이 왕실 소유토지로 되었다. 공전

94) 같은 책, pp.4~5.

은 국지적이며 임시적이었으나 한전제의 소극적 제한이 아닌, 왕실의 토지배분이라는 점에서 한 걸음 균전제로 발전한 것이라는데 중요한 암시가 있다.

셋째로 들 수 있는 것은 왕전(王田)이다. 왕전은 왕망의 신(新)나라 때 실시된 '이상적인 정전제의 재현'을 목표로 한, 잠깐 동안이나마 소농민을 대상으로 한 통일적 체계를 갖춘 토지정책이다. 왕전은 토지국유를 회복하고 난 뒤 농민에게 평등하게 균분하여 경작하게 하는 것이다. 그러나 이것은 너무 고전 지향의 이상에 치우쳐 당시의 시대적 상황을 제대로 반영하지 못하고 있다는 한계가 있다.

물론 균전제는 흔히 동일한 하나의 제도로만 이해되는 경우가 많은데, 북위 태화 연간(太和 年間)에 시작되어 5개 왕조를 거쳐 300여 년 동안 계속된 제도인 만큼 그 시대적 변화를 전제하고 살펴보아야 할 것이다.

균전법이 발포된 것은 북위 효 문제 태화 9년(485년)이었다. 이때 균전령을 발포하면서 내렸다고 여겨지는 조(詔)를 보면 다음과 같다.

즉 "부강자(富强者)가 산택(山澤)을 겸병하고 빈약자가 토지를 확보하지 못하여 토지는 이(利)를 잃고 있는데 백성은 여유 있는 재산이 없다. (그래서) 혹자는 밭두둑을 놓고 다투다가 몸을 망치기도 하고 기근으로 생업을 포기하기도 한다. 천하를 태평하게 하고 백성을 풍족하게 하려고 해도 어떻게 가능하겠느냐? 이제 사자(使者)를 보내어 천하를 순행케 하여 목(牧), 수(守)와 함께 천하지전(天下之田)을 균급(均給)케 하고 생사를 기준으로 환수토록 하라. (이로써) 농상(農桑)을 과(課)하고 부민(富民)을 흥(興)하게 하는 근본으로 삼으라."[95]고 한 것이다.

여기서 보면 당시 토지소유의 불균형과 이에 따른 소농민의 몰락이 주요한 사회문제였으며 균전제는 이러한 현상에 대한 대응이었다고 할 수 있다.[96] 따라서 균전제는 기본적으로 토지 균분사상에 입각하여 소농민을 생산의 주체로 상정하고 있으며, 당시의 사회적 현실로서 소농민의 생산을 방해하는 현상, 즉 대토지소유가 발달되어 있다는 것을 전제로 하고 있다.

북위의 균전제의 규정을 보면 다음과 같다. 즉 "천하 사람에게 전지를 고르게 주는데 모든 남부(男夫)로서 16세 이상은 노전(露田) 40묘를, 부인은 20묘를 받는다. 노비는 양정(良丁)의 예에 의하여, 소(牛) 한 마리에는 전지 30묘를 받는데 소는 4마리까지 한정하고, 주는 전지는 율(率)에 따라 2배를 준다. 두 번 바꾸는 전지는 2배를 주어 휴경과 환수에서 생기는 영축(盈縮)에 대비한다. 사람은 나이가 들어 과세하기에 이르면 전지를 주고, 늙어서 과세가 면제되거나 사망하면 전지를 환수한다. 노비의 소는 유무에 따라 환수하는데 모든 상유(桑楡)는 다 공전으로 만들어서 주고받는 것을 장만한다. 여러 관원은 각자 급여하는 공전에 따르는데 랄사(剌史)는 15경, 태수(太守)는 10경이며 치중(治中)과 별가(別駕)는 각 8경이고 현령(縣令)과 군승(群丞)은 6경인데, 교대하게 되면 서로 교부하며 매도한 자는 율(律)에 따라 죄를 당한다."[97]

이상과 같은 내용으로 된 균전법이 의도한 바는 오호(五胡)의

95) 『魏書』 권7 上, 「高祖紀」 上 (김유철, 앞의 논문 p.145에서 재인용).

96) 김유철, 같은 글.

97) 『魏書』 권110, 「食貨志」 (『經世遺表』 권6, 地官修制, 「田制」 5, p.15에서 재인용).

난 이래, 화북지방의 토지가 황폐화되고 인구가 감소되었으므로 토지와 노동력의 균형을 조정하고, 농업생산력을 높임과 동시에 귀족과 호족의 토지겸병을 억제하여, 국가의 조세 수입을 확보하려는데 있었다. 북위의 균전법은 중국 역사상 보기 힘든 상세한 토지제도 입법으로 진(晋) 이후 가장 중요한 토지제도상의 변경이며,[98] 또한 진(秦)이 정전제를 폐지한 후 2,000년 동안 가장 중요한 토지제도상의 변경이라 할 수 있다.

한편 처음부터 '대관료-지주'들의 지배로 말미암아 물질적으로나 정치적으로 허약할 수밖에 없었던 국가는 특권화된 상부계층의 이해에 반대해서는 이 균전법을 절대 관철시킬 수 없었다.[99] 이를테면 황제의 인척이나 공신들, 세족들, 불교승려들 등이 누리는 대토지 소유와 같은 특권들은 국가의 간섭을 받지 않았다. 심지어 국가는 한 걸음 더 나아가 이 특권층에게 수많은 경지와 노동력들을 상급으로 주기까지 하였다.[100] 특권화한 상부계층에 실질적인 혜택을 주어야 했기 때문에, 예를 들어 수 문제(隋 文帝, 581~604 재위)는 균전법의 칙령을 다음과 같이 수정하기도 한다. "영업전은 태자들로부터 장군에 이르기까지 모든 사람들에게 최고 한도 100경과 최소한도 40묘의 사이에서 주어져야 한다."[101]

결국 토지법이 결코 상층의 이해에 상반되지 않는다는 전제 아

98) 趙 岡·陳鍾毅, 앞의 책, p.40.

99) 송영배, 앞의 책(2012), p.314.

100) Wan Kuo-ting(萬國鼎), "The system of equal land allotments in Medieval Times." *Chinese Social History* (New York, 1966), pp.172~173, (송영배, 앞의 책, 2012), p.314에서 재인용).

101) Wan Kuo-ting(萬國鼎). 166頁 (송영배, 앞의 책, 2012), p.315에서 재인용).

래서 국가는 균전법을 무리 없이 도입하였던 것이다.[102] 균전법의 시행은 강력한 국가권력의 지배 하에서 비로소 실현되는 것이므로, 국가권력이 이완되면 이 법은 관철될 수 없고, 농민은 국가규제로부터 이탈해서 호족의 수중으로 환원되었을 것이라는 것은 추단하기 어렵지 않다. 사실 북위 말 혹은 그 후대에도 그러한 경향은 기록 속에서도 잔존하고 있다.

북위에서 균전제가 시행된 후 농민들의 생산과 생활은 과거에 비해 안정되었고 개간된 황무지도 매년 증가하여 화북 지역의 사회 경제 역시 회복과 발전을 이룩했다. 그러나 균전이란 보편적인 수전(授田)이 아니었고 더욱이 모두가 넉넉한 양의 토지를 분배받은 것이 아니었으며, 다만 정부가 황무지의 일부를 토지가 없는 농민에게 분배한 것이었을 뿐 분배받는 토지의 양은 거주지의 토지소유상황에 따라 결정되었다. 따라서 균전제도는 호족들이 대량의 토지를 소유하고 있는 기본 상황을 변화시키지 못했고 또 변화시킬 수도 없었다.[103] 그러나 국법 자체로 균전법을 폐기한 일이 한 번도 없이 몇 번인가의 개정을 거쳐 이 법은 수(隋)·당(唐)으로 계승되었다.

이리하여 북위에서 비롯된 균전법은 동위(東魏), 서위(西魏) 및, 북제(北齊), 북주(北周)로 답습되었다. 그 실시 상황은 때로는 이완되다가 국가권력이 강고한 경우에는 실행되면서 수(隋)의 통일에 이르렀고, 다시 당(唐)제국의 토지법으로 계승되어 갔다. 그리하여 북조(北朝 : 魏, 齊, 周, 386~581), 수(隋, 591~618), 당(唐, 618~907)에서는 균전법이 항상 되풀이되어 도입되었고, 또 다시

102) 송영배, 같은 책(2012), p.315.

103) 徐連達·吳浩坤·趙克堯, 앞의 책, p.302.

항상 무의미한 것으로 포기되기도 했다.

당(唐) 초기에는 수 말(隋 末)의 농민전쟁을 거친 직후였으므로 인구가 격감하여 전국적으로 300만호를 밑돌아 수(隋)나라 전성기의 반 정도에도 미치지 못했다. 황하 중·하류 일대의 지역은 특히 인구가 희박하고 많은 토지가 황폐해져 있었는데, 이러한 토지 분포상태는 당(唐)이 계속해서 균전제를 시행할 수 있었던 객관적 조건을 제공하였다.[104]

당(唐)에서는 고조 무덕(高祖 武德) 7년(624) 4월 경자(庚子)에 파산된 사회 경제를 부흥하고 생산의 발전을 촉진시키기 위하여 균전법을 반포하였다.

당(唐)의 균전법은[105] 일반 농민을 비롯하여 왕후백관, 공상, 승려, 천민 등에 대한 수전(授田)을 정한 것이다. 즉 일반농민에 대해서는 정남(丁男, 18~59세)에게는 영업전(永業田) 20묘, 구분전(口分田) 80묘를 수여하여 세습을 허용하고, 구분전은 정남이 60세에 달하면 국가에 그 반을 반납하고 사망 시에는 전부를 반납해야 한다. 토지의 급부를 받은 농민은 수전(授田)의 대상으로 조(租, 粟 2석), 용(庸, 20~50일간의 부역), 조(調)(絹2丈 綿3兩)가 부과되며 병역의 의무도 진다. 원칙적으로 여자에게는 수전하지 않았다. 또 왕후백관에게는 최대 100경을 한도로 하여 영업전을 수여하고, 관리에게는 품계에 따라 최대 12경에 이르는 직분전(職分田)을, 관서의 공용을 위해서는 40경 이하의 공해전(公廨田)을 수여하며, 공상(工商), 승려, 천민 등에 대한 영업전, 구분전의 규정도 정하였다. 또한 특수한 급전(級田)으로서 위전(位田), 작전

104) 같은 책, p.389.

105) 堀 敏一, 앞의 책, pp.158~182 : 徐連達·吳浩坤·趙克堯, 앞의 책, p.390 참조.

(爵田), 직분전, 공해전 등이 있었다.

당(唐)의 균전법은 실제로 광활한 토지를 관료지주로부터 농민에 이르기까지 배분할 때 일종의 법정한도를 정한 것으로써, 토지 사유제를 승인한 전제 위에서 시행되었다. 그리고 이것은 호족의 토지집적과 인민의 사적 예속화를 방지하기 위하여 국가가 농민에게 토지를 급부하고 토지에 고착시켜 직접 인민층을 장악함으로써 거기에서 조세, 요역(徭役)의 징수를 확보하고, 이를 통해 국가재정의 기초와 국가권력 통일의 강화를 기했던 것이다.

여하간 법률상 5세기부터 8세기까지 존속한 균전법의 덕택으로 토지가 부족한 농민 대중에게, 특히 북중국에서 어느 정도 유리하게 토지소유관계가 개선되었다. 그러나 시간이 지남에 따라 인구의 급속한 성장에 따른 토지의 부족, 특권적인 상층에 토지의 집중, 과중한 세금 부담으로 말미암은 농민대중들의 토지이탈 등으로 인하여, 300년간에 걸쳐 시행되었으며 당(唐)에서 가장 완비된 형태로 시행된 토지제도인 균전제는 당 중기에 이르러 전반적인 붕괴를 맞게 된다.

당 중기에 이르러 균전제가 무너진 뒤 남송 대에 이르러 임훈(林勳)은 『본정서(本政書)』에서 정전의 균산 이념에다 한전제를 시행하려 할 때의 매매를 통한 조정방법을 도입한 균전론을 제기했다. 그는 『본정서』에서 "한 농부가 전지 50묘 이상을 차지한 것을 양농(良農)이라 하고, 50묘 미만을 차농(次農)이라 하고, 전지가 없는 것을 예농(隷農)이라 한다. 한 농부에 50묘는 정전(正田)이라 하고, 그 나머지는 이전(羡田)이라고 한다. 이전(羡田)이 있는 집은 전지를 살 수 없고 오직 파는 것만을 허가한다. 차농과 예농은 모두 이전을 매입해서 한 농부가 차지할 수 있는 수효에

충족되도록 하는데, 전지를 사들일 수 없는 자는 양농의 이전을 나누어 경농토록 하고 각자 그 부(夫)의 수효를 알아서 해마다 도조(賭租)를 양농의 집에다 납입하기를 지금 풍속에서 하고 있는 대로 하게 하고, 이전 매도하기를 원치 않는 자도 관(官)에서 가혹하게 빼앗지 말고, 그 자손이 갈라 차지하기를 기다려서 조금 너그럽게 하면 저절로 제도에 맞아들 것이다."[106]라고 하였다.

여기서 본 바와 같이 그 표준적인 농민=양농을 50묘의 토지소유자로 정하고 모든 농민들을 이같이 농민이 되게 하는 것을 토지개혁의 목표로 삼고 있었다. 그것을 실현시키는 방법은 50묘의 '정전(正田)' 이상을 가진 자에게는 그 50묘 외의 '전(田)'을 타인에게 팔 수는 있으되 더 사들이지는 못하게 하고, 50묘 이하의 토지를 가진 자는 매전(賣田)은 불허하고 50묘까지의 매전(賣田)만을 허용하여 점진적으로 모든 농민의 토지소유의 균등을 꾀해 나가자고 하는 점진적인 균전론을 제기한 것이다.[107]

아무튼 중국에서는 8세기 이후에도 역시 '대관료-지주들'의 독점적 지배 아래에서 토지 집중이 관철될 수 있었다. '대관료-지주들'의 극성스런 토지독점은 결국 농민봉기들을 야기하였고 당조(唐朝)의 붕괴를 가져왔다. 당(唐) 이후의 왕조들, 즉 송(960~1279), 원(1271~1368), 명(1368~1644), 청(1644~1911)의 토지소유관계도 대체적으로 우리가 보아왔던 이전의 왕조들에서와 마찬가지로 '대관료-지주들'의 지배 아래 있는 특권적 상층의 사적 대토지 사

106) 『宋史』 卷173, 食貨 上1, 「農田」(『經世遺表』 권6, 地官修制, 「田制」 4, pp.12~13에서 재인용).

107) 김용섭, 앞의 논문(1985), pp.240~241. 임훈(林勳)의 토지론의 요점은 『章氏圖書編』을 통해 『星湖先生田集』 권45 「論括田」에 인용되고 있다(같은 논문, p.241).

유에 의해서 항상 불균형을 초래하였다.[108]

이상에서 살펴본 바와 같이 정전론은 토지개혁을 위한 끊임없는 논쟁의 전거가 되어 왔으며 정전제를 현실적으로 실시하기 곤란할 때 제기된 것이 한전론과 균전론 등이었다.[109] 그러나 중국의 긴 역사를 통해서 볼 때 그 시도는 제대로 실현된 적이 없었다고 생각한다.

108) 송영배, 앞의 책(2012), p.318.

109) 한대(漢代) 이후 송대(宋代)에 이르기까지 토지문제에 대한 개혁논의는 크게 다섯 가지 흐름으로 나눌 수 있다. 이를 시대순으로 살피면, (1) 순열(荀悅)의 정전의 취지를 살린 균전론, (2) 정이(程頤)·정호(程顥)·장재(張載)의 '정전가행론(井田可行論)' (3) 소순(蘇洵)의 한전론, (4) 임훈(林勳)의 균전론, (5) 주자(朱子)의 '정전난행론(井田難行論)' 등이 그것이다.
이상과 같은 중국의 토지문제에 관한 제 논의는 조선시대의 유학자들에게도 크게 영향을 미쳐, 조선후기 유학자들의 토지문제에 대한 논의도 크게 다섯가지 흐름으로 전개되었다. 그것은 ① 朱子의 '井田難行說'을 '井田不可行'의 의미로 받아들이는 한원진(韓元震)·송시열(宋時烈)의 입장, ② 程頤·程顥·張載의 '井田可行說'과 같은 입장에서 정전제 실시를 주장하는 정약용(丁若鏞)이항로(·李恒老) 등의 입장, ③ 정전 실행은 현실적으로 불가능하므로 정전의 취지를 살리는 방향에서 균전제 실시를 주장하는 유형원(柳馨遠) 등의 입장, ④ 林勳의 균전론을 참고하여 점진적인 방법으로 균전을 행할 것을 주장하는 이익(李瀷)의 입장, ⑤ 蘇洵의 견해를 따라 한전제 실시를 주장하는 박지원(朴趾源), 서유거(徐有渠), 서응순(徐應淳)의 입장 등이다. (이에 관한 연구로는 박찬승, 앞의 논문(1986), pp.105~112. ; 김용섭, 앞의 논문(1985) ; 周藤吉之, 「宋代の土地制度論-井田論,限田論を中心として-」, 『唐宋社會經濟史 研究』, (東京大學出版會, 1965), pp.233~320. ; 조동원, 「程頤의 制民産論과 易傳」, 『부대사학』 10, (1986)을 참조할 것.

제4장 우리나라의 토지개혁사상

제1절 실학파 이전의 토지개혁사상

제2절 다산 이전 실학파의 토지개혁사상

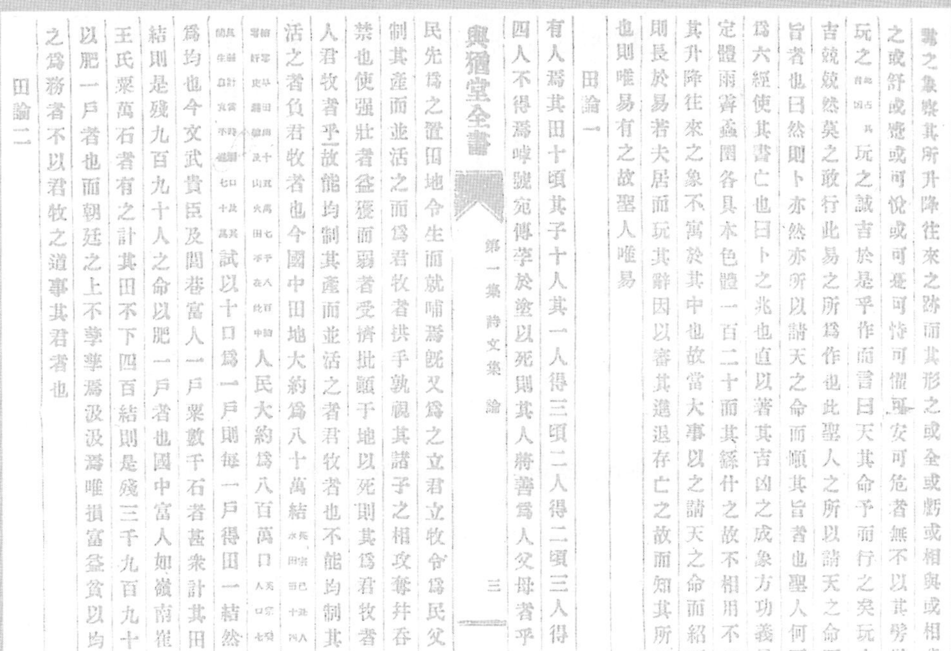

蓍之象察其所升降往來之跡而其形之或全或斷或相與或相背其情
之或舒或懥或可悅或可畏可恃可懼孰安可危者無不以其勞勞者而
玩之 玩之誠吉於是乎作而言曰天其命予而行之矣玩之誠不
吉兢兢然莫之敢行此易之所爲作也此聖人之所以請天之命而順其
旨者也曰然則卜亦然亦所以請天之命而順其旨者也聖人何不尊之
爲六經使其書亡也曰卜之兆也直以著其吉凶之成象方功義弓各有
定體雨霽蒙圈各具本色體一百二十而其繇什之故不相用不相用則
其升降往來之象不寓於其中也故當大事以之請天之命而紹天之明
則長於易若夫居而玩其辭因以審其進退存亡之故而知其所以自處
也則唯易有之故聖人唯易

田論一

有人焉其田十頃其子十人其一人得三頃二人得二頃三人得一頃其
四人不得焉啼號宛轉孶於塗以死則其人將善爲人父母者乎天生斯

與猶堂全書 第一集 詩文集 論 三

民先爲之置田地令生而就哺焉旣又爲之立君立牧令爲民父母得均
制其產而並活之而爲君牧者拱手孰視其諸子之相攻奪并呑而莫之
禁也使强壯者益獲而弱者受擠批顚于地以死則其爲君牧者將善爲
人君牧者乎故能均制其產而並活之者君牧者也不能均制其產而並
活之者負君牧者也今國中田地大約爲八十萬結 人民大約爲八百萬口
試以十口爲一戶則每一戶得田一結然後其產
爲均也今文武貴臣及閭巷富人一戶粟數千石者甚衆計其田不下百
結則是殘九百九十人之命以肥一戶者也國中富人如嶺南崔氏湖南
王氏粟萬石者有之計其田不下四百結則是殘三千九百九十人之命
以肥一戶者也而朝廷之上不孶孶焉汲汲焉唯損富益貧以均制其產
之爲務者不以君牧之道事其君者也

田論二

제4장 우리나라의 토지개혁사상

제1절 실학파 이전의 토지개혁사상

1. 조선전기 이전의 토지개혁사상

우리 민족의 출발점이 되는 원시공동체사회에서 토지는 공동태 적으로 점취·이용되고 있었으며, 삼국시대에 이르면 일정한 정도의 사유가 인정되었으나, 삼국과 고려, 조선에 이르기까지 왕토사상에 입각한 '토지국유=국가적 토지소유' 제도가 근간을 이루고 있었다.

근대적 토지소유가 실질적으로 싹트기 시작한 것은 오래 전의 일이지만 그것이 일반화된 것은 조선말기에 이르러서이다. 그리고 법제적으로 토지사유권이 확립, 보호받게 된 것은 일제의 토지제도의 개혁으로 시작되었다고 하겠다. 그 다음에는 1950년 정부에 의한 농지개혁에 의하여 경자유전의 원칙이 표방되었으나, 실제로는 그러한 원칙에서 크게 벗어난 채 오늘에 이르고 있다.

토지와 우리의 역사를 비추어 보면 첫째, 토지제도의 문란은 국가의 멸망을 가져왔다. 즉 전제(田制)의 문란으로 신라가 망하고 또 고려가 망하였다. 둘째, 새로운 국가들이 가장 먼저 힘쓴 국가건설과업은 토지제도의 개혁이었다. 이와 같이 우리나라의 역사도 그 전 과정을 살펴보면 토지문제가 항상 그 기본문제로 되어 왔음을 알 수 있다.

토지의 사적소유와 그 권리가 일찍부터 존속하고 있던 우리나라에서는 토지의 겸병과 상실, 농민층의 토지이탈이 끊임없이 되풀이되고 있었다. 그리고 때로는 토지 많은 자와 적은 자, 토지 있는 자와 없는 자, 지주와 전호(佃戶)의 갈등이 촉발되고 나아가서 지배층의 상쟁, 농민항쟁까지 격발됨으로써 경제가 파탄되고 사회가 혼란되고 전정이 불안해지는 사태도 일어났다. 그리하여 이렇게 전정이 문란할 때마다 토지의 균분을 목표로 하는 토지개혁론 역시 일찍부터 제기되고 논의되어 왔다.

우리나라에서, 특히 지주층에 의한 토지겸병이 시작되는 16세기 이래 한말(韓末)에 이르는 사이에 전개된 토지개혁론은 정전론, 균전론, 한전론 등으로 요약할 수 있다. 정전론, 균전론, 한전론은 토지겸병과 사유화가 상당하게 진행되고 중앙집권적 국가권력이 약화되었을 때 제기되곤 하였으며 또한 낡은 보수파세력을 반대한 신흥세력의 사회정치이론으로 제기되었다.

그런데 이러한 정전론, 균전론, 한전론 등은 상술한 바와 같이 본래 중국에서 진(秦)·한(漢) 이후의 토지겸병현상을 타개하기 위한 개혁론으로서 한대(漢代)이후 당(唐)·송대(宋代)에 걸쳐 계속 제기되어 온 것이었고, 따라서 같은 토지겸병현상이 나타나고 있는 16세기 이후 조선에서 전개된 정전론 등의 제 토지개혁논의는 중국에서의 논의에서 상당한 영향을 받지 않을 수 없었다.[1)] 즉 조선에서 정전, 균전, 한전 등의 실시를 주장한다든가, 이에 반대한다든지 하는 논자들은 대부분 중국의 제 논자들의 주장을 참고하면서 거기에서 자기 주장의 논거를 찾고 있었던 것이다.

우리나라에서 토지개혁사상은 오랜 연원을 가지고 있었던 것으로 이미 고려 전기에도 여러 차례 제기되었다. 고려에서도 토지소유의 점탈과 이로 인한 농촌피폐는 항상 커다란 정치문제로 등장하고 있었기 때문이다. 고려 시기의 토지개혁 논의는 전시과가 제정·정비되는 시기에 이미 제기되었던 듯하다.[2] 아마 이 시기에도 신라시대에 정전제(丁田制)를 시행해 본 경험이 있어서 새삼스러운 논의만은 아니었다.

우리나라에서 균전·한전사상이 나온 것은 토지에 대한 공전제의 원칙의 문란과 대토지소유자들에 의한 토지의 사적소유가 중앙집권제를 위협한 사정과 관련된다는 것은 이미 지적한 바 있다.

이러한 현상이 뚜렷이 나타난 것은 고려말기였으며 균전·한전사상은 고려 말 우왕(禑王)·창왕(昌王)대에 이르러 이성계(李成桂), 정도전(鄭道傳), 조준(趙浚) 등의 사전개혁파에 의해 제기되었다. 고려의 토지제도는 왕토사상에 입각하여 편성된 것이다. 토지의 중층적 관계로서의 왕토사상은 지극히 관념적이기는 하지만, 정부의 토지정책에 작용하여 토지의 국가적 지배를 통한 중앙집권적 체제의 확립에 기여하였다.

1) 이세영은 우리나라 중세사회의 기본적인 토지소유관계인 '전주전객제(田主佃客制)'와 '수조권적(收租權的) 토지지배'가 중국 고대의 은, 주대에서 실시되었다고 하는 정전제(井田制)에서 비롯되었다고 보고 있다(이세영, 「주자의 『맹자집주(孟子集註)』에 보이는 '정전제(井田制)'의 성격」, 『역사문화연구』, 제32집, 2009. 2).

2) 이경식, 「조선전기의 토지개혁논의」, 『한국사연구』 제61·62집, (1988. 10), pp.244~245.

그러나 토지의 사유화는 현실로 진행되었고, 현실적인 토지사유와 관념적인 왕토사상과의 괴리를 조정하는 문제가 지식인들의 관심사가 되었다. 토지의 겸병으로 사전이 확대되면 필연적으로 공전이 감소되고, 나라의 근본이 흔들리게 되므로 사전개혁이 불가피하다는 것이다. 이와 같은 사전 망국론은 공전의 확대와 더불어 대두되었지만, 그것은 사전의 팽창으로 전제가 극도로 문란했던 고려 말에 와서 강력하게 제시되었다.[3)]

여말선초(麗末鮮初)의 토지개혁사상은 중국고대의 정전제의 이상을 부활하여 전면적인 토지개혁을 단행하려는 개혁주의적 입장과 극단적인 토지겸병과 수조(收租)의 문란을 다소 완화 조정하여 지주제를 안정시키려는 소극적 개량주의 입장의 두 흐름으로 나누어 볼 수 있다.[4)]

대체로 이성계파에 가담하여 토지개혁운동을 주도한 인물, 예컨대 정도전, 조준, 이행, 조인옥, 황순상, 허응 등이 전자의 대표적인 이론가들이고, 토지개혁에 반대하였거나 미온적인 반응을 보였던 이색, 정몽주, 권근 등이 대체로 온건한 개량주의적 개혁론자에 속한다고 볼 것이다.

사전개혁파들이 추구한 이상사회는 한마디로 말하여 상고적(尙古的) 유교이념에 입각한 중앙집권적 관료적 국가의 재건이라고 할 수 있다. 다시 말하면 중국의 하(夏)·은(殷)·주(周) 삼대 사회를 기본모델로 하고 여기에 중국역대의 제도와 고려초기의 제도를 참작하여 유교적 이상국가를 재현하려고 하는 것이었다.[5)]

---

3) 김병하, 『한국경제사상사』, (일조각, 1977), pp.15~16.

4) 한영우, 「조선전기 성리학파의 사회경제사상」, 『한국사상대계』 Ⅱ (사회·경제사상편), (성균관대학교 대동문화연구원, 1976), p.148.

그들이 제시한 토지개혁의 기본방향과 기본이념은 첫째, 토지의 공유화 둘째, 균전제의 실시, 셋째, 십일세법의 실시, 넷째, 농민에 대한 불법적 수탈(겸병 및 횡렴) 등이 기저를 이루고 있다.[6)]

이제 사전개혁파의 대표적 이론가인 정도전, 조준의 사상을 중심으로 개혁파의 이념을 좀 더 구체적으로 살펴보자.

삼봉 정도전(三峰 鄭道傳, 1337~1398)이 지향하고자 한 토지제도의 이상은 고대 중국에서 실시되었다고 믿는 공전제(公田制)와 그것을 기초로 한 균전제의 실현이다.[7)] 그는 고대(삼대)에는 토지의 사유가 없었기 때문에 누구나 국가가 지급한 토지를 경작하여 빈부강약의 차이가 심하지 않았고, 국가도 수입이 많아 부유하였다며 다음과 같이 쓰고 있다. "옛날에는 토지가 국가에 속하여 있었고 이것을 백성들에게 나누어주었다. 백성들이 경작하는 땅은 모두 국가가 내준 토지였다. 천하 백성들이 모두 토지를 아니 가진 자가 없었고 경작하지 아니한 자가 없었다. 그러므로 빈부강약의 차이가 현저하지 않았고, 토지로부터의 소출은 모두 국가수중에 들어 왔으므로 나라도 부강하였다."[8)]

그는 고대와 대비해 고려 말의 상태는 다음과 같이 전제가 문란해져 겸병이 행하여진 뒤에는 빈자는 송곳 박을 땅도 없어 부자의 땅을 차경하게 되므로 고생하여 농사를 지어도 먹고 살기가 어렵게 되었고 국가는 더욱 가난해졌다고 했다. "전제(田制)가 파탄된 이후부터 호강자(豪强者)들이 토지를 겸병하여 부자는 방대

5) 한영우, 「조선왕조의 정치경제기반」, 『한국사』 9, (국사편찬위원회, 1984), p.30.

6) 같은 글, pp.43~44.

7) 한영우, 『정도전사상의 연구』, (서울대학교출판부, 1973), p.205.

8) 『三峰集』 권13, 朝鮮經國典 上, 賦典 「經理」.

한 토지를 집중시키고 빈자는 송곳 꽂을 만한 땅도 없어 부자들의 땅을 빌어서 경작하고 있다. 그들은 온 해를 고역을 당해도 먹을 것이 부족하게 되는데 부자들은 편히 앉아서 경작을 하지 않고 소작인들을 부려 소출의 태반을 받아먹고 있다. 국가는 수수방관하여 이익을 얻지 못하고 있다. 백성들은 더욱 곤궁해지고 나라도 더욱 빈곤하게 되고 있다.[9]

이와 같이 정도전은 농민들의 상태가 약화되고 있는 기본원인을 대토지소유자들에 의한 토지겸병과 절반소작제도에서 찾고 있다.[10]

정도전은 이러한 형편에서는 나라도 백성도 유지될 수 없으므로 개혁이 단행되어야 한다고 주장하면서, 개혁의 방안으로서 "한전, 균전의 설이 제기되었으나 이것은 모두 고식적인 안에 지나지 않는 것"[11]이라고 비판하면서 보다 철저하고 근본적인 자기 개혁안-토지국유제를 다음과 같이 제기하고 있다. "개탄스럽게 여기어 사전을 혁파할 것을 결심하고, 국내 토지를 모두 국가에 귀속시켜 백성들에게 토지를 주고 옛 제도로 돌아가 전제를 바로잡으려고 하였다.[12]

정도전의 토지개혁론은 중국의 토지국유사상으로부터 영향을 받은 것으로 사전을 모두 혁파하고, 경내의 토지를 모두 몰수하

---

9) 같은 글.

10) 김광진·김광순·변낙주, 『조선경제사상사』, (1963). 『한국경제사상사』, (이성과 현실, 1989 재간행), p.68. 정도전은 지주제의 근본적인 모순은 수확의 절반을 나누는 엄청난 고율 지대에 있다고 본다. 이러한 고율 지대 때문에 '빈익빈 부익부'의 양극화현상이 초래된다는 것이다. 따라서 그는 지주제를 반대함과 동시에 50%의 고율 지대를 반대하고 1/10의 고대적 조세율을 지지한다(한영우, 앞의 논문, (1976), p.152 참조).

11) 『三峰集』 권13, 朝鮮經國典 上, 賦典, 「經理」.

12) 같은 글.

여 국가에 귀속시킨 다음, 계민수전(計民授田)하여 고대전제(古代田制)의 올바름을 부활시키려 한 것이 본래의 의도였다. 그러나 그의 이러한 토지개혁의 이상은 구가세족을 비롯한 대토지소유자들의 강력한 저항 때문에 이상 그 자체로서 끝나버리고 그것이 진행되는 과정에서 많은 굴절과 후퇴를 면치 못하였다.

사전개혁론을 주장한 또 한사람은 대사헌 조준(大司憲 趙浚, 1346~1405)이었다. 우왕(禑王) 14년(1388) 7월 조준 등은 상서하여 균전론을 제기한다.[13] 조준의 토지개혁사상은 '인정(仁政)은 경계로부터 시작한다'는 전제로 출발하여, 부국·안민을 목표로 사전제를 배격하여 공전제를 지향한다는 점에서 정도전과 다를 바 없었다. 그는 "사전은 개인들에게 유리하고 나라에는 무익한 것이며, 공전은 나라에 유익하며 백성들에게 대단히 편리한 것"[14]으로 인식하고 있었다.

그러나 그는 정도전처럼 계민수전(計民授田)의 철저한 균전론을 전개하지는 않았다. 하지만 토지가 균등해야 한다는 막연한 균전사상은 가지고 있었다.

조준은 주(周)의 정전제와 한(漢)의 부전세(簿田稅), 그리고 당의 균전제를 칭송하고 이러한 전제 때문에 이들 왕조가 오래 지속되었다고 인식한다. 그리고 또한 조준은 우리나라의 고려초기의 전시과를 이상적인 토지제도로 보고 이의 복구를 의도했다.

그가 주장하는 균전제[15]는 당나라식 균전제가 아니라 토지국

---

13) 『高麗史』, 「食貨志」 1.

14) 『高麗史節要』 권34, 恭讓王 元年 8월.

15) 조준의 토지개혁안에 대한 구체적인 내용은, 한영우, 앞의 글(1984), p.44를 참조할 것.

유를 전제로 하여 그 일부 토지의 수조권을 국가의 공역(公役)을 담당하고 있거나 그럴 자격을 가진 개인 또는 각 기관에 균분하자는 것이며, 공해전(公廨田), 사사전(寺社田)을 제외하고는 모두 일대에 한해서만 수조권을 지배하도록 하자는 것이다. 그리고 수조율은 공전, 사전을 막론하고 1결당 20두로 하자고 주장했다.[16)]

창왕(昌王) 원년(1389) 8월에도 조준 등은 사전개혁론에 관한 두 번째 상소를 올렸다. 조준 등은 이 상소에서 모든 사회악과 재정난은 겸병으로 인한 토지소유의 불균형에 기인하며 따라서 사전을 공전으로 개혁해야 한다고 주장했다. 그는 우선 사전을 수공(收公)하고 녹과전시(祿科田柴), 구분전(口分田), 군전(軍田), 투화전(投化田), 외역전(外役田) 위전(位田), 백정대전(白丁代田), 사사전(寺社田), 역전(驛田), 외록전(外祿田), 공해전(公廨田) 등과 같은 토지를 설정하자고 주장했다. 이와 아울러 사대부에 대해 토지를 지급할 것도 주장하였다.

우왕(禑王) 14년(1388)에 이행(李行, 1352~1432), 황순상(黃順常), 조인옥(趙仁沃,?~1396), 허응(許應,?~1411) 등도 사전개혁에 관하여 상소했지만, 조준이 상소한 내용과 거의 같은 것이었다.[17)] 그러나 이상과 같은 정도전, 이성계 등이 주장한 토지개혁론은 많은 세력의 반대에 봉착하여 철회되었고, 그 결과 토지문제는 수조권, 수조지 차원에서 사전재분배의 범위 내에 한정되어 처리되고 만다.

소유지의 겸병과 지주제의 보급, 그리고 농민의 몰락·파산 등

16) 같은 글, p.44.

17) 이행, 황순상, 조인옥, 허응의 개괄적인 상소내용에 대해서는, 한영우, 앞의 논문(1976), pp.156~157을 참조할 것.

소유권상의 토지문제는 조선에 그대로 넘겨져 지속, 확대되었다.

이와 같이 조선 이전, 특히 고려시대의 토지개혁사상은 날로 증대되어 가는 토지의 사적겸병이라는 현실을 바탕으로 균전에 가까운 한전론이 대표적인 사상이라 하겠으나, 그러한 사상이 구현되지는 못한 채 왕조가 바뀌게 되고 만다.

2. 조선전기의 토지개혁사상

조선 초, 정부는 먼저 병작반수제(竝作半收制)를 금지하는 조처를 취한다. 토지소유규모에 제한을 가할 수 없는 형편에서 그 경영관계에 제약을 두어 겸병을 억제하여 보자는 의도에서였다. 그러나 성과가 전혀 없었다. 병작반수제는 이미 뿌리가 깊어진 농촌의 농업관행이었던 데다, 관리들 스스로가 이 금령(禁令)을 준행하지 않았으며, 또 금령 자체도 노비노동에 의한 대토지경영은 대상에서 제외하고 있었던 까닭이었다. 그러므로 태종대에 변계량(卞季良, 1369~1430), 세종대에[18] 유정현(柳庭顯, 1355~1426)에 의해서 한전론이 다시 제안되었는데, 이것 역시 발의에 그치고 만다. 세종은 공법(公法)의 이름 아래 부세제도를 정비·개정하는 길을 걸었다. 여기에는 십일세법을 준수하고 또 적절히 운영하여 나가면 정전론, 균전론, 한전론의 정신과 다를 게 없다는 입론이 자리 잡고 있었다.[19] 토지소유의 불균등, 농민몰락 등 농촌경제상의 문제는 이러한 방향과 범위에서 배려될 수밖에 없었다. 한전론은 성종 초(成宗 初)에[20] 검토관 성구(檢討官 成俱)에 의해서

18) 『世宗實錄』 권3, 元年 己亥 2월 乙未條 2冊, p.303 ; 같은 책, 권12, 3년 壬申 5월, 2冊, p.432.

19) 이경식, 앞의 논문, p.225.

또 다시 제기된다. 이때는 토지겸병이 더 심해지고 있었는데 이는 사채압박으로 인한 것이 대부분이어서, 이와 연결하여 한전론이 제기되었다.

이와 같은 균전·한전사상은 16세기에 이르러 왕도정치사상과 결부되어 더욱 뚜렷하게 표현되었다. 즉 16세기 초 중종 중엽에 정암 조광조(1481~1519) 등의 사림파에 의해 그와 같은 토지개혁론이 대대적으로 논의되었다.

이미 15세기에 있어서도 볼 수 있었던 대토지사유화의 경향은 15세기말 16세기 초에 이르러 더욱 격화되었다. 15세기에 집권하였던 개혁파들과 그 후계자들은 처음에는 대토지사유화를 반대하였으나 차차 그들 자신이 대토지소유자로 변하였다. 조선 제7대 왕인 세조(世祖)는 이와 같은 대토지사유화를 방지하기 위한 미봉책으로서 1467년에 직전제(職田制)를 실시하였다. 그러나 봉건적 토지관계자체가 내포하고 있는 객관적 모순을 해결할 수 없었으며, 더욱이 그 후 왕의 빈번한 교체와 관련된 공신 내열의 확대와 그들의 권한 증대는 필연적으로 대토지 사유화의 경향을 촉진시킬 수 밖에 없었다.

이 대토지소유자에 의한 무제한한 토지 겸병은 필연적으로 이 시기 국가 재정을 고갈하게 하고 군사력을 약화시켰으며 봉건국가권력을 약화시켰다. 또한 그로 말미암아 진출하는 관료들에 관한 과전(科田) 및 직전(職田) 수여가 불가능하게 되었다. 이로 인해 대토지소유자인 훈구파와 신흥 중소토지소유자 또는 그의 이해를 대변하는 사림파 간에 투쟁이 촉발되었다.

---

20)『成宗實錄』 권22, 3年 壬寅 9월, 8冊, p.685.

조광조는 대토지소유자인 훈구파의 경제적 기초를 약화시키려는 목적과 관련하여 토지겸병을 반대하고 한전론을 주장하였다.[21] 조광조 일파는 균전론이나 한전론을 주장하면서 "이 법을 실시하면 지나치게 부자와 가난한 자가 생기는 폐단이 없을 것이다."[22]고 하였으며 훈구파 관리들은 이를 반대하면서 "단지 땅값을 낮추어 강제로 매수하는 것만 금지하자."[23]고 하였다.

한전(限田) 논의는 중종(中宗) 12년(1517) 7월에 대대적으로 진행되고 있었고, 이듬해인 중종 13년에는 사림파인 유옥, 박수량, 유성춘, 권발 등에 의해서 한전, 균전의 실시가 왕에게 진언되었다.[24] 이 해 2월에 다시 논의가 계속되어 5월에는 왕을 비롯한 훈구파의 반대로 한전을 50결로 한정함과 함께 부수하여 진황전 개간(陳荒田 開墾)에 대한 면세를 골자로 한 방안이 수립되었다. 중종의 이와 같은 한전 방안은 고려와 조선 초에 걸쳐 계속 제기되어 왔던 한전론이 방침으로 확정되었다는 점에서는 의미가 있다고 하겠으나, 토지의 균분이라는 한전 본래의 제안 목표에 비추어보면 매우 소극적인 대책이었다고 볼 수 있다.

이 한전 방안은 현실상 의미가 없었고 또한 사림파의 세력이 강화됨에 따라 토지 소유를 다시 10결로 낮추기로 결정하였다. 토지소유를 10결로 제한한 것은 훈구파에게 커다란 타격이 되었다. 그리하여 훈구파는 이 같은 결정이 있은 지 불과 수개월 뒤에, 조광조를 우두머리로 한 사림파들이 나라의 정치를 독단하고 조

---

21)『靜庵集』권2,「兩可請改正靖 國功臣啓」1.

22)『中宗實錄』, 13년 2월, 庚寅日.

23) 같은 책, 13년 8월, 丙寅日.

24) 이것에 대해서는, 한영우, 앞의 논문(1976), pp.159~161을 참조할 것.

광조를 왕으로 내세우려고 하며 왕을 모해하려고 한다 하여 사림파 인물들에 대한 대량학살로 보복하였다.

이와 같은 사실은 당시 지배계급내부의 투쟁이 그 본질에서는 토지를 둘러싼 권력 싸움이었으며 균전, 한전론은 항상 사적대토지소유자의 무제한한 토지소유가 국가의 중앙집권을 약화시킨다는 견지에 섰다는 것을 말하여 준다.

조광조 일파에 대한 탄압사건인 기묘사화 후 일시적으로 보수적이며 사회 도피적이고 숙명론적인 사회관이 지배하였다. 16세기 말에 이르러 토지 겸병이 한층 더 성행되고 빈부의 격차가 더욱 심화되면서 토지개혁 논의도 이에 따라 다시 제기되었다. 이 시기의 토지개혁론자의 대표적 인물은 율곡 이이였다.

이이(李珥)는 봉건적 윤리도덕을 숭상하고 삼강오륜을 절대시하였다. 이이의 사회개혁사상은 조광조의 사회개혁사상의 계승이며 실학파의 개혁사상의 직접적 전제를 이룬다. 이이는 자기의 변법이론(變法理論)에 기초하여 본질적으로 조광조 등의 사림파와 동일한 개혁안을 제기하였다. 그는 기묘사화의 영향 등으로 토지문제를 정면에서 제기하지는 않았으나 그의 토지개혁의 이상은 역시 정전제에 있었다. 그는 우리나라에서는 기자(箕子)만이 왕도를 행하였다고 보고, 그 증거로서 정전제와 팔조교(八條敎)를 들었다.[25] 이이의 전제개혁론은 다소 추상적이긴 하지만, 삼대의 정전제의 이상을 점진적으로 실천하여 토지의 균등분배를 통한 빈부의 조화와 민생의 안정을 열렬히 희구한 것이었다.[26]

중종 중반 이후, 한전론은 틈틈이 제기되고는 있었으나 이전과

25) 같은 논문, pp.161~162.

26) 같은 논문, p.162.

같은 대 논의는 없었다. 그러나 명종과 선조 대[27])를 지나면서 토지개혁의 구상이나 내용은 심도가 깊어져 갔다.

이이의 사회개혁사상은 그 후 실학파들에 의하여 계승되면서 발전되었다. 17세기 이후 실학사상의 주요내용에는 이미 16세기에 제기한 사상들이 계승되어 반복 논의되었으며 사회역사적 상황의 변화에 상응하여 새로운 내용이 덧붙여지면서 발전하여 갔다.

제2절 다산 이전 실학파의 토지개혁사상

1. 조선지배계층의 통치사상으로서의 유교사상

조선 지배계급이 그들의 정치적 지배를 실현하고 공고히 하기 위하여 봉건적 지배체계와 질서를 합리화하며, 봉건적 착취와 신분적 예속을 정당화하는 사상이자 통치의 도구로 기능한 것은 조선시기 관학으로 독점적 자리를 차지한 주자학이다.

주지하는 바와 같이 유교는 중국에서 발상한 사상이다. 유교가 당초 중국 고대의 춘추전국시대에 공자 및 맹자를 중심으로 해서 개화한 학파로서 인정·덕치를 표방하는 수기치인의 도덕사상이라고 한 것은 이미 설명한 대로이다. 중국철학의 여러 학파 속에 유교사상은 그 주류를 형성하여, 공맹 이후 중국 학술사상 정치에 있어서나 사회사상에서 그 주류를 이루어왔다. 유교는 공자

27) 선조 34년에는 임진왜란후의 기회를 타고 (朱子의 주장을 들어) 또다시 井田의 시행이 논의되었으나 (『宣祖實錄』 卷142, 34년 辛丑 10월 乙丑條) 논의에만 그쳤을 뿐이다(정원옥, 「실학파의의 전제개혁론 소고 - 한전법을 중심으로」, 『경희사학』, 제3집, (1972. 1), p.69).

이래 이른바, 고전 유교로부터 이미 동양제국에서 율령제도 등 정치체제와 그 운영의 전범이 되어 왔고, 또한 인간의 윤리적인 생활방식의 기본적 원리가 되어왔다.[28)]

유교가 중국에서 창시된 것은 기원전 5세기였지만, 당 말(唐末)까지만 하더라도 사장(詞章)·훈고학(訓詁學)이 중심이 되고 있었다. 그러나 송대(宋代)에 와서는 종래의 학풍에서 한걸음 전진하여 철학적 내용을 중시하는 경향이 나타났고, 이와 같은 사회 조류에서 주자학이 성립하였다. 송나라 시대에 나타난 주자학 또는 성리학에 의해서 형성된 이 새로운 사상체계가 중국, 한국, 그리고 일본에 영향을 미치게 되었음은 주지의 사실이거니와, 유교가 동양 삼국에 미친 영향의 진폭에는 차이가 있으나 봉건지배체제를 뒷받침한 것은 마찬가지라고 하겠다.

주자학은 송대에 이르러 일어난 유학으로 주돈이(周敦頤), 장재(張載), 정호(程顥), 정이(程頤) 등에 의해 발전되었고 주자(朱子)에 의해 완성되었다. 주자학은 삼강오륜(三綱五倫)사상에 입각하면서도 성리의 개념을 크게 다루었기 때문에 성리학이라고도 한다. 성리설(性理說)은 본연의 성(性)을 발현하기 위하여 물(物)에 대한 이(理)를 참고하지 않으면 안 된다는 것이다. 주자(朱子)의 우주론은 정씨(程氏)의 이기론(理氣論)을 받아 주돈이의 태극도설(太極圖說)을 써서 체계적으로 설명하였으며, 형이상(形而上)의 원리인 리(理)와 기(氣)가 하나가 되어 나타난 형이하적(形而下的)인 존재로서, 현실의 인간의 기질 속에는 보편적, 선천적인 도덕원리가 있다고 한다. 그리하여 이에 접근하기 위하여 격물궁

---

28) 김일곤, 『유교문화권의 질서와 경제』, (한국경제신문사, 1985), p.85.

리(格物窮理)의 독서와 내성을 중히 했다. 또 현실의 인간관계속의 군신, 부자, 부부, 장유, 붕우의 오륜이야 말로 하늘의 이(理)가 나타난 도덕으로서 이를 유지하기 위하여 분수를 지키며 분수에 안존하는 것이 최고의 윤리라고 강조하였다.[29)]

이와 같이 소수의 지배층인 지식인들과 다수의 피지배층인 농민으로 구성된 '유교적 사회'에서는 무엇보다도 오륜을 중시하였다. 즉, 아버지는 자식에게 자애로워야 할 것이다. 그러나 자식들은 부모에게 절대 효도하고 순종하지 않으면 안 된다. 임금은 신하에게 '의'로써 대하여야 할 것이다. 그러나 신하는 임금에게 절대로 충성하지 않으면 안 된다……이러한 '불평등한' 관계 또는 질서원리를 보장하기 위하여 소위 '삼강'이라는 '가부장적 질서' 윤리가 도입되었다. 즉, 신하는 임금에게 복종해야 하고 자식은 아버지에게, 아내는 남편에게 복종해야만 한다는 이 윤리적 질서는 임금과 아버지와 남편의 권리를 우선적으로 중시하는 것이다.[30)]

다시 말하면, 군신, 부자, 부부, 주노, 군자와 소인(士와 農工商), 그리고 화이(華夷) 관계와 같은 중세사회의 현실적 인간질서는 모두가 자신의 사회적 신분, 즉 명분에 따라 상명하복의 관계속에서 조화를 이루어야 한다는 것이 주자학의 사회사상이었다.[31)] 그리하여 주자학을 절대시하는 지배층은 삼강오륜사상에 의하여 봉건적 신분제도를 유지하고 봉건적 사회질서를 유지하려 했다. 사람은 누구나 삼강오륜을 잘 지켜 선량한 마음을 길러야

29) 조의설 편,『세계사대사전』(민중서림, 1976), p.564 참조.

30) 송영배, 앞의 책(2012), p.411.

31) 김태영,「성리학」, 한국사연구회 편,『한국사연구입문』(지식산업사, 1981), p.289.

하는데, 이와 같은 수기존양(修己存養)의 철학적 배경으로서 이기론(理氣論)이 연구되었다.

이와 같이 주자학은 원래 봉건통치계급의 정치적 지배를 이론적으로 합리화하기 위한 지배계급의 철학으로 발생하였다. 주자학은 현실을 합리화하기 위하여 종래의 유교를 이른바 철학이론적으로 세련시켰고, 그리하여 지배계급에게 보다 효과적으로 기능하였으며 다른 사상은 인정하지 않거나 날카롭게 비판하는 엄격한 성격을 갖는 것이기도 했다. 이렇게 '삼강오륜'이라는 가부장적 사회질서가 중국에서는 기원전 2세기 이래로 정통적 국가통치 이데올로기로서 모든 인간을 지배, 규율해 왔다.[32)]

한국은 중국과 인접하여 있는 등의 이유로 일찍부터 중국의 유교사상을 받아들였다. 한국에서 조선시대의 사회사상의 흐름을 유교사상과 연관하여 살펴본다면 고려 말부터 조선 중기까지(14세기 말~17세기 말)의 주자학시대와 조선 후기와 말기(18세기 초~19세기 중엽)의 실학시대의 두 개의 시대로 나누어 볼 수 있을 것이다.[33)]

(1) 조선 유교정치체제와 주자학

유교는 한국에서 삼국시대에 이미 널리 퍼졌으나 이것이 한국사상사에 결정적 의미를 갖게 된 것은 주자학(신유학) 시대부터라고 할 수 있다.

한국에서는 고려 말기에[34)] 지방 중소 지주 출신의 관료, 유학

32) 송영배, 앞의 책(2012), p.412.

33) 이우성, 「한국의 사회사상을 어떻게 볼 것인가」, 『한국의 사회사상』 (한길사, 1987), p.7 참조.

34) 고려시대의 유학의 역할에 대해서는 이희덕, 「고려시대 유교의 역할」, 『한

자들을 중심으로 불교의 부패상을 비판하는 입장에서 주로 그 정자학(程子學)과 주자학 계통이 수용되어[35] 이념적 기반을 확립한다. 이렇게 도입된 주자학은 1392년 이성계, 정도전을 중심으로 한 급진개혁론자들이 조선왕조를 개창하자, 조선의 통치이념이자 중세적인 조선봉건사회를 확립하기 위한 절대이념으로 채용하였다.

조선초·중기의 주자학은 고려 귀족의 정신적 지주였던 불교의 현실적인 폐해를 비판할 뿐만 아니라, 불교적 세계관이 지닌 허구를 폭로함으로써 고려 귀족사회의 정신적 기반을 허물고, 주자학에 입각한 중세적 세계관의 확립 및 이에 근거한 새로운 신분질서 체계와 봉건적 도덕규범의 확립이라는 과제를 완수하기 위해 꽤 높은 수준까지 연구되었다. 그리하여 이 시기의 주자학은 국가통치체제와의 관계에서뿐만 아니라, 널리 사회전반에 침투하여 국민생활의 규범과 윤리도덕으로 보급되었고, 우주와 인생에 관한 철학적 이론을 전개시켰으며 또한 그것을 심화시킨 학자들을 계속 배출하였다.

주자학의 보급과 병행하여 삼강오륜사상은 가치의 기준으로서 확고한 위치를 차지하게 되었고, 모든 경제행위는 삼강오륜이란 사회적 규범에 따라 행해졌다. 물론 삼강오륜은 주자학에 고유한 것은 아니었다. 우리나라에 유교가 도입된 후 삼강오륜의 핵심적 부문인 충효가 지배층에 의하여 강요되었고, 상류사회에서 충효사상이 보급되었던 것은 사실이지만 조선시대에서처럼 절대적 가치기준으로서 보편적으로 수용된 예는 없었던 것이다.[36]

국사론』 18 (국사편찬위원회, 1988), pp.102~130을 참조할 것.

35) 김태영, 앞의 논문(1981), p.287.

36) 김병하, 앞의 책, p.40.

대표적 주자학자인 조광조(趙光祖)는 16세기에 조선시대 주자학자로서는 처음으로 봉건적 개혁의 의도를 가지고 덕치의 정치사상을 주장한다. 그는 왕도 즉 도덕적 감화에 의거하는 정치가 실시되는 사회를 희망하였다. 그는 “예로부터 임금들은 그 다수가 권력정치를 좋아하며 소수만이 도덕정치를 실행한다. 패도 즉 권력정치를 즐기는 자는 그가 용이하게 나라를 부강하게 하며 군대를 강화할 수는 있으나 거기에 어떻게 인의지도(仁義之道)가 있다고 할 수 있겠는가?”[37] 라고 하였으며 또한 “왕도정치를 실시하면 비록 당장은 효력을 볼 수 없다 하여도 오래되면 크게 성공할 수 있다.”[38]고 하였다.

조광조는 이러한 정치이념에 근거하여 당시 집권자들인 훈구파의 권력정치를 반대하고 백성들의 생활상 안정을 도모함으로써 요(堯)·순(舜)·우(禹)의 이상정치를 실현하려고 했다. 그는 시대적 제한성으로 말미암아, ‘요·순·우의 정치’가 실현되는 사회이외에 다른 어떤 이상사회를 생각하지는 못하였다.[39] 그는 왕에게 기대를 걸고 군심(君心)은 정치를 실시하는 근본이므로 이 근본을 바로잡지 않고서는 선정(善政)을 실시할 수 없다고 하면서, 우선 왕 자신이 애민(愛民)의 정치를 수행할 것을 요구하였다.

그는 왕에게 다음과 같이 말하였다.

“백성이 한 사람이라도 입지 못한 자가 있으면 그를 따뜻이 입힐 것을 생각하고, 한사람이라도 어질지 못한 자가 있으면 그를 바로잡을 것을 생각하여 우리 동방에 태화의 역(泰和之域)을 이

37) 『靜庵集』 권4, 「元子輔養官時啓」 2.

38) 같은 글.

39) 김광진·김광순·변낙주, 앞의 책, p.119.

루도록 하십시오."[40]

그는 대토지소유자인 훈구파의 경제적 기초를 약화시키기 위하여 토지겸병을 반대하고 한전론을 주장하였으나 이미 언급한 바와 같이 훈구파와의 대립으로 결국 사화를 당하게 되었다.

조광조의 덕치사상은 집권파의 지나친 압박과 착취를 제한하려고 했다는 점에서 당시의 역사적 상황과 관련해서 긍정적 측면이 있는 것은 사실이다. 그러나 이러한 사상의 본질은 결국 봉건사회의 모순을 미봉하여 완화시킴으로써 봉건제도를 계속 유지하기 위한 데 있다고 봐야 할 것이다. 그것은 봉건제도 자체에 대한 비판이 아니라 봉건제도의 영구한 존속을 위하여 불리하다고 생각되는 측면에 대한 개혁이며 비판이기 때문이다.

조광조의 정치사상은 16세기 율곡 이이(栗谷 李珥, 1536~1584)에 의하여 계승되었으며 이이도 인정·덕치사상에 기초하여 당시 사회의 모순을 비판하고 개혁을 주장하였다. 이이의 정치사상도 그 본질에 있어서는 조광조와 다를 바 없다. 이이는 정치사회의 질서를 확립하기 위해서는 '양민을 한 연후에야 교화를 할 수 있다.'고 하여 교화에 앞서 양민을 역설하고 있다. 이이의 이러한 정치적 사고는 맹자의 이른바 항심('恒心)'에 앞서 '항산(恒産)'을 주장하는 정치적 사고와 궤를 같이 하고 있는 것이라고 할 수 있다.[41] 그는 또한 "부자관계, 군신관계는 근본도덕질서의 하나이다. 따라서 부자간에 은혜를 중하게 여기지 않으면 군신 간에 의리가 명백하지 못하게 된다. 신하가 임금을 섬기면서 두 가지 마음을 품을 수 없는 것인데 아들이 어찌 아버지에게 두 가지 마음

40) 『靜庵集』 권2, 「謁聖試策」.

41) 박충석, 앞의 논문(1983), p.343.

을 품을 수 있겠는가"[42]라고 하였다.

유교의 인정·덕치사상은 이조 봉건시기 통치계급내부의 복잡한 모순을 반영하여 대체로 집권파의 지나친 착취와 압박에 대한 반대파의 정치이념으로 되었고, 피지배계급에 대한 착취에 대하여 그를 적당하게 견제하면서 봉건제도의 장구한 이익을 위하여 투쟁하는 봉건개혁파의 사상으로 작용하였다.

이와 같이 조선에 와서 주자의 신유학사상은 조선사회의 지배계층인 사대부계층에 의하여 절대적으로 신봉된 이데올로기로 되었고, 그 교리는 백성들의 반항의식을 마비시키고 억제하는 사상적 무기로 이용되고 있었다. 따라서 사대부계층이 조선사회의 지배계층으로 군림한 것과 정비례하여 이 사상도 조선사상계에서 정통적인 사상으로서 군림하였던 것이다.

17~18세기에 걸쳐서 윤휴(尹鑴, 1617~1680), 박세당(朴世堂, 1629~1703) 등에 의해서 반(反)주자학적인 유학사상이 등장하기는 하였지만 조선이 종언을 고하기까지 관학(官學)으로서 정통사상의 지위를 누린 것은 역시 주자학이었고, 재야에서는 문제 설정부터가 주자학과는 거리가 있는 실학이 학문의 주류를 이루었다.

(2) 조선 유교정치체제와 실학

조선 중기를 넘어서면서 신유학은 점차 예설(禮說), 성리설(性理說) 등 지루하고 번쇄한 이론상의 시비만을 야기하는 한편, 전제적 통치체제와 결부되어 절대적 권위주의를 구축하였다. 이 예설, 성리설의 비생산적 관념론적 풍조는 18세기에 이르러 비로소

42) 『栗谷全書』 권8, 「立後議」 1.

새로운 도전을 받게 되었다.[43] 그것이 곧 실학파의 등장이다.

실학자들의 철학사상은 시대와 대변계급에 따라 조금씩 차이를 보이고 있으므로 일률적으로 말할 수는 없지만, 대개 현실의 변혁과 개인의 욕망을 긍정하는 주기적(主氣的)인 경향과 경험론적인 색채를 보이고 있다.

주자학과 실학은 유학이라는 공통기반 위에 서 있지만 서로 다른 관심의 영역을 가졌고, 따라서 다른 방법론을 보여주고 있다. 성리학파는 여말 이래(麗末 以來) 조선조 창업 이후 당시까지 이른바 통치이념의 위치에 있던 '정통유학' 계열인 데 비하여, 실학파는 대체로 16세기 말 이후에 발흥한 일종의 재야적 입장의 '비정통유학' 계열에 지나지 않는다.[44] 그러나 조광조와 이이의 인정·덕치사상은 17세기에 실학사상가 반계 유형원에 의하여 계승되었고 그 후 실학 사상가들에 많은 영향을 준 것이 사실이다.

여기에서 필히 전제해 두어야만 할 것은 어떠한 사상체계든지, 그 사상은 그것이 배태된 시대의 구체적 현실의 반영인 바, 실학 또한 이 같은 역사적 제 조건에 의해 한계지어진다는 사실이다.

조선후기 생산력의 발전으로 말미암은 사회적 분업의 확대와 상품·화폐경제의 발전은 조선봉건사회의 경제적 기초라 할 수 있는 자급자족적 자연경제의 기반을 점차 해체시켜 나갔다. 이것은 동시에 농민의 계급분화를 급속히 진행시킴으로써 농촌사회의 분해를 광범위하게 초래했다. 또한 이 시기에 오게 되면, 일부 양반층의 몰락과 부력에 의거한 상민·중인·천민들의 신분 상승, 그리

43) 이우성, 앞의 논문, p.8

44) 윤사순, 「근대(조선말기) 유학에 관한 연구-성리학과 실학의 구분점을 중심으로-」, 『동양학』 제12집, (단국대부설 동양학연구소, 1982), p.266.

고 고리대를 겸한 상업자본의 진출로 조선사회의 상부구조의 골간인 사회 신분제가 전면적으로 동요하면서 전사회적으로 계급대립이 첨예화되어가고 있었다. 그러한 상황 하에서 봉건국가와 집권층은 물론, 여러 지식인들에 의해 당시의 사회경제적 모순에 대한 해결책들이 모색되고 있었으며, 그것은 특히 이 시기의 모순을 집중적으로 체현하고 있었던 농업·토지문제의 해결책으로 집약되고 있었다.

그러나 이 문제는 신분계급적인 이해관계와 직결되는 것이었으므로, 그 해결책들은 그들이 취하고 있던 계급적 입장과 사회문제에 대한 인식 태도에 따라 성격을 달리하고 있었다.

당시 봉건국가 집권노론계열의 학자, 정치인들은 주자학의 농정이념에 입각하여 토지개혁의 현실성을 부정하고 단지 부세제도(賦稅制度)의 변통과 토지 겸병자의 억제를 통해 지주적 토지소유제를 유지하려 했었다. 그리고 이러한 지주적 입장의 논리는 농민들의 농업·토지문제 해결을 위한 기본자세이기도 했다.

실학을 담당한 계층은 주로 양반 계층 내부의 계급분화와 일부 벌열의 대토지소유로 말미암아 몰락한 양반 지식인들이다. 이들은 신분적으로는 지배계급에 속했지만 현실생활은 일반 백성들과 다를 바 없어 당시 일반 백성들의 비참한 생활상과 지배계급의 수탈상을 체험으로 깨닫게 되었고, 현실정치의 모순을 누구보다도 예리하게 볼 수 있었다. 이들은 봉건사회의 모순을 자각하고, 주자학적인 명분론의 강화로는 현실의 구조적인 모순이 도저히 극복될 수 없다는 사실을 깨닫게 된다. 그리하여 학문연구의 방향을 관제, 병제, 토지, 기술 등의 현실문제로 전환하고 이러한 현실문제의 해결을 위해 그동안 지엽적인 지식으로 도외시했던 구체적인 사물에 대한 경험적인 지식들을 백과전서 식으로 탐구하고, 중국을 통해 들어온 서구의 자연과학과 기술을 적극적으로 받아들이려 한다.

실학 사상가들은 당시 사회적 모순이 지배계급의 부패, 무능과 더불어 토지제도, 신분제도 등의 봉건사회 자체에 내재하고 있음을 깨닫고 토지제도의 개혁, 신분제도의 개혁, 교육제도와 국가관리제도의 변경, 과학기술의 수용 등 여러 가지 이상적인 방안을 내놓았다. 그러나 당시 우리나라가 아직 봉건사회의 단계에 있었고, 또 실학자들 자신이 양반계급출신의 진보적 지식층에 속하는 인물이었던 만큼 그들이 제기한 개혁의견들과 연구 성과들은 어디까지나 봉건국가, 봉건제도를 전제로 하고 그 부강을 도모하기 위한 것이었으며 봉건 유교사상의 테두리를 크게 벗어나지 못한 것이었다.

실학사상은 우리나라의 봉건제도의 제반 모순이 점차 전면적으로 드러나고 있던 시기인, 18세기 초에서 19세기 전반기에 걸쳐서 전개된 새로운 학풍으로서 우리나라 전통적 유학의 한 분류였다.[45] 실학은 우리나라의 유교사상에서 가장 선진적인 것이었으며 실학자들은 당시 다른 부류의 사람들보다 진취적이고 앞서 있기는 했지만 사상적으로 가지고 있는 유교사상의 틀은 기본적으로 같은 것이었다. 그래서 유학이라고 하는 사상기반에 대한 본질적인 비판의 여지를 남기게 된다.

실학사상은 주자학과 모순·대립되는 것이 아니라 병행상보(竝行相補)하는 학문으로 볼 수도 있다. 다만 시대의 변천에 따라 그

45) 안병직, 앞의 논문(1987. 12), p.11.

부정하는 면과 긍정하는 면의 성격이 달라지고, 학문의 목적과 방법에 있어 본(本)·말(末)·내(內)·외(外)에 대한 치중점에서 차이가 생겨난 것에 불과하다는 견해도 있다.[46)]

아무튼 18세기의 실학자인 이익, 홍대용, 박지원, 박제가, 정약용 등의 철학사상은 유교사상에 기초하고 있었다. 이들 사상가들은 적어도 철학의 레벨에서의 주자학적인 원리에 머물러 있었던가, 그렇지 않으면 그 영역에서 크게 벗어나지 못하고 있었다.

이들 실학사상가가 정통 주자학사상과 정면으로 대립하고 있었던 것은 정치적·사회적 실천론이었다. 이들은 유교에서 들고 나오는 가장 본질적인 주장 즉 '천리(天理)'나 '천명(天命)'과 같은 관념론적인 요소들을 가지고 있었으며, 공자나 맹자 또는 주자의 교리들을 정면에서 반대하여 나서지 못했다.[47)] 다시 말하면 실학사상은 그 본질에서 주자학의 공리공담측면을 반대한 데 불과하였고, 주자학을 반대하는 경우에도 공자나 맹자의 봉건 유교자체를 반대한 것은 아니며, 기술과학에 대한 연구도 중세 수준을 크게 벗어나지 못했으며, 사대주의를 반대하는 것에서도 유교의 테두리에 머물고 말았다. 또한 실학사상은 봉건 양반계급의 계급적 제한성을 벗어나지 못하였다. 이와 같이 실학사상은 '양반들의 봉건사회 테두리 안에서의 제도변경에 관한 사상'이었으며 또 개별적 학문부문에서도 아직 봉건 말기의 형편을 벗어나지 못했다고 본다.

그리고 실학자의 토지개혁론을 보면 대부분 국유, 또는 공유를 통하여 당시의 토지 겸병에 따른 대토지소유제와 소작제도의 폐

46) 이상은, 「실학사상의 형성과 전개」, 『창조』, (1972. 12).
47) 사회과학원 역사연구소, 『조선통사(상)』 (1977), (오월, 1988 재간행), p.483.

해를 시정하여, 한편으로는 세수 확보를 통한 봉건왕조의 유지, 다른 한편으로는 봉건체제를 유지하는 농민의 확보와 보호를 주장하고 있다. 이것은 조세제도가 문란하고 사적토지소유가 소수 계층에 집중됨에 따른 왕권의 강화를 반영하고 있어, 당시 모순을 시정하고자 하는 것이라고 하더라도 생산성이 보다 높은 자본주의로 가는 사유제도를 반대하는, 따라서 결과적으로는 보수적인 성격을 갖는다고 말할 수 있다. 이에 대해서는 뒤에 자세히 언급할 것이다.

또한 상업관도 진보적인 면이 있기는 하지만 봉건체제를 유지하면서 보조적인 역할로 상업의 진흥을 주장한다. 예를 들어 실업상태에 있는 사족(士族)이 상업에 종사하는 것을 이야기한다거나, 농업인구를 확보한 후에 상업이 인정되어야 한다고 하여 자급자족적인 봉건체제 유지를 우선 주장한 것이 이를 보여준다.

이상에서 본 바와 마찬가지로 유학사상이란, 학문으로서는 수기치인의 도리를 궁구하고 실천함으로써 안으로는 성인군자가 되고 밖으로는 어진 통치자가 되는 것을 목적으로 하는 학문이요, 사상으로서는 윤리지상주의적 가치관, 즉 인격이니 덕이니 예니 하는 윤리적 가치를 지상의 가치로서 중시하는 한편, 다른 일체의 세속의 가치를 이에 종속된 것으로 보고 천시하는 그러한 가치관을 표방하는 사상이다.[48)]

조선시대의 정치제도, 사회제도, 국민교화, 종교, 산업 그리고 학술, 기예 등의 문화형태는 철저하게 이러한 유학사상에 의하여 규정되고 영향을 받았다. 그 결과로서 조선은 유교적인 가산제

---

48) 이종후, 윤명로, 「전통사상에 나타난 융화정신」, 『한국철학사상연구』, (한국정신문화연구원, 1982), p.161.

관료국가와 신분사회를 건설하였고, 유례없는 예교중심의 문화를 형성하였다.[49)]

조선조의 유교에 의한 정치체제와 사상의 교화는, 오히려 원래 발상지인 중국보다 더 강고했다. 조선시대에는 거의 완전하게 주자의 유교에 의한 사상체계가 일원적인 것으로 모든 문화를 규제했다고 볼 수 있다. 정통주자학을 이론적 기반으로 하는 조선의 유교정치체제가 19세기 후반까지 지속되었으며 따라서 조선봉건사회의 통치이론인 인정·덕치사상은 본질에서 통치계급의 이익을 위하여 기능했던 것이며 지배계급 내부에서 이를 둘러싼 투쟁은 다만 어떤 방법으로 봉건통치를 하겠는가 하는 방법에 관한 투쟁에 불과하였다.

조선 봉건시기의 역사적 사실로서, 일반적으로 덕치의 정치이념을 철저히 실현하려고 한 자들이 대체로 중소 토지 소유자 계층의 이익을 대변했거나 이상정치의 실현을 염원한 진보적 양반계층의 이해를 대변했다는 것을 보여준다.

2. 다산 이전 실학파의 토지개혁사상

토지개혁론을 현실문제로서 정책 속에 끌어들이려 한 것은 일군의 실학자들이었다는 것은 이미 설명한 대로이다. 반계와 성호 등에 와서 하나의 학풍을 형성한 실학의 토지개혁론은 대토지소유제, 지주적토지소유제를 개혁함으로써 토지국유제를 지키고, 이를 통해서 국가재정의 유실과 아울러 봉건체제의 왕권강화를 위한 것이었다.

---

49) 같은 글.

이들 실학자들의 토지개혁론은 17세기 후기의 실학자 반계의 균전론, 18세기 전기 성호의 균전적 한전론, 18세기 후기 연암의 한전론이 차례로 제시된 데 이어 18세기말의 다산은 「전론」에서 균전론의 일종인 여전론을, 19세기 초에는 「경세유표」에서 정전론을 제시한다. 실학에서는 그밖에도 많은 토지개혁론이 나왔지만, 이상이 대표적인 주장이었다. 아래에서는 각 개혁론들의 내용을 살펴보기로 하겠다.

(1) 반계 유형원의 균전론

반계 유형원(磻溪 柳馨遠, 1622~1673)은 그의 「반계수록(磻溪隨錄)」에서 "토지는 천하의 근본이므로 근본이 바로 서면 모든 제도가 온당하게 되며 근본이 문란하면 온갖 제도가 따라서 마땅함을 잃게 될 것"[50]이라고 하여 모든 사회정치개혁의 초점이 토지개혁에 있음을 주장했다. 그는 토지제도가 바로잡히면 민생안정과 부국강병의 목표가 저절로 달성된다고 주장했다.

이상적 토지제도의 개혁을 봉건사회의 제반 제도의 근본으로 파악한 반계의 사상은 물론 16세기부터 급격하게 진행된 봉건적 토지제도의 문란에 기초하였으나, 다른 한편으로는 그 이전에 제기된 토지제도개혁사상의 계승이기도 하였는데, 그것은 정전법을 이상으로 하되 그 시행이 지니고 있는 현실적인 어려움들을 참작하여 정전의 균산의 취지를 살리는 방향에서 균전제를 실시할 것을 주장했다. 그리고 이러한 사상은 반계를 비롯한 그 후 실학파들이 공통적으로 갖는 주요 관심사가 되었다.

---

50) 『磻溪隨錄』 권1, 田制 上, 「分田定稅節目」.

반계의 토지제도개혁에 관한 사상은 실학의 선구자적 역할을 수행한 이이의 사회정치사상을 계승하면서 그것을 전면적으로 발전시킨 것이다. 이이의 사회정치사상을 발전시킨 반계의 사회정치사상의 특성은 이이가 봉건사회의 제반 폐해에 대하여 비판하면서 개혁을 주장하였고, 그 모든 폐해의 원인이 되는 토지제도에 대한 문제는 제기하지 못했으나, 반계는 토지문제를 정면으로 제기했을 뿐 아니라, 그것도 사적 대토지소유자의 토지몰수를 예견한 토지공유제 문제를 제기한 데 있다 할 것이다.[51)]

반계는 토지제도개혁을 위한 근본 장애는 궁방(宮房), 관위(官衛), 토호(土豪), 양반(兩班) 등의 토지집적으로 야기된 토지제도의 문란, 즉 지주들에 의한 토지의 사유화에 있다고 보았다.

그는 "옛날의 정전법은 이상적인 토지제도였다."[52)]라고 하여 정전제를 이상화했다. 그런데 "후세에 이르러 이와 같은 토지제도가 무너지고 토지의 무제한적인 사적소유가 가능하게 됨으로써 이상적인 모든 제도가 무너지고 오히려 그 반대의 현상이 발달하게 될 것이다."[53)]라고 말하고 있다. 또한 "옛 제도가 붕괴된 이후 토지의 공유가 무너지고 사유로 전환됨으로써 부유한 자는 큰 벌을 차지하게 되었고 가난한 자는 송곳 꽂을 만한 토지도 못 가지게 되었다."[54)]고 하고 있다. 그래서 그는 토지문제의 해결 방안으로서 공전제(公田制)를 실시할 것을 주장하였다. 즉 그는 "공전제를 실시하면 공평하여 고르게 되고 사전제(私田制)이면 각자의

---

51) 정성철, 앞의 책, p.135.

52) 『磻溪隨錄』 권1, 田制 上, 「分田定稅節目」.

53) 같은 글.

54) 『磻溪隨錄』 권2, 田制 下, 「田制雜議附」.

소유대로 남아 있어서 균등하지 못하게 되며... 모든 것이 이와 반대로 되는 것이다."[55] 또한 "공전제를 실시하지 않는다면 아무리 백가지 법을 만들어 놓아도 하나도 성공하지 못할 것이다."[56]라고 말하고 있는 것이다.

그는 이 같은 공전제를 원칙으로 하여 국가가 균전적으로 토지를 재분배할 것을 주장하였다. 이 같은 반계의 토지개혁의 내용을 살펴보면, 첫째, 고법(古法)에 따라 '토지분배의 기준을 토지에 두어' 농민에게 토지를 균등하게 분배하고, 모든 군역(軍役)과 부세(賦稅)는 토지를 대상으로 하여 일률적으로 부과한다. 둘째, 정전법을 모방하여 모든 토지를 방형(方形)으로 구획하여 경(頃)을 만든다. 셋째, 농민 1명에게 1경씩 지급하고 군역은 4경 1병(兵)의 공동책임제로 한다. 넷째, 모든 토지는 측정단위를 결부법(結負法)에서 경묘법(頃畝法)으로 바꿔야 한다. 다섯째, 사대부(士大夫) 계급에게는 특권을 인정하여 12~2경의 토지를 균분(均分)한다 등으로 되어 있다.[57]

이하 반계의 토지개혁론을 좀 더 구체적으로 살펴보자.

첫째, 고법(古法)에 따라 '토지분배의 기준을 토지에 두어' 이전위본(以田爲本)의 원칙에 따라 농민에게 토지를 균등하게 분배하고, 모든 군역과 부세는 토지를 대상으로 하여 일률적으로 부과해야 한다는 것이다.

반계에 의하면 통치에 있어서 가장 중요한 것은 좋은 제도를 시행하는 것이며, 통치자에게는 이러한 좋은 제도가 있음으로 해

55) 같은 글.

56) 같은 글.

57) 천관우, 앞의 책(1979), pp.248~249 참조.

서 비로소 훌륭한 통치가 가능하다는 것이다. 그리하여 반계는 통치를 잘할 수 있는 제도의 모범을 고대에서 추구하여, "옛 법에는 토지를 기본으로 하여 그 면적에 따라 조세를 납부하게 함으로써 사람도 그 속에 포함되게 했다. 그러므로 정전의 경계를 바르게 하여 농민들이 제 몫의 토지를 받기만 하면 폐단이 없을 것이다..... 당나라와 고려의 제도는 사람을 기본으로 하여 그 수에 따라 토지를 지급하였으므로 사람과 토지가 서로 남거나 부족한 폐단이 생겼던 것"[58]이며 그로 인해 균전제가 무너지게 되었다고 주장하고 있다.

『맹자』, 「등문공장구상(滕文公章句上)」에 "대저 인정(仁政)이라고 하는 것은 반드시 경계를 바로 잡는 것부터 시작된다... 경계만 올바로 되었다면 전지(田地)의 분배나 곡록의 제정은 가만히 앉아서도 할 수 있는 것이다."라고 논하고 있는 바와 같이 인정(仁政)이란 구체적으로 토지정책, 즉 정전법을 실시하는 것이었다.

반계의 '이전위본(以田爲本)'은 맹자가 '인정(仁政)'의 구체적인 표현을 토지정책에서 정전법의 실시에 두었음과 상통하는 것이라 하겠다. 그렇기 때문에 오늘날에도 "현실적 타당성을 바탕으로 하고 옛 제도의 취지를 참작하여 법도 있게 실시하면..... 이 토지제도는 정전법의 형식이 아니더라도 그 효과를 충분히 낼 수 있는 것"[59]이라고 했다. 즉 시대의 변천과 당시의 정치적 상황이 달라 정전법을 그대로 실시해서는 해결할 수 없으나 그 정신을 살려 토지제도를 개혁해야 한다고 말하고, 이를 위해 그는 공전제의 실시를 주장한 것이다.

58) 『磻溪隨錄』 권1, 田制 上, 「分田定稅節目」.

59) 같은 글.

둘째, 정전법을 모방하여 모든 토지를 방형으로 구획하여 경을 만든다.

그는 "후세에 와서 정전법을 다시 실시하기 어렵다고 말하는 사람들은 하나의 정(井)이 1평방 리의 토지를 점유하는데, 토지가 평탄하지 못하거나, 산과 계곡이 좁고 기울어진 것은 정전을 만들기가 어렵다는 이유를 들고 있지만, 이것은 옛날의 정전제를 깊이 연구하지 못한데서 나온 말이다."[60]라고 했다. 그는 "들을 이룬 땅은 비록 높고 낮은 곳이 있어도 그것에 구애받지 말고 모두 방형(方形)으로 구획하며, 산이나 골짜기라도 몹시 좁지 않은 곳은 또 이와 같이 하면 된다."[61]는 것이다.

셋째, 농민 1명의 소작은 1경으로 하고 군역 4경 1병의 공동책임제로 한다.

반계는 주자가 시행하기 곤란하다고 한 주(周)의 정전은 외형상 피했지만 은전(殷田), 즉 기전(箕田)을 염두에 두면서 기전(箕田)이 전자형(田字形)인데 착안하여 '4경을 1전으로 하는(四頃爲一佃)'하는 전전제(佃田制)를 제시했다.

그의 토지 분배안은 "4경을 1전(佃)으로"하여 "농민 1명이 1경의 땅을 가지게 함으로써 1전의 땅은 4명의 농민이 받게 되며, 법에 의하여 조세를 바치게 하는데... 농토 4경마다 군사 1명을 차출한다. 4명의 농민 중에서 몸이 건장한 사람 1명을 택하여 병(兵)으로 삼고 나머지 3명을 보(保)로 삼아"[62] 현역병을 지원하는 병농일치의 체계로 되어 있다. 원래 정전에서는 "8명의 농민이 정

60) 같은 글.

61) 같은 글.

62) 같은 글.

전을 경작하여 조세와 병역을 같이 부담"[63]하였으나 반계의 토지개혁안에서는 4명의 농민이 1명의 현역병을 공급하는 병농일치의 원칙에 따른 것이다.

여기서 군역과 같은 공동부담에 관한 한 그의 토지개혁안은 정전제의 원리를 그대로 따르고 있다.[64] 단 사대부에게는 병역을 면제한다. 요컨대, 반계는 토지 4경당 1병을 징집하는 보인제(保人制)를 실시하고, 신분에 따라 병종(兵種)을 정리하여 군졸은 잡역에 종사하지 못하도록 하고 군사조직은 오위제(五衛制)로 환원하자는 것이었다.

반계가 주장하였던 4경 1병의 군역제도는 농민들에게 토지를 지급하는 것을 전제로 하고 또 군포납부를 폐지하는 것이기 때문에, 사대부계층의 이익을 내세워 토지를 지급함이 없이 군역만을 강요하였던 종래의 주자학적 통치사상보다는 발전한 것으로 볼 수 있다. 그러나 양반층을 군역으로부터 제외하고 있다는 한계가 있다.

넷째, 모든 토지의 측정단위를 결부법에서 경묘법으로 바꿔야 한다는 것이다.

반계는 토지의 사적소유를 폐지하고 공전제(公田制)로 바꿔야 하는데 공전제를 실시하기 위해서는 정확한 토지측량(量田)이 선결되어야 한다고 생각했으며, 그러기 위해서는 "모든 토지의 측정단위를 결부법에서 경묘법으로 바꿔야 한다."[65]고 주장했다.

---

63) 같은 글.

64) 김채윤, 「반계 유형원의 복지관」, 『사회과학과 정책연구』 제3권 제1호, (서울대 사회과학연구소, 1981. 3), p.44.

65) 『磻溪隨錄』 권1, 田制 上, 「分田定稅節目」.

왜냐하면 "옛날에는 정치가 백성을 기르는 데 목적이 있었기 때문에 농민의 노동력을 헤아려 토지제도를 정했으나 오늘날에는 토지에서 조세를 징수하기 위해서"[66] 토지제도가 정해지기 때문에 "토지제도로서 경묘법보다 더 좋은 것이 없고 결부법보다 더 나쁜 것이 없다."[67]는 것이다.

그는 결부법이 가지고 있는 양전(量田) 기술상 결함과 그로부터 발생하는 폐단에 대해서 다음과 같이 기술하고 있다. "결부법도 척수가 없는 것은 아니지만, 그것이 다만 문서상에만 기록되어 있어서 토지의 실제면적과는 맞지 않으며, 또 장단(長短)이 다단(多端)해서 그 가감승제법을 관리들도 모두 다 살필 수 없는데 하물며 농민들이야 더 말할 나위가 있겠는가. 관청에서 일일이 살필 수 없고 농민들이 모두 알지 못하면 어전(衙前)들이 농간하기가 쉬울 것이요, 살피기 어려운 법을 실시하면서 아전들의 농간을 바로 잡으려하니 불가능한 일일 수밖에 없는 것이다. 이 때문에 뇌물과 청탁과 탈세와 사기 등의 부정이 만연하여 마침내 부세가 고르지 못하게 되는 것이다."[68]

반계는 이와 같이 결부법은 그 자체의 결함과 농민의 무지로 인하여 지주, 관리들에 의해 갖가지의 농간과 수탈의 여지를 내포하고 있다고 보았다. 결부법에 대한 이상과 같은 비판에 기초하여 그는 그것을 폐지하고 경묘법을 실시할 것을 주장했던 것이다.

그에 의하면 전지(田地)의 면적은 100보(步)로서 1묘로 삼고, 100묘를 1경, 4경을 1전(佃)으로 하여 농민 1명에게 1경을 지급

66) 같은 글.
67) 같은 글.
68) 같은 글.

해야 한다는 것이다. 그가 농민 한 사람에게 1경, 즉 100묘를 지급하는 것은 그것을 농민의 최저 생활과 재생산을 유지하기 위한 적정규모로 보았기 때문이다. 그리고 그는 10분의 1세를 가장 공평한 세율로 판단하였으므로 100묘를 경작하는 농민이 10분의 1세를 바치면 정전제와 본질적으로 차이가 없는 것으로 보았다.

다섯째, 사대부 계급에게는 특권을 인정하여 12~2경의 토지를 균분한다는 것이다.

그가 전국의 토지를 공유로 하고 재분배할 때 일반농민과 봉건관리, 양반들에 대한 분배량이 달랐다. 그는 선비로부터 봉건국가 관리, 왕족 및 국왕에 이르기까지 그 품계에 따라 2경부터 12경까지의 토지를 국가에서 분여하기로 되어 있었다. 즉, "관리는 실직 9품관 이상 7품관까지는 6경을 지급하고 점차 지급량을 더하여 정2품관에 도달하면 12경을 지급하여 모두 병역을 면제한다……품직으로서 토지를 받는 자는 비록 벼슬에서 물러나 시골로 돌아가더라도 병역은 면제된다……벼슬자리에서 물러나 집에 돌아가 있어도 그 토지로써 생활할 수 있게 한다."[69] 이와 같이 관직에 있을 때뿐만 아니라 퇴직 후의 생활까지 보장하는 것은 관원이 안심하고 관직에 봉사할 수 있게 하는 것이지만, 한편 치자계급으로서 사대부를 우대하기 위한 것이다.

이와 같이 사대부계급에게 분여된 토지들은 물론 토지를 분여받은 본인들이 직접 농업에 참가하지 않고 그 토지를 이용하여 봉건적 착취관계를 그대로 존속시킬 것으로 볼 수 있다.

반계는 이와 같은 것을 당연하게 생각했다. 왜냐하면 그는 "농

69) 같은 글.

사를 지어서 세를 바치는 것은 농민의 일이며 학문과 행세를 배워 벼슬을 하며 나라의 녹봉을 받는 것은 선비의 할 일인 바 이는 고금을 통하여 당연한 일"[70]이라고 생각했기 때문이다. 반계는 봉건적 신분적 차별을 부인하지 못했는데 선비, 농민, 장공인, 상인의 엄격한 질서는 허물 수 없는 것으로, 천성적인 사회적 분업으로 간주하였다. 그가 말한 "높은 양반관리가 직접 농사를 지을 수 없는 것은 예로부터 내려오는 법이다"[71] 또는 "귀하고 천한 구별이 육체노동과 정신노동에 의하여 나뉘게 된다"[72]는 것은 분업으로 분식한 봉건적, 신분적, 계급적 차별을 합리화하며 봉건착취제도의 존속을 실질적으로 합리화하는 사상이다.

이상을 요약해 보면 반계는 일체의 대토지사유제를 부정하고 20세 이상의 농민 1명에게 1경씩 균분하고, 사(士)와 관리에게도 그 역에 따라 2~12경을 주자는 공전제를 주장했다. 그렇게 되면 여기에서 세를 받아 국가재정이 풍족해지고 국민이 자진하여 병역의무를 이행하여 강병책도 이룰 수 있다고 하였다.

반계의 균전론은 실학에 있어서 토지개혁론의 선구가 되었을 뿐 아니라 그 자체가 가장 체계적인 완결성을 지닌 개혁론이었다는 사실에서 중요한 의미를 갖는다.[73] 또한 일반 농민은 물론 노비와 상공업자에게도 토지를 분배한다는 점에서는 진보적인 면이 보인다. 그러나 반계의 토지개혁론은 당시로서는 획기적인 주장이었지만 지주·소작제의 잔존을 인정하였으며 당대의 신분제를

70) 같은 책, 권1, 田制 上, 「或日士以上非業農者」.

71) 같은 책, 권1, 田制 上, 「分田定稅節目」.

72) 같은 글.

73) 김태영, 「실학의 사회사상」, 『한국의 사회사상』, (한길사, 1987), p.90.

극복하지 못한 개량적 토지개혁사상에 머물고 말았다.

한편, 그가 "학교를 세워서 '존현당(尊賢堂)'을 두고 옛법(觀先法)을 시행하자"[74]고 주장한 것을 보면 그의 사상적 기초가 주자학에 있음을 알 수 있다. 특히 그 기준을 정이(程頤)에 둠으로써 더욱 그것을 확고하게 해주고 있다.

그는 자신이 구상한 개혁이 결국은 국왕과 통치자들의 자각과 이성에 호소하여 실현될 수 있다고 생각하면서 "법이란 저절로 시행되는 것이 아니다. 그것은 반드시 국왕이 먼저 신하를 얻어서 자기를 보좌하게 하고 인재를 광범하게 구하여 적당한 위치에 배치한 다음에야 비로소 시행할 수 있는 것이다. 또 대신을 선택하는 근본은 국왕의 마음을 사심 없이 밝히는 데 있고 마음을 사심 없이 밝히는 기본은 성인의 학문을 배우는 데 있는 것이다."[75]라고 했다.

그가 나라의 정치의 근본이라고 생각한 공전제의 실현도 "만일 밝은 국왕이 있어서 과단성 있게 시행한다면 어느 때 어느 국가를 막론하고 실행하지 못할 것이 없을 것"[76]이라고 생각하였다. 바로 여기에 그의 계급적 제한성이 있으며 그가 결코 봉건제도 자체를 부인하지 못했으며 오히려 봉건제도를 개혁하여 더욱 강화하려고 했다는 것을 엿볼 수 있다.

반계의 사상은 물론 동양의 전통적인 정치사상인 왕도 및 동양의 전통적인 경제사상인 중농주의와 균산주의를 벗어나는 것은 아니었다.[77] 또 그 농업정책에 있어서도 그 근간에 있어서 신분

74) 『磻溪隨錄』 권9, 敎選之制 上, 「學校事目」.

75) 같은 책, 권4, 田制後錄 下, 「國朝名臣論弊政諸附」.

76) 같은 책, 권2, 田制 下, 「田制雜議附」.

적 계층과 농민의 토지에의 긴박을 전제로 하고, 봉건국가의 집권강화를 그 목적으로 하는 농민보호의 정책이었던 것이다.

결국, 반계의 토지개혁안은 균전의 토지분배양식과 정전의 공동부담양식을 근간으로 한 것으로서[78] 집권의 방향에 역행하는 귀족과 호농의 대토지소유와 이서배(吏胥輩, 하급관료)의 중간착취를 억제하고 농민의 생활유지와 건전한 국가재정을 유지함으로써 봉건적인 왕권강화를 꾀한 것이라고 볼 수 있다.

(2) 성호 이익의 균전적 한전론

성호 이익(星湖 李瀷, 1681~1763)의 경제사상에서 기본을 이루고 있는 것은 실학 사상가에게서 공통적으로 보게 되는 바와 같이 역시 토지개혁에 관한 문제이다. 성호의 "이조 건국 이래 수 백 년 동안 현실문제를 아는 사람은 이율곡과 유반계 두 사람뿐이다."[79] 라는 말에서 보는 바와 같이 성호는 율곡과 반계의 사상에서 영향을 받아 토지문제를 중심으로 개혁을 주장하였다.

성호가 생존했던 시기는 임진왜란과 병자호란 등 전란을 겪음으로써, 대토지소유제가 다시 진전되어 부의 편중현상이 급격히 이루어진 시기였다. 그는 당시 사회의 모순이 토지소유 문제에 집중되어 있음을 이해하고 있었다. 즉 그는 토지의 사유화와 상품화가 토지 겸병의 근원이며 토지 겸병이 부자와 빈자를 점점 더 양극단으로 이끌고 소농경제를 영락, 파산시키려는 원인이라고 보았다.

77) 천관우, 앞의 책(1979), p.236 참조.

78) 같은 책, p.253.

79) 『星湖僿說類選』 권3 下, 治道門, 「變法」.

그는 당시의 봉건적 토지소유관계의 실태에 대하여 다음과 같이 쓰고 있다.

"지금은 토지들이 전부 귀족들과 부호들의 손에 들어가 그들의 점유로 되고 백성들은 일 년 내내 부지런히 일을 하고서도 겨우 절반밖에 가지지 못하는데 조세와 각종 세금도 여기서 내야 한다."[80]고 하면서 "지금 부자의 밭은 수백 수천 경으로 늘어났으나 가난한 사람들은 송곳을 꽂을 만한 뙈기밭도 없다. 때문에 부자는 더욱 부유해지고 가난한 사람은 더욱 가난하게 된다."[81]

성호는 토지에 관한 봉건지주적 소유의 지배와 그의 결과를 이상과 같이 분석 비판하면서 토지제도의 합리적인 개혁이 민생문제 해결의 기본 문제라고 간주하였다.

성호의 사상도 유자들에게 공통적으로 볼 수 있는 바와 마찬가지로 전통적인 유학사상의 바탕 위에서 이루어지고 있으며 그가 이상으로 하는 정치형태도 또한 인정·덕치를 치세의 근본으로 삼는 왕도정치였다.

성호는 "선왕(先王)의 도(道)는 마치 궁실(宮室)·주차 (舟車)·구갈(裘葛)·음식(飮食) 등과 같아서, 애초부터 모두 민정(民情)에 따르고 사리(事理)에 좇아 만들어져 있어서 후세에 감히 고칠 수 없는 것이니 어찌 유독 다스리는 정사(政事, 政治)만이 그렇지 않겠는가. 그러므로 요·순·우·탕·문·무와 같은 이와 도를 같이 하면 흥하지 않음이 없고, 걸 (傑)·주 (紂)같은 자와 일을 같이 하면 망하지 않음이 없다."[82]고 하여 요·순·우·탕·문·무와 같은 선왕(先

80) 『星湖僿說類選』 권1 下, 地理門, 「生財」.

81) 『星湖僿說類選』, 『藿憂錄』, 「均田論」 (이하 『藿憂錄』의 인용은 『星湖僿說類選』에 부록으로 수록된 것에 의함).

王)의 도를 정치의 귀감으로 삼고 있다.

그는 "왕도정치는 전지(田地)의 분배를 올바르게 아니하면 모든 것이 허사이다. 빈부가 균등하지 못하고 권리의 강약이 서로 같지 아니하면 어찌 국가를 다스릴 수 있겠는가?"[83] "사람은 귀천의 구별이 없고 재산에 의존하는데, 재산은 토지에 기초하는 것이다. 때문에 정치에서 토지제도보다 더 중대한 것이 없다."[84] 라고 하여 바른 정치는 왕도(王道)에 있고 이 사상을 실현하기 위해서는 먼저 토지경계를 바르게 실시하여 빈부를 고르게 하지 않으면 안 된다는 것을 명시하고 있다. 즉 경제적인 해결이 선행되어야 그가 그리는 선왕지치(先王之治)가 가능하다는 것이다.

이 같은 사상은 그의 경제사상에도 단적으로 나타나 그가 주장하였던 토지개혁론 역시 그 이념은 정전법에 기초하고 있었다. 그는 토지소유의 발전에 대한 고증과 연구를 통하여 토지제도로서는 정전법보다 더 좋은 것이 없으나 정전은 역사적, 시대적 차이와 토지이용방도 및 조건의 변동으로 하여 현재로서는 부활할 수 없다고 생각하고 균전적 한전론을 제기하였다.

이상과 같이 성호의 토지개혁론 역시 기본적으로 모든 토지는 국유라는 원리에서 출발하고 있다. 즉 그는 "전제는 원래 국가소유인 것이어서 소위 사주(私主)가 감히 처리할 수 없는 것으로 토지의 주인이라는 것은 공전(公田)을 빌어서 경작하여 국가에 납세하는 자에 지나지 않고, 그들이 서로 매매한다는 것은 사사로운 일이므로 적어도 국가가 토지제도를 크게 개편할 필요가 있을

82) 『星湖僿說』 권10, 人事門, 「人法相維」.

83) 『星湖僿說類選』 권4 下, 人事編 6, 治道門 3, 「均田」.

84) 같은 책, 권4 下, 人事編 6, 治道門 3, 「田制」.

때에는 하등 이에 구애될 필요가 없다."[85]는 것이다. 즉 전지(田地)에 대한 절대적인 처분·관리권은 어디까지나 국가에 있다는 것이다.

즉 그는, "국가에서 한 가정의 살림살이를 잘 조사하여 그 집 생활에 적응할 만한 전토(田土)가 몇 짐(負)이라는 표준을 결정하여 그것을 한 호(戶)의 영업전(營業田)으로 한다. 그리하여 기준량을 초과하는 사람에게서 빼앗지도 않으며 기준에 도달하지 못한 사람에게 더 주지도 않는다. 돈이 있어서 밭을 사려고 하는 자에게는 비록 천, 백결이라도 모두 허락하며 밭이 많아서 팔기를 원하는 자에게는 다만 영업전 외에는 역시 허락한다."[86]라고 자신의 토지개혁론을 제기하였다.

그가 제기한 토지개혁론의 내용을 요약하면 첫째, 국가가 농가의 1호당 소유토지면적의 기준량을 1경(100묘)으로 배정하여 그것을 작정(酌定)하여 그것을 영업전으로 한다. 둘째, 영업전 이내의 전지매매(田地賣買)는 일절 금지하고, 그 이상의 전지(田地)에 대해서는 자유매매를 허용한다는 것 등으로 되어 있다. 성호는 이와 같이 봉건적 공전제의 원칙 하에서 토지에 대한 균등분배를 이상으로 삼았으나 현실적으로 제기한 개혁안은 개량적이며 타협적인 것이었다.

그의 경제사상의 근본적인 입장은 순전히 토지경제를 기반으로 한 자급자족적이고 봉쇄적인 농업사회를 이상으로 하는 중농사상에 입각하고 있는 것이다. 즉 성호는 토지는 원칙적으로 국유보다 더 근원적으로는 군주에 귀속되는 것이라는 여말 이래(麗

85) 같은 글.

86) 『藿憂錄』, 「均田論」.

代 以來)의 관념을 벗어나지 못하고 있다.[87]

반계는 그의 균전사상을 실현하는 데 있어서 사전을 모두 회수하여 공전으로 하고 그것을 정전으로 재분배함으로써 균전의 실효를 거두려고 했으나, 성호는 반계의 방안이 시행될 수만 있으면 좋으나 왕정의 힘으로도 부자들의 토지를 갑자기 빼앗을 수 없기 때문에, 실행하기 어려운 급진적인 개혁안으로 보았다.[88] 즉 그는 "왕정은 모두 수전(授田)에 귀착된다. 그러나 누가 그런 줄을 모르리오마는 마침내 실행하지 못하는 것은 부인(富人)의 토지를 갑자기 빼앗을 수 없기 때문이다."[89]라고 지적하고, 또 토지개혁으로 인하여 "즐기는 자가 100이요 즐기지 않는 자가 1이라 할지라도, 1의 힘이 족히 100의 힘을 막는다면 어찌 행할 수 있으리오."[90]라고 그 실행의 불가능성을 지적하였다.

성호의 이와 같은 자연적 균형론은 반계와는 달리 약 70년의 시대 차가 갖는 사회경제적 배경의 변화에서도 생각할 수 있지마는, 그것보다는 이 영업전이라는 토지소유의 하한선을 엄격하게 법제적으로 관리하되 토지소유의 상한선은 규제하지 않음으로써, 당시 광범위하게 존재하였던 대토지소유의 현실을 인정한 위에서 점진적으로 토지소유의 균등화를 이룩하려는 소극적·타협적 방안으로 제기하였다.

즉 성호의 토지제도 개혁안은 본질에 있어서 대토지소유자인

87) 한우근, 「성호 이익 사상연구(二)」, 『이조후기의 사회와 사상』 (을유문화사, 1961), p.320.

88) 신용하, 「성호 이익과 연암 박지원의 한전제 토지개혁사상」 『이원순 교수화갑기념 사학논총』 (교학사, 1986), p.222.

89) 『星湖集』 25, 「論田制」.

90) 같은 책, 25, 「均田論」.

사적지주들의 토지소유를 남겨두는 토대 위에서 법적으로 영업전 기준을 규정함으로써, 소농민의 영락, 파산을 가져오는 토지겸병을 방지하며 농민에게 토지의 일정한 한도는 항상 보장되게 하자는 방안이었다.

성호는 주관적으로나마 봉건적 토지공전제에 기초한 토지균등 문제를 제기하였고 토지 겸병을 없애려고 하였다. 그의 전제개혁안(田制改革案)은 당시 성행하고 있던 토지매매에 기초하여 점차적으로 균전제도를 확립할 것을 제기하였다. 즉 토지에 대한 현존하는 사적소유의 불균등한 상태를 입법에 의하여 점차적인 방법으로 제거하고 백성들의 생업을 보장할 수 있는 균등한 토지소유제도의 확립을 의도하고 있다. 그는 반계의 사상을 발전시키고 변화된 사회·경제적 관계를 반영하여, 자신이 말하고 있는 바와 같이 실현 가능성이 있는 사상을 제기하는 데 보다 큰 주의를 돌렸다.[91)]

그러나 그는 토지의 균등분배를 이상화하였음에도 불구하고 토지에 대한 매매가 현실적으로 존재하고 있었고 사적 지주세력이 커진 상황 하에서 그들의 이해를 근본적으로 부정할 수 없었던 계급적 제한성 때문에 당시의 봉건제도를 근본적으로 부정하지 못하고, 결국은 그에 순응하게 되는 불철저성을 내포하고 있다. 토지에 대한 봉건지주의 사적 독점적 소유를 본질적으로 변혁하려고 한 것이 아니라 그 테두리 안에서 부분적인 개량에 국한하였으며, 그 실현방도에 있어서도 그는, "나라의 치란(治亂)은 왕의 마음에 달려 있으며 마음이 지혜로운가 우둔한가는 학문에

91) 김광진·김광순·변낙주, 앞의 책, p.245.

힘쓰는가 힘쓰지 않는가에 있다."[92]고 하여 지배계급의 양심이나 봉건국가의 법률에 기대를 걸었다.

그의 타협적 입장은 다음에서도 명백하다. 그는 영업전법의 실시가 "빈곤한 집들은 목전의 파산의 우려를 면할 수 있기 때문에 기뻐하며 부자들은 비록 파산에 이르더라도 영업전만은 남아 있으니 기뻐할 것이다. 이와 같이 되면 실시하기 쉽고 반드시 성과가 있을 것이다."[93]라고 하였다.

성호의 균전적 한전론은 토지소유의 하한의 설정을 주장한 점, 그리고 실시된다면 지주소작제도의 폐해를 상당히 감소시키고, 토지겸병에 제한을 가하여 토지문제완화에 크게 기여할 것이라는 점에 그 의의를 부여할 수도 있을 것이다.

성호의 방안은 중국 임훈(林勳)의 균전론과 유사한 것으로서[94] 사실 극히 소극적인 내용의 것이었지만, 당시 국가가 백성들 간의 토지매매를 거의 파악하지 못하였고, 농민들의 계급분화가 현실적으로 진행되는 당시의 역사적 조건 하에서 그의 방안은 실현 불가능할 뿐만 아니라, 그 현실을 추인하는 객관적 결과밖에는 아무것도 기대할 수 없는 방안이었다.

성호의 토지제도 개혁사상이 실현 불가능했던 것은 당시 역사발전의 필연적 추세로 사적 지주적 토지소유가 지배적이었다는 데 있으며, 더욱이 그 자신이 인정한 토지매매에서 표현된 상품화폐관계가 상당히 발달하고 있었다는 사실에서 찾아 볼 수 있다.

---

92) 『藿憂錄』, 「經筵」.

93) 같은 책, 「均田論」.

94) 최익한, 앞의 책, p.121 ; 한우근, 앞의 책, p.252 ; 박찬승, 앞의 논문(1986), p.111 참조.

토지에 대한 매매의 자유가 보장되어 있으며 대토지 소유자와 소토지 소유자와의 병존 자체만 하여도 토지 겸병의 필연성을 규정짓게 하는데, 하물며 대토지 소유자들이 권력까지 가지고 있는 상황 아래서 그 어떤 힘으로도 토지수탈의 가능성을 막을 수 없는 것이었다. 더욱이 대토지 소유자의 우연한 파산과 몰락을 기대하는 것을 볼 때 성호의 방안이 황당하다는 느낌마저 없지 않다.

성호의 토지제도 개혁론을 실현 불가능하게 만든 중요한 이유는 그가 봉건통치제도를 그대로 존속시키면서 이를 실현할 수 있다고 생각한 점이다. 봉건적 통치체계가 존재하는 상황 하에서 한 장의 법령으로 빈자와 부자의 차이를 없애며 농민의 파산, 토지로부터의 유리를 방지하여 대토지 소유자의 토지 겸병을 종식시킬 수는 없는 것이다.

성호는 당시의 시대적 상황에서 "한 글자라도 의심하면 망발이고 다른 것을 참고하기만 하여도 죄악이라고 한다. 주자의 글도 그와 같거늘 하물며 고전적인 경전은 어떠하겠는가? 이것은 우리 사회의 학문의 고루함과 무식함을 극복하지 못하게 하는 이유이다."[95]라고 하여 주자학에 대한 맹목적·교조적 태도를 반대하여 어느 정도 봉건통치에 대한 비판을 감행하고 있기는 하다. 그렇지만 그는 사람이란 계급적으로 신성 불가침으로 구분되어 있다고 보고 있다. 즉 "지혜로운 사람(지배계급)과 어리석은 사람(피지배계급)은 확실히 구분되어 있어서, 어리석은 사람이 발전할 수 있는 정도는 보통사람(중인) 정도이다."[96]라고 함으로써 역시 그의 관념이 봉건적 신분제에 고착되어 있음을 알 수 있다. 그러므

95) 『星湖僿說類選』 권2 상, 人事編 1, 論學問, 「儒門禁錮」

96) 같은 책, 권2 상, 人事編 1, 論學問, 「善惡不定」.

로 "법이 오래되면 폐단이 발생하며 폐단이 발생하게 되면 변경시켜야 하는 것은 필연적이다."[97]라고 한 것도 결국은 봉건체제 내적인 개혁을 주장하는 것일 수밖에 없었던 것이다.

따라서 "왕도정치란 토지의 균등한 분배를 근간으로 하지 않으면 모든 것이 구차할 뿐이다."고 한 성호의 균전적 한전론도 사실상 토지공유제로 복귀하자는 것이 근간이며, 과전법이 무너졌던 과거의 오류를 극복하기 위해 새로운 방법으로서 '영업전'을 실시하자고 건의하였던 것이다. 그러므로 성호의 사상 역시 반봉건적이지는 못하였으며, 다만 보다 강한 현실 비판에 그쳤을 뿐이다.

이상에서 본 바와 같이 성호는 고루한 유학을 비판하였으나 그 자신이 유학자이고 양반출신이었던 만큼 유교사상을 근본적으로 부정하지는 못하였다. 또한 그에게는 유교 창시자인 공자나 맹자, 또는 주자에 대한 숭배의 염(念)이 의연히 남아 있었으며 세계의 창조자, 주재자로서의 '천(天)'을 인정하는 유교관념론의 테두리를 완전히 벗어나지 못하였다. 그는 하늘에 대한 해석에서 자연적인 하늘로 보는 동시에, 초자연적인 의지를 가지고 있는 것으로 해석하여 주재자로서의 하늘을 인정함으로써 전통적인 '유교적 하늘관'을 버리지 못했던 것이다. 그의 정치경제 개혁사상은 그 기반을 삼대(三代)의 학(學)에 두고 삼대(三代)의 치(治)를 이상을 삼았기 때문에 이념상으로나 제도 면에서 고전적인 유교의 테두리를 벗어나지 못하였다.

이상의 모든 사실들에 비추어 볼 때 성호의 토지제도 개혁사상은 본질에서는 봉건제도 자체에는 하등의 손질을 가하지 않은 채,

97) 『藿憂錄』, 「立法」

위로부터의 개량을 통하여 모순에 찬 봉건사회의 위기를 수습해 보려는 진보적인 양반계층의 이해에서 출발했다고 할 수 있다.

(3) 연암 박지원의 한전론

연암 박지원(燕巖 朴趾源, 1737~1805)은 홍대용(洪大容, 1731~1783)과 같은 시대의 실학의 대가로서 성호의 학통을 계승, 발전시켰다. 연암도 선행 실학 사상가들과 마찬가지로 당시 조선 봉건사회의 주요한 사회적 모순의 본질을 토지소유관계에서 파악하고 있었다. 농민은 급속도로 영락하였고 토지는 일부 양반들의 손에 집중되어 있었다. 이러한 상황에서 토지문제의 해결은 절박한 것이었다. 토지문제에 대한 연암의 견해는 본질에 있어서 선행한 실학 사상가들 특히 성호의 토지개혁론과 동일한 견지에 서 있었다.

연암은 당시 그가 군수로 재임하고 있었던 충청도 면천군 (沔川郡)의 전결, 농가의 호수 및 그들 생계의 현상을 숫자적으로 고찰하여 "농가의 호수 중에서 자기의 토지를 경작하는 자영농민은 열에 겨우 한둘밖에 되지 않는다."[98]라고 지적하고, 전 수확물(全收穫物)에 대한 1/10의 국세와 절반의 사세, 즉 소작료와 수십 종의 가렴잡세를 제하면 농민에게는 "일 년 내내 뼈가 빠지게 농사지어도 소금 값도 남지 않는다."[99]고 말하고 있다. 그는 이렇게 농민들이 비참하게 생활하게 된 원인을 지주, 양반의 토지 겸병으로 인한 토지의 지나친 집중과 농민들의 토지의 상실에 있다고 보았다.

---

98) 『燕巖集』 제16권, 『課農小抄』, 「限民名田議」.
99) 같은 글.

그는 종래 전제론자들이 흔히 말한 바대로, 땅은 적고 사람은 많아서 균전 혹은 한전의 실시가 불가능하다는 것은 근거가 없다고 논박하였다. 그의 이론에 의하면 국가가 토지를 몰수하여 백성에게 분배하는 것이 원칙이지만, 만일 현실의 가능성을 고려한다면 한전법이 제일 좋은 정책이라는 것이었다.[100)]

동중서(董仲舒)가 정전제를 내놓지 않고 한전제를 주장한 것은 부호들의 반대를 겁내서가 아니라 파괴된 정전구획을 다시 회복하기에는 장기간의 공사가 필요한 것이므로 우선 "옛 제도에 가까운" '한민명전(限民名田)'[101)]을 실시하자는 것이며, 이것은 또한 "재산을 균분하여 고르게 하는 의의를 잃지 않은" 제도로서 역시 선왕(先王)의 뜻에 부합된다는 것이다. 때문에 자기 시대에 한전제를 실시하였다 하여 선왕의 뜻에 어긋날 것도 없으니 우선 한전제를 실시해 보자는 것이다.

그는 한전제의 구체적 내용에 대하여 "토지소유를 얼마로 제한한다는 법령-즉 모년 모일부터 일정한 면적 이상의 경지를 매점하지 못한다. 또 이 법령이 발표되기 이전에 소유한 토지는 얼마가 되든지를 불문하고 그들의 자손들에게 상속하여 주는 것을 허용한다, 만약 사실대로 보고하지 않거나 법령이 발표된 후에 제한된 범위를 초과하여 매점하는 자가 있을 때, 그것을 백성들이 고발하였을 때는 그 토지를 그 백성에게 줄 것이요, 관청에서 적발하면 국유로 몰수한다는 법령-을 내리는 것이 좋을 것이

100) 최익한, 앞의 책, p.159.

101) 연암 박지원의 「한민명전의」 수정과정에 대해서는 김문식, 「박지원의 '한민명전의(限民名田議) 수정과정」, 『문헌과 해석』, 69호, 2014를 참조할 것.

다."[102]라고 하였다. 즉 전국의 토지면적과 전체 호구를 조사하여 평균 1호당 경작면적을 국가가 제정하고 누구든지 그 이상을 소유하는 것을 법률적으로 제한하자는 것이 그의 한전제의 주요 내용이다.

그렇게 하면 부호들의 원한을 사지도 않고 토지 겸병은 종식될 것이며, 수십 년이 못 되어 전국의 토지는 균등하게 될 것이고, 따라서 백성은 모두 토지에 고착되어 각기 자기의 땅을 경작하게 될 것이다. 이렇게 되면 "조정에 조용히 앉아서 천하에 법령을 내리되 백성을 놀라게 하지도 않고, 대중을 동요시키지도 않고, 그리고 정전제를 실시하지 않으면서도, 기실은 정전제 실시의 효과를 얻는 것이니"[103] 이것이야말로 묘책이라는 것이다.

간접적으로 그 자신이 토지 겸병의 원인은 토지매매에 있다고 보았기 때문에 그는 토지 매입을 한정량 이내로 제한하고 토지의 방매를 한정량 이외의 것에 국한시킴으로써, 사실상 빈농민의 토지매입만 허용하고 지주들의 토지매점을 금지하고 있음을 엿볼 수 있다.

이상에서 본 바와 같이 그의 한전론의 주요 목적은 부호들의 토지소유를 제한함으로써 토지겸병을 종식시키고 농민들의 토지 상실을 방지하자는 것이다. 즉 이 개혁론은 성호의 한전론과 표리관계에 있었다고도 생각되지만, 대토지소유의 억제에 주안점을 둔 것이었다. 여기서 연암은 토지소유의 상한을 정하고 있으나 구체적으로 그 한정량을 정하고 있지는 않다.[104]

102) 『燕巖集』 제16권, 『課農小抄』, 「限民名田議」.

103) 같은 글.

104) 그러나 그의 간접적 서술에서 한정량을 추측해 보면 5인 호(戶)인 갑호

성호도 연암도 상품화폐관계의 발전으로 인한 토지매매의 현실을 반영하여 토지매매에 의한 소유권을 혁명적으로 부인하지 못하고 긍정하고 있다. 따라서 그는 토지가 원칙적으로는 공유이며 개인적, 사적 소유로 될 수 없다는 입장에 섰던 것이다. 연암은 "대체 몰수한다는 말은 자기의 것이 아닌 것을 억지로 가져온다는 것이다. 그러나 근본을 따져보면 국왕이 국가의 토지의 주인이니 그러한 의미에 있어서 그 토지를 누가 소유하고 누가 처리해야 할 것인가?"[105]라고 하였는데 이는 전통적 토지공유의 입장에 서서 모든 토지가 국가의 수중에 집중됨으로써만 사회의 번영을 가져올 수 있다고 생각한 것이었다.

그러나 그는 토지공유의 입장에 서면서도 부호의 이익과 정면으로 충돌하지 않고, 부호들 자신이 스스로 자기의 조상 때부터 내려오던 재산을 내놓고도 관리를 원망하지 않게 하는 데 원칙을 둘 것이라고 했다. 그러한 원칙에 의해서 토지몰수의 방법이 아닌 토지소유를 제한하는 방법인 한전제를 실시해야 만이 부호들을 놀라게 하지 않고도 쉽게 토지의 균등한 소유를 실현할 수 있다는 것이다.

연암은 이렇게 하여도 옛 제도에 가까운 즉, 공유제 원칙에 입각한 정전제와 유사하게 경지를 균등하게 분배하는 원칙에 벗어나지 않는다고 생각했다. 그런데 그가 부호의 토지를 몰수할 것을 예견하지 않은 데는 부호에 대한 그의 입장과 관련된다.

(甲戶)를 기준으로 하여 호주(戶主) 1인당 하등전(下等田) 1결(結)을 한 정량으로 하고 있음을 알 수 있다(허종호, 「한민명전의 <限民名田議> 연구」, 『력사연구』, (1962년 제5호), p.85).

105) 『燕巖集』 제16권, 『課農小抄』, 「限民名田議」.

지주와 농민간의 빈부의 차이, 부자의 가난한 자에 대한 착취는 인정하면서도 그는 “토지를 겸병하는 부호인들 어찌 꼭 백성들을 못살게 굴고 국가의 정치를 좀먹으려 하겠는가? 그러므로 토지의 기본문제를 해결함에 있어서도 그 부호들을 심각하게 추궁할 것이 아니라 법률제도가 확립되지 못한 것을 근심해야 할 것이다.”[106]라고 하였다. 즉 그는 토지제도의 문란도 결국은 다만 법률제도가 확립되지 못하여 법을 발표해도 꼭 실행되지 않은 폐단 때문이라고 생각했던 것이다. 그렇기 때문에 그는 다른 실학자들과 마찬가지로 토지제도에 대한 법적 규정을 제정하여 놓고 왕이 그것을 완강하게 집행한다면, 자기가 이상으로 생각하는 토지소유제도가 수립될 수 있다고 생각하였다. 국왕의 지시를 받고 전제개혁대책을 제기한 연암의 의도도 바로 여기로부터 출발한 것이다.

연암이 제기한 한전제는 토지소유 상한을 설정한 데에 의의가 있으나 그것이 객관적으로 토지 겸병의 폐해를 일정하게 방지할 수는 있다 하더라도 봉건적 토지소유제를 부정하지는 못하였다. 연암의 경우, 지주소작제가 시행되는 상황의 모순은 깨달았으나, 그의 현실론은 다만 토지소유의 한도를 정하는 한전법이었으며, 당시의 수공업자나 상인의 견해를 반영하면서 새로운 제도를 수립하자는 것이었지, 결코 경제외적 강제를 철폐하자고 한 것이 아니었다.[107] 토지의 상품화가 지배하는 현실적 상황에서 성호의 영업전의 방법과 동일한 방법으로 토지를 고르게 나누려고 생각한 연암의 견해는 비현실적이며 공상적이었다. 그는 농민들의 빈

106) 같은 글.

107) 박승구, 『한국경제사입문 Ⅰ』, (백산서당, 1986), p.203.

궁과 파산, 토지에서의 유리의 원인이 봉건착취제도자체에 있으며 그 제도의 철폐 없이는 봉건국가의 통제 하에 있는 공유든, 지주의 소유든 간에 그 본질에서 동일하며 또한 지주적 토지소유제의 본질적 속성인 팽창적 경향에 대한 제한이란 공상이며 토지의 자연발생적 균분이란 더욱이 공상적임을 미처 인식하지 못했던 것이다.

그는 또한 부호의 이익을 침해함이 없이, 다시 말하면 지주적 사적토지소유제의 근본적 청산 없이 자연발생적으로 재산과 토지의 분할에 의하여 토지균분을 실현하려고 하였는데, 여기에 이르러 공상성은 더욱 농후해진다. 이러한 주관적인 공상으로부터 출발한 한전제에 의하면 토지의 한정량의 초과분에 대한 아무런 제재도 예견되어 있지 않으며, 지주적 착취제도와 대토지소유자의 지위에 아무런 타격도 제재도 예견되지 않고 있었다. 다만 수 십 년 후의 장래에 자연발생적으로 토지의 집중이 완화될 것을 기대하였을 따름이었다. 여기에 바로 당시의 사회역사적 제한성과 박지원 자신의 계급적 제한성이 있는 것이다. 연암의 한전제에 관한 사상에서의 모순성, 이중성은 바로 당시 진보적이라고 일컬어지는 양반계층의 입장과 태도의 반영이었던 것이다.

연암이 신분제의 철폐를 요구한 것과 "학문에는 지름길이 없다. 모르는 것은 길가는 사람에게라도 물어야 하며, 노비나 아랫사람이라도 나보다 더 알면 그에게서도 배워야 한다."[108]고 한 점 등을 들어, 그의 반봉건적 성격을 주장하는 견해도 없지 않지만, 그것은 신중하지 못한 결론이라 할 것이다. 즉 그것은 신분제의

108) 『燕巖集』 제7권, 「北學議 序」.

철폐가 아니라 신분상승이 일어나고 있던 당시의 상황을 인정한 것으로서, 지주·소작관계의 경제적 측면에 따른 도시주민의 신분상승을 요구한 것에 불과하며, 배움에 거리낌이 없다는 것은 주자학의 초기단계인 중국의 한유(韓愈, 768~824)의 논설인 「사설(師說)」[109]에서도 이미 나타나고 있는 것으로서, 그것이 결코 반봉건이 될 수는 없는 것이다.

109) 한유(韓愈)는 당대인(唐代人)으로서 『구문진보(古文眞寶)』 등의 글에 그의 「사설(師說)」이 실려 있는데, 그 내용은 이보다 더 강력한 학문자세의 개방성을 요구하고 있다(박승구, 앞의 책, p.202).

제5장 다산 정약용의 토지개혁사상

제1절 다산의 토지개혁사상과 유교사상

제2절 다산의 토지개혁사상의 추이

제3절 다산의 여전론

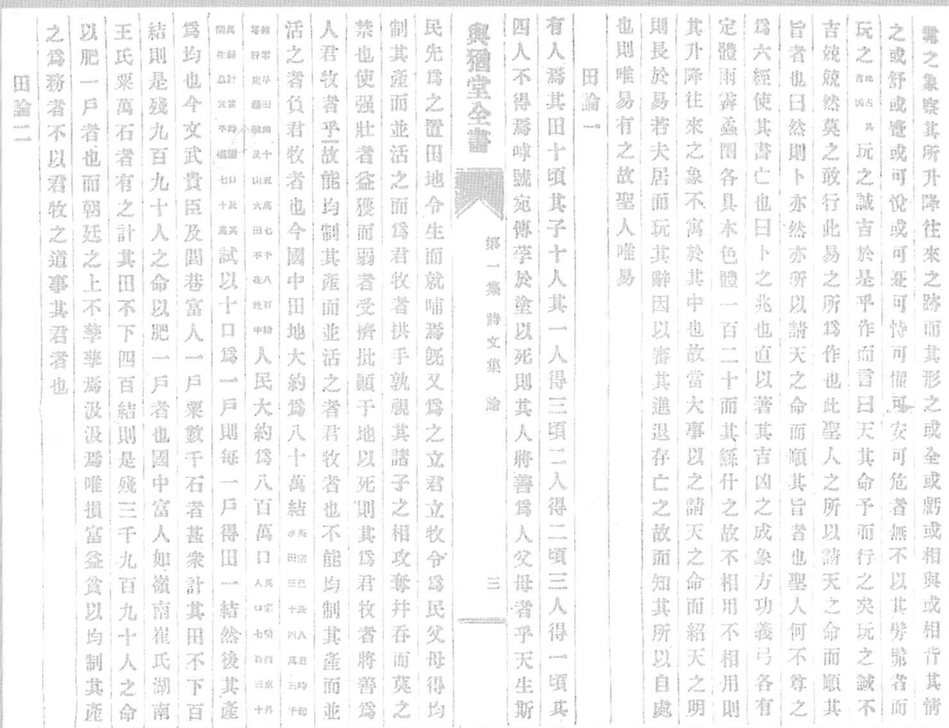

與猶堂全書 第一集 詩文集 論 三

辭之象察其所升降往來之跡而其形之或全或虧或相與或相背其情之或舒或慘或可悅或可惡可恃可懼乃安可危者無不以其勞勞者而玩之 玩之誠吉於是乎作而言曰天其命予而行之矣玩之誠不吉兢兢然莫之敢行此易之所爲作也此聖人之所以請天之命而順其旨者也曰然則卜亦然亦所以請天之命而順其旨者也聖人何不尊之爲六經使其書亡也曰卜之兆也直以著其吉凶之成象方功義弓各有定體兩彝燕圈各具本色體一百二十而其繇什之故不相用不相用則其升降往來之象不寓於其中也故當大事以之請天之命而紹天之明則長於易者夫居而玩其辭因以審其進退存亡之故而知其所以自處也則唯易有之故聖人唯易

田論一

有人爲其田十頃其子十人其一人得三頃二人得二頃三人得一頃其四人不得焉啼號宛轉學於塗以死則其人將善爲人父母者乎天生斯民先爲之置田地令生而就哺焉旣又爲之立君立牧令爲民父母得均制其産而並活之而爲君牧者拱手熟視其諸子之相攻奪幷呑而莫之禁也使強壯者益獲而弱者受擠批顚于地以死則其爲君牧者將善爲人君牧者乎故能均制其産而並活之者君牧者也不能均制其産而並活之者負君牧者也今國中田地大約爲八十萬結 人民大約爲八百萬口 試以十口爲一戶則每一戶得田一結然後其産爲均也今文武貴臣及閭巷富人一戶粟數千石者甚衆計其田不下百結則是殘九百九十人之命以肥一戶者也國中富人如嶺南崔氏湖南王氏粟萬石者有之計其田不下四百結則是殘三千九百九十人之命以肥一戶者也而朝廷之上不孳孳焉汲汲焉唯損富益貧以均制其産之爲務者不以君牧之道事其君者也

田論二

제5장 다산 정약용의 토지개혁사상

– 여전론을 중심으로 –

제1절 다산의 토지개혁사상과 유교사상

다산이 당시 조선사회를 개혁하는 데 지침으로 삼았던 것은 이 시기의 다른 경세가들과 마찬가지로 요순삼대의 이상사회를 찬미하고 있는 유교의 경전이었으며, 거기에서 이상화한 고대국가였다.[1)]

다산의 철학은 반계, 성호계통의 경세치용학파와 연암 등의 이용후생학파를 종합함으로써 얻어진 것이라고 설명되고 있다. 그러나 다산은 조선후기 실학을 종합하여 집대성하였을 뿐만 아니라 거기에 철학적 기반을 제공하였던 점을 간과하여서는 안 될 것이다.

즉, 다산은 조선후기 실학의 철학적 체계화를 이루어 놓았던

1) 정성철, 앞의 책, p.436 참조.

것인데, 그 철학적 기반을 선진유학에 두었던 것이다. 그는 「오학론(五學論)」에서 성리학(性理學)·훈고학(訓詁學)·문장학(文章學)·과거학(科擧學)·술수학(術數學) 등을 오학(五學)이라 말하고, 이것들이야말로 요·순·주공(周公)의 수기치인의 실학의 발전을 가로막고 있다고 비판하였다.[2] 그리하여 한, 당, 송, 명, 청에 이르는 2,000년 동안에 유학 본래의 모습이 변질되어 왔던 것이므로 그 변질된 요소를 과감히 제거하고 원시유교사상으로 복귀할 것을 주장하였다.

다산은 유교의 사상을 근본으로 하여 청명(淸朝)의 실학과 서양의 천주교 및 과학사상의 영향을 받았다. 그는 송대(宋代)나 조선의 학자와 같이 사서 중심(史書 中心)의 성리학이 아니라 육경(六經)을 중심으로 하여 경세치용(經世治用)에 치중하였다.

아무튼 현 사회에 대한 개혁을 이론적으로 근거 짓기 위한 고대의 이상화, 그것은 본질에서 상고주의라 하지 않을 수 없다.

1. 다산과 유가의 상고주의

유가사상에서 나타나는 고대의 이상화와 동경은, 역사철학적으로 상고(尙古) 혹은 복고(復古)라고 표현할 수 있다.

잘 알려져 있다시피 유가철학에서 역사관의 기본유형은 상고사관(尙古史觀)이라 할 것이다. 상고사관은 요순시대를 이상적인 시대로 설정하면서, 유교국가의 제반 모순들을 요순의 이상을 기준 삼아 판가름하고, 그 이상으로의 복귀가 모순타파의 유일한 길임을 제시한 것을 전형으로 삼는다. 당대의 사회현실에 대한

2) 장동희, 『정약용의 행정사상』, (일지사, 1986), p.202.

해명이 과거의 모범에 기준을 두고 측정되는 이러한 역사관에서 미래에 대한 지침은 곧 과거의 이상적 시대로 복귀하는 것을 의미한다.

이렇듯 정치철학적인 쟁점들을 인식하는 데서 역사관이 중요시된다는 것 자체가 유가철학의 틀이 아니면 이해하기 어려운 현상이다. 공자가 시·서와 춘추를 편찬하였던 원시유학의 단계에서부터 유가철학의 역사관, 특히 상고사관은 역사인식의 수단으로 작용하는 데 그치지 않고, 사회인식의 중요한 수단 가운데 하나였고, 나아가서는 사회윤리적 명제들을 내포하고 있기도 했다.

조선 주자학자들의 상고의식은 이미 비합리적이며 반역사적인 보수주의라고 비판받아 왔다. 다산은 주자학자들의 이상세계인 중국 고대를 재해석하는 가운데 주자학적 역사철학의 보수성을 간접적으로 비판한 셈이다. 그러나 고대를 이상사회로 보았다는 점에서는 그가 적극 비판하였던 성리학자들과 마찬가지로 다산도 그 태도가 같았던 것이다. 다산도 중국고대에서 또 하나의 이상세계를 만들어 낸 셈이고, 그 이상세계를 동경함으로써 상고의식을 드러내고 있는 것이다.

도덕에 관한 한 다산은 시대가 지나갈수록 도덕이 발전한다는 생각을 갖지 않았다. 그에 의하면, 역사적으로 볼 때, 문물제도가 가장 잘 되어 있었던 때는 중국의 삼대였고, 삼대 중에서도 특히 『주례』에 제시된 주나라의 문물제도를 가장 진선(眞善)· 진미(眞美)한 이상적인 것으로 생각하였다.

그는 역대의 유학자들이 『논어』를 주석하면서 주장하던 이른바 '문질삼통론(文質三統論)'을 반박하였다. '문질삼통론'에 의하면, 왕조가 바뀔 때마다 문아(文雅)한 것, 문식적(文飾的)인 것과 질박하고 실질적인 것, 이 두 측면이 반복, 순환한다는 것이다. 그렇기 때문에 그들은 과거의 중국의 경우에 하·은·주 삼대가 교체된 것도 이 법칙에 복종한 것이며 또 앞으로 일어날 모든 왕조들도 결국 이 법칙에 복종할 것이라고 보았다. 이에 대하여 다산은, '문질삼통론'은 후세유학자의 조작이요, 공자의 본 뜻은 아니라고 하였다. 주나라의 문물제도는 진선·진미하게 형성되었으나, 후세에 와서 파괴되었으므로 주나라 제도로 복귀하는 것이 필요하다고 다산은 주장하였다.[3] 말하자면 그는 일반 유학자들보다도 더 철저하게 문물의 순환론을 배격하고 후퇴론을 내세우고 있는 것이다.

삼대를 가장 이상적인 것으로 생각하는 상고적 역사관은 「원정(原政)」이나 「탕론(湯論)」과 같은 논설에서도 보이고 있다. 여기에서 그는 고대(古代)에는 정치가 '아래로부터 위로'(下而下)의 형식을 띠어 민의가 상달되고 민의에 의하여 통치자가 교체될 수 있었으나, 뒤에는 정치운영이 '위로부터 아래로'(上而下)의 형식을 가져 전제정치로 흘러갔다고 보았다. 이러한 그의 도덕적 상고주의가 역사발전의 객관적인 사실과 부합하지 않음[4]은 더 말할 나위도 없다.

그러면 다산이 유가의 상고사관에 의해서 상정하였던 이상사회는 어떤 모습이었을까.

---

3) 『與猶堂全書』 제2집, 제7권, pp.1~54, 「論語古今注」 권1 ; 박시형, 「다산 정약용의 역사관」, 과학원철학연구소 편, 앞의 책, pp.209~210.

4) 한영우, 「다산 정약용의 역사관」, 한우근 외, 『정다산 연구의 현황』, (민음사, 1985), pp.299~300.

2. 다산의 이상사회

다산은 당시 상황에서 상정할 수 있었던 최고의 이상사회를 그렸다고 볼 수 있다. 그 조감도를 그려보면, 그것은 우선 정치체제는 백성들에 의한 통치자의 추대제로 구성된 이상적 군주제로 표현되었고, 경제제도는 토지의 공유를 전제로 하는 농민들의 공동점유, 공동경작, 공동수확, 10분의 1세를 제외한 모든 생산물을 노동력에 따라 공동분배를 하는 여전제로 표현되었으며, 윤리도덕은 효(孝), 제(悌), 자(慈)의 도덕적 규범이 실천되는 것으로 표현되었다. 이제 차례로 그 내용을 살펴보기로 하자.

(1) 정치체제

다산의 정치사상은 「탕론」, 「원목」, 「통치자론」 등에 나타나 있다. 다산이 이 같은 저작에서 서술한 사상의 본질에 대해 종래의 많은 논자들은 그의 사회정치사상이 봉건제도 자체를 부정한 것으로 보아왔다. 그리고 다산은 그 정치사상의 실현을 위하여 합법적 개혁으로 불가능한 경우에는 「탕론」에서 시사되고 있는 바대로 백성들이 폭력으로 왕을 타도할 것을 기대하였다고까지 보았다. 과연 그러할까?

다산은 「탕론」에서 "탕왕(湯王)이 걸왕(傑王)을 추방한 것이 옳은가? 신하로서 임금을 치는 것이 옳은가?"[5]라고 스스로 묻고 이에 대해서 "그렇다. 이것은 예전부터 있는 옳은 도리로 탕왕이 처음으로 한 것은 아니다."[6]라고 말하고 있다. 그러나 그가 쓴 「탕

5) 『與猶堂全書』 제1집, 제11권, p.24, 「湯論」.

6) 같은 글.

론」은 왕도정치의 실현을 근거 짓기 위한 유교의 정통적인 역성혁명사상(易姓革命思想)의 재판(再版)에 불과하였으며 총체적으로는 봉건적인 테두리를 넘어서지 못하였다.

역성혁명사상은 봉건군주의 교체를 이론적으로 합리화하기 위한 사상이었는데, 봉건제도의 영원한 존속을 위해서는 자격이 없는 군주는 하늘의 지시에 의하여 교체될 수 있다는 사상이다. 사실 과거 봉건제 왕들은 소위 역성혁명을 할 때에 언제나 예외 없이 「탕론」에서 말하는 탕(湯)으로서 인민의 의사를 대변하여 이것을 실천하는 것이라고 말해 왔다.

『맹자』「양혜왕장구하(梁惠王章句下)」 8, 「만장장구하(萬章章句下)」 9에서 맹자는 역성혁명을 시인하고 있다. 맹자의 민본사상에는 혁명론이 내포되어 있지만 그것은 서구적 의미의 데모크라시와 같은 것으로 간주되어서는 안 되는 한계점이 있다. '백성들을 위하여'는 더할 수 없이 강조되고 있으나 '백성들의'나 '백성들에 의한'은 보장되어 있지 않다.[7] 맹자의 역성혁명이론은 적극적으로 학정에 시달리는 백성들을 향하여 정권의 교체를 선동하는 적극적인 혁명이론에서 출발한 것이 아니고, 당시의 전제권력을 향하여 경계경보를 발하는 정도의 뜻을 지닌 소극적인 경계이론에서 나온 것이다. 맹자는 기왕에 있었던 역성혁명, 그것도 이제 삼왕 가운데 들어있는 자들의 역성혁명을 부인할 길은 없으므로 그것을 시인하였으나, 장래에 역성혁명이 생겨나기를 희망하지 않는 것이 대체로 유교의 보수주의가 지니고 있는 일반적 경향이다. 그 중에서도 특히 주자를 중심으로 한 송나라 때의 유자들은

7) 안병주, 『유교의 민본사상』(성균관대학교 대동문화연구원, 1987), pp.102~103.

역성혁명을 실질적으로 부인하기까지 한다.[8)]

잘 알려져 있다시피 중국에서는 고래로 역성혁명이라 말해지는 왕조의 변경은 있었으나, 사회구조의 철저한 개혁은 그다지 없었다. 새로운 왕조도 그전의 사상이나 제도를 답습하면서 약간의 변화를 이루어 간다는 이른바 접목과 같은 개혁을 주로 추진해 왔다고 볼 수 있는 것이다.[9)] 유교윤리는 유교국가의 정치적 구조에 근거하고 있었기 때문에, 중국에서 정치적인 혁명이나 개혁이 일어난다고 하는 것은 필연적으로 유교문화적 질서를 거부한다는 것을 뜻하였다. 따라서 새로운 사회제도를 정당화하는 새로운 상징체계를 낳을 수 있는 가능성이란 좀처럼 일어날 수가 없었다.[10)]

다산 역시 『탕론』에서 적극적으로 인민의 권리선언을 한 것으로 보기는 어렵다. 또한 서구적 의미의 데모크라시의 주장을 한 것으로 보기도 어렵다. 신분의 이완이 진행되어 가고 있었긴 하지만, 아직도 군자와 소인으로 된 두 사회적 신분집단이 엄연히 구별되어 있고, 따라서 치자계급과 피치자계급 사이에 선을 그을 수 있게 되어 있는 그 벽이 무너지기 전에는 다산의 민본주의가 데모크라시일 수 없고 그 사상이 적극적인 혁명사상이 되기는 어렵다. 특히 여기서 유의할 점은 군주는 교체될 수 있으나 봉건제도 자체는 교체되지 않는다는 점이다.

다산은 또한 「원목」에서 "백성을 위해서 목(牧)(통치자-필자)

8) 안병주 역해, 「맹자의 정치사상」, 『맹자』, (현암사, 1965), pp.124~125 참조.
9) 김일곤, 앞의 책, pp.65~66.
10) 정재식, 「유교윤리와 사회변혁-전통의 연속과 단절의 문제」, 『동방학지』 33 (1982), p.197.

이 존재하는가 백성이 목을 위해서 태어났는가?"[11]라고 자문하고 이에 대하여 "목이 백성을 위하여 존재하는 것이다."[12]라고 대답하고 있다. 그는 "태고시대에는 백성만이 있었을 뿐이고" 그들을 통치하는 자는 아직 없었던 것인데, 그 백성들 중에서 차차 이들보다 "현명하고 지식이 많은" 이정(里正), 면정(面正), 주장(州長), 제후(諸侯), 천자(天子) 등의 각 계층의 통치자들이 백성들의 추대에 의하여 발생한 것이라고 했다. 그런데 후세에 "백성들은 마치 통치자를 위하여 태어난 것처럼 되어 버렸다."[13]는 것이다.

「원목」에서의 사상은 인류 역사 발전의 초기에 아직 어떠한 형태의 정치도 없는 그러한 시대가 있었고, 다음에는 그 사회 자체가 일정하게 발전한 결과 백성들의 자유의사에 의하여 정치와 국가가 발생하였다는 것이다. 또한 그는 우선 인류가 자기 발전의 일정한 단계에서 사회성원들의 필요로부터 통치자와 법이 발생했다고 주장했다. 이것은 대단히 진보한 계몽사상-유럽에서의 사회계약설 같은 것[14]-이었지만 그는 여전히 가장 기본적인 모순이 소유관계와 착취관계에 있었음을 제대로 인식하지 못했다.

---

11) 『與猶堂全書』 제1집, 제10권, p.4, 「原牧」.

12) 같은 글.

13) 같은 책, 제1집, 제10권, p.5, 「原牧」.

14) 정진석·정성철·김창원, 『조선철학사(상)』, (과학원 역사연구소, 1961), 『조선철학사연구』, (광주, 1988 재간행), p.233 참조. 최익한은 다산이 「원목(原牧)」, 「탕론(湯論)」 등에서 보이는 이론을 전개할 때 당시 교통상태로 보아 루소의 사회계약설 같은 것을 볼 수 없었을 것이며, 중국 근고(近古)의 민권논자라고 할 수 있는 명나라 말엽, 청나라 초엽의 황종희(黃宗羲, 1610~1695)의 『명이대방록(明夷待訪錄)』과 왕부지(王夫之, 1619~1692)의 『악몽(噩夢)』 같은데서 약간 참고하지 않았을까 하고 추측하고 있다(최익한, 앞의 책, pp.527~528).

다산은 사회가 그 발전의 일정한 단계에서 이상적인 사회, 국가로 발전된 다음 계속 퇴보하여 왔다고 보는 상고사관을 견지하고 있다. 즉 중국에 있어서 주나라 이후의 사회는 이상정치가 파괴되고 국가와 법은 인민들을 억압 약탈하는 권력으로, 인민을 위한 것이 아니라 통치자를 위한 것으로 전변되었다고 보았다.[15] 다시 말하면 왕도정치는 패도정치로 대치되었으며 예치에서 법치로 교체되었다는 것이다. 이것이 그의 정치사상의 기저에 놓여있는 왕도정치, 덕치, 인정으로 불린 정치의 이상이었다. 그는 자기의 정치이상을 고대를 빌어, 고대에 이러한 이상정치가 존재하였으며 그것이 바로 요순시대나 주나라 때라는 것을 여러 곳에서 논증하려고 했다.

그렇기 때문에 그는 "지금 세상에 살면서 옛 도(道)로 돌아갈 수 없다면 학문에서 반드시 성인을 모범으로 할 필요가 없으며 정치에서 마땅히 요·순·우 삼대를 바랄 필요가 없지 않은가라는 질문에 대하여 옛 도로 돌아가야 한다."[16]라고 주장했던 것이다.

그는 또한 요·순·우 삼대와 주대를 이상정치가 실현된 시기로 인정하였기 때문에 "요순삼왕의 정치로 하여금 이 세대에 복귀하지 못하게 한 것은 모두에 '문질설(文質說)'에 의하여 그르쳐진 것이다."[17]라고 하면서, 요·순·우 삼대로부터 내려온 정치는 주나라에 와서 약간의 수정을 가하여 완성되었으므로, 마땅히 주나라의 제도는 백세를 실현해도 폐해가 없다고 단정하였다. 이와 같이 그는 사회는 자기발전의 일정한 단계에서 정치, 경제,

15) 정성철, 앞의 책, p.433.

16) 『與猶堂全書』 제2집, 제4권, p.55, 中庸講義補 권1, 「子曰愚而好自用節」.

17) 같은 책, 제2집, 제7권, p.36, 「論語古今注」 권1.

문화의 모든 제도가 수립되었는데 그것은 바로 주나라 제도라고 인정하였다. 그가 주례를 이상화한 것도 바로 주나라에서 예치(禮治)가 완성되었고, 그것이 주례에 표현되어 있다고 인정했기 때문이다.[18]

이같이 그는 주례를 중심으로 한 주제로의 복귀를 그 근본적인 면에서 지향하였다. 그의 이상사회는 봉건국가의 통치기구, 관료통치체제에 의해서 정치가 실현되게끔 구상되어 있다. 다만 그 체계에서 임금이나 관리는 선량한 사람들로써 추대되게 되어 있다.

(2) 토지제도에 대한 구상

다산이 이상적으로 생각한 토지제도는 '여전제'로 표현된다. 이것은 현실적으로 지배하는 사적지주적 토지소유에 기초한 봉건제도에 대한 부인이다. 그러나 그에 의하여 그려진 이상사회도 결국은 새로운 사회가 아니라 이상적으로 개작된 봉건사회에 불과했다.

그의 이상사회의 경제적 기초는 의심할 바 없이 토지공유제에 기초하였고 국가는 농민들의 10분의 1세에 의하여 재정을 충당하게 되어 있으며, 사적지주 대신 국가가 지주로 등장한다.

그는 여전론에서 토지에 대한 사적소유의 청산을 주장하였다. 그러나 그는 봉건적 토지재산을 역사적으로 취급하지는 못했다. 그는 다만 그것을 부정적 모멘트로서만 고찰하고 이러한 토지소유제도의 유해성이 알려진다면 마땅히 청산될 것이라고 소박하게

18) 정성철, 앞의 책, p.434.

생각하고 있었다.[19]

그는 현존 통치체계가 선량한 관리들로써 개편될 수 있으며, 사적 지주적 토지소유제가 지배하는 조건하에서 토지공전제원칙에 기초한 여전제의 실시가 가능하다고 생각하였는데 바로 거기에 다산의 개혁사상의 공상성과 계급적 제한성이 있다. 생산력이 일정한 발전단계에 도달하지 않고서는 봉건적 토지소유관계를 앞당겨 폐기할 수 없다는 사회발전에 관한 법칙을 그는 알지 못했다. 그것은 자본주의적 생산관계가 아직 본격적으로 역사발전에 등장하지 못한 역사적 제한성에 기인한 것으로 보인다.[20]

(3) 윤리도덕

다산의 이상사회는 또한 효(孝), 제(悌), 자(慈)의 도덕이 지배하는 사회로 묘사되었는데, 그 도덕도 따지고 보면 봉건도덕에 불과했다. 효, 제, 자의 봉건도덕적 규범은 물론 가부장적 종법제원칙에 의하여 구성된 봉건통치체제를 합리화하기 위한 도덕이라는 측면이 강하다. 그것은 부모에게 효를 다하는 것의 연장으로 국왕에게 충성을 다하며 형에게 공경(悌)을 다하는 것으로 윗사람을 섬기는 도덕을 강요하는 도덕이었다. 그가 효, 제, 자 특히 효, 제를 도덕의 기본범주로 인정하고 중시한 것은 그것에 의하여 봉건적 국가가 다스려지는 기초라고 생각했기 때문이다.[21] 그는 한편으로는 효, 제, 자의 도덕에 근거하여 등급제도의 엄격한 준수를 강조하면서도 한편으로는 자에 근거하여 덕치주의 정

19) 김광진, 앞의 책(1962), pp.139~140.

20) 같은 책, p.144.

21) 정성철, 앞의 책, p.427.

치이념을 표방하면서 윗사람(통치자)으로서 백성의 이해를 지나치게 침범하거나 자의 도덕규범을 준수하지 않는 자에 대해서는 등급을 지키지 않고 명분을 지키지 않아도 된다는 사상을 제기하였다.22)

유가는 한편으로는 현존하는 국가제도의 유지를 강조하고 다른 한편으로는 반항적인 정신의 근절을 강조하였다. 이러한 목적을 위해 효(孝)가 모든 덕의 근원으로 강조되고 그 다음에 충(忠)과 제(悌)가 강조된다.23)

유교적 사상은 중요한 가족윤리인 효의 도움으로 지배자와 피지배자 사이의 불평등한 권리를 정당화하고 공고화하는 데 기여한다. 왜냐하면 국가의 제도나 왕의 제도가 근본적으로는 바로 왕이 아버지로, 신하는 자식으로 행동해야 하는 '확장된 가족제도'이기 때문이다. 효의 덕목에서 통치자에 대한 신하의 덕인 충(忠)이 도출된다. 가족제도는 국가제도의 근거이기 때문에 효의 기능은 가족관계 내에서 어버이의 권위를 보증하는 데에만 있는 것이 아니라, 오히려 현존하는 지배관계를 유지하는 데 있다. 효에는 진실로 백성을 통치하는 자들이 비천한 자들을 통치자들에 대해 복종하고 순종하도록 만드는 권력수단의 의미가 깃들어 있음을 부인할 수 없다.

다산의 도덕은 『대학(大學)』의 명덕(孝悌慈 三德)에서 끌어온 것으로 볼 수 있다. 『대학』이라는 책은 본시 태학에서 사람들을 가르치는 일종의 정치교과서인 셈이다. 『대학』에 "효도는 임금을 섬기는 도리가 되고, 형에게 공경하는 것은 어른을 섬기는 도리

22) 같은 책, p.429, 이것에 관해서는 제5장 제3절에서 상술한다.
23) 송영배, 앞의 책(2012), p.428 참조.

가 되며, 자식에게 자애하는 것은 백성들을 부리는 도리가 되는 것이다."[24]라고 한 것은 효제자라는 가정윤리가 '임금을 섬기고 어른을 섬기고 백성을 부리는' 정치윤리의 확충을 시사해 주는 것으로 볼 수 있을 것이다.

다산은 모자(母慈)라는 가정윤리를 가져다가 그의 목민자(牧民慈)의 정치윤리에도 원용하였으니 그는 소위 선진유가의 정치이념이 위민부모(爲民父母)로서의 왕자의 상을 그의 목자상(牧者像)에서 재현시키고자 한 것으로도 이해된다. 그의 목민자(牧民慈)의 자덕(慈德)은 애민(愛民)사상으로도 표현된다. 애민(愛民)은 양민(良民)이요 교민(教民)이니, 그것이 바로 목민(牧民)이 된다. 그러므로 다산의 목민지도(牧民之道)는 곧 선진유가에서의 왕도의 구현이라 할 수 있다.[25]

다산의 목민사상도 다름 아닌 공자의 인(仁)에서 비롯하였고, 이인관계(二人關係)로서의 인(仁)의 윤리는 다산에 의하여 목민자(牧民慈)의 새로운 이인관계로 이전되었음을 의미하는 것이다. 그것은 또한 맹자에 의하여 부자유친(父子有親)의 부덕(父德)으로서 문제되었던 자덕(慈德)이 다산에 의하여 목자(牧者)의 덕으로까지 확충되었다는 사실은 뿌리(공자)와 줄기(맹자)와 열매(다산)라는 관계로서 설명할 수 있을 것이다.[26] 그렇다면 다산경학을 공자사상의 현대적 재현으로 볼 수 있다. 다산의 일표이서(一表二書)의 경세적 기초는 육경사서(六經四書)의 경학에 근본을 두고 육경사

24) 『大學』, 「大學章句大全」.

25) 이을호, 『정다산의 생애와 사상』(박영사, 1979), pp.88~89.

26) 이을호, 「공자사상과 다산경학」, 한국공자학회 엮음, 『공자사상과 현대』(사사연, 1985), p.263.

서의 정신은 주례에 바탕을 둔 『대학』, 『중용』 의 효, 제, 자인 인(仁)으로 실현된다고도 볼 수 있을 것이다.

다산은 봉건적·윤리도덕적 규범으로서의 효, 제, 자의 규범은 불변한 도덕으로 사회와 정치에서의 기본이라고 생각했다. 그러나 효, 제, 자와 같은 유교의 덕은 단지 군(君)과 부(父)와 장(長)과 상(上)을 위해서 도입된 것이라고 볼 수 있다.

3. 다산사상의 유교적 제약성

이상에서 본 바와 마찬가지로 다산은 당시 상황 하에서 상정할 수 있었던 최고의 이상사회를 그렸다.

다산은 확실히 당시로서는 가장 열렬한 개혁론자였고, 농민들에 대한 동정자였으며 자기가 이상으로 한 정치이념의 실현을 위하여 힘썼다. 그러나 그도 시대적 계급적 제한성을 면할 수 없었는데, 즉 봉건제도 자체는 부인하지 못했으며 봉건사회의 질직 변화도 기대하지는 못했다. 그는 당시의 모순은 법의 변경으로 해결된다고 보았는데 그에게 법의 변경은 결국은 질적으로 새로운 변혁은 아니었으며 다만 이상적으로 그려진 봉건법에 불과했다. 「통치자론」에서 논한 백성을 위한 통치자와 통치자를 위한 백성으로 그려진 왕도정치와 패도정치의 차이도 그 내용에서는 정치제도의 근본적 질적 차이를 의미하는 것이 아니라 통치자의 도덕적 수양의 차이로 밖에 인식되지 않고 있다.

다시 말하면 그는 자기의 이상사회를 봉건통치체계를 근본적으로 전복하지 않는 테두리 안에서 선량한 통치자들을 도덕적으로 완성시킴으로써 실현될 수 있다고 인식하였다.

그의 사상은 사회적 상황에 의한 제약만이 아니라 계급적으로도 그가 양반이었다는 제한도 면할 수 없었으니, 농민들에 대한 동정을 보내면서도 당시 가장 혁명적으로 진출한 그들의 투쟁에 합류하지는 못한 채 그들의 혁명적 요구를 대변하지 못하였고 오히려 적대시 한 것이 이를 말해준다.

다산은 집권층, 즉 지배세력에 의한 변혁을 용인하기는 했지만 민중에너지에 의해 한 사회가 변혁될 수 있다는 사고에는 철저하지 못했던 듯하다. 민란에 대한 입장만으로 보면 당시의 체제옹호자들 및 전제군주의 입장과 별다른 차이가 발견되고 있지 않다.[27]

1811년 그가 강진 유배지에서 10년이 넘도록 유배생활을 하고 있을 때 일어난 홍경래의 난의 소식을 듣고서 의병을 일으켜 토벌해야 한다고 「전라도창의통문」[28]에서 주장하고 있다. 물론 난(亂)이 수습되었기 때문에 거병을 하지는 않았다. 하지만 당시 홍국영의 세도를 거치고 안동김씨 세도로 인하여 도탄에 빠진 민생을 보다 못하여 왕조에 대항하려 분연히 궐기한 서북인의 항쟁인 홍경래 의 난에 대한 평가가 너무 부정적이라 하겠다. 더구나 그의 『비어고(備禦攷)』에서는 "삼별초는 반드시 해적고(海賊考)에 넣어야 하고 이시애(李施愛)와 이괄 (李适) 등은 토적고(土賊考)에 넣어야 한다."[29]라고 주장하고 있는데, 이와 같이 그는 썩은

27) 박석무, 「다산학의 민중성 고찰」, 『민족과 대학』 제1권, (세종출판사, 1983. 7), p.287

28) 『與猶堂全書』 제1집, 제22권, pp.14~16, 雜文條, 「全羅道倡義通文」.

29) 같은 책, 제1집, 제21권, p.16, 書「寄兩兒」; 「비어고(備禦攷)」는 국방에 관한 책 이름이다. 군사제도와 국방력 강화를 위한 제반 대책을 서술한 다산의 저작으로는 『아방비어고(我邦備禦攷)』 (전 30권), 『상토지(桑土志)』, 『민보의(民堡議)』 (선3권) 등이 있다. 이것들은 그의 저작 목록에는 있으나 발표되지는 않았는데 1810~1812년에 쓰여진 것으로 보인다.(김광진,

정권에 도전해 싸웠던 민중봉기에 대하여 모두 해적, 역적, 토적이라는 호칭으로 일단 부정적인 평가를 내리고 있다. 이로써 관 주도적 사회변혁은 생각하고 있지만, 민중에 의한 근본적 개혁에는 부정적이었다는 데서 그의 사회개혁에 대한 한계를 읽을 수 있다.

결국은 토지에 대한 봉건적인 공전제(公田制)에 기초하였기 때문에 사적 지주는 없으나 봉건국가와 농민이 직접적으로 수탈과 예속의 관계를 맺으며 선량한 관리들로 조직된 통치체계에 의하여 운영되는 봉건사회라는 한계를 넘을 수는 없었다. 여기에 그가 사회·역사적으로 제약된 당시의 조건을 뛰어넘어 새로운 사회를 구상할 수 없었던 명백한 한계가 있는 것이다. 18세기 우리나라의 사회적 조건에서 실학자 사상가들의 사상이 봉건적 테두리를 벗어날 수 없었음은 비단 다산에게만 국한된 일이 아니라 전반적인 경향이었다.

그의 이상사회에 대한 구상의 제약성은 위에서 언급한 것 외에 그의 철학체계에 의해서도 나타나고 있다. 더욱이 그가 경전연구에서의 실학적 고전학의 입장은 성현들의 권위를 빌어 현실을 비판하는 데서는 진보적인 측면도 나타내긴 했으나, 개혁하려는 사회의 구상에서는 성현들이 그린 사회를 이상으로 삼았으므로 도리어 복고적이며 공상적이며 봉건적인 성격을 면할 수 없게 되었다.

공자는 봉건시대에 성장하였으니, 그가 주장한 도덕은 봉건적 도덕이다. 그가 제시한 예교와 생활방식은 또한 봉건적 예교요 봉건적 생활방식이다. 그가 주장한 정치는 봉건적 정치이다. 봉건

앞의 책(1962), p.294).

적 예교가 제시하는 목표의 범위는 군주와 소수귀족의 권리와 품위를 지키는 것을 넘어서지 못하였다.[30] 다산의 사상은 유교도덕의 테두리를 완전히 벗어나지는 못했다. 그의 실학사상은 유교적 체제와 그 도덕을 근본적으로 수정하려는 것이 아니라 그 체제와 도덕을 더 낫게 하자는 방법론이었을 뿐이다.

동양사상에는 주어진 문제에 대한 검토, 기존의 가치에 대한 회의, 방법의 타당성 여부를 묻는 반성이 결여되어 있다. 다산의 경우도 예외가 아니라는 것은 그가 충효의 양태에만 관심을 두었지, 가치로서의 충효를 탐구해 보려고는 하지 않았다는 것이다. 국가에 대한 그의 견식도 그러하다. 국가의 기원, 국가의 형성을 있게 한 사회적 역사적 조건의 탐구는 없이 국가를 자명한 것으로 전제하고 그의 사고는 전개되고 있다. 따라서 그의 사상은 봉건제도의 개혁까지는 이르지 못했다.

다산의 주장은 궁극적으로는 농민을 보호함으로써 농업생산력을 증대시켜 국고수입을 증가시키는 데에 목표를 둔 것이다. 이 목표의 달성을 조선 후기왕조의 국정과 사회안정의 근본적인 것으로 여긴 다산의 전제개혁안은 조선왕조 봉건집권체제의 유지강화를 의식한 것이라 볼 수 있다.

그가 당시 사회모순을 누구보다도 심각하고 전면적으로 폭로했음에도 불구하고 해결책에 있어서는 많은 한계가 있었으며, 도래할 근대 자본주의사회와 연결 짓지는 못한 것이 아쉽다 할 것이다.

---

30) 송영배, 앞의 책(2012), p.419.

제2절 다산의 토지개혁사상의 추이

다산의 토지개혁사상의 추이를 살피기에 앞서 「전론(田論)」이 저작된 연대를 살필 필요가 있다.[31] 왜냐하면 「전론」을 만년의 저작으로 보느냐, 초기 또는 중기의 저작으로 보느냐에 따라 다산의 사상체계가 달라질 수도 있기 때문이다.

여전론의 내용이 집약적으로 서술되어 있는 「전론」 7편이 다산의 초년작이냐 만년작이냐를 놓고 학계에선 이론(異論)이 있어 왔다. 종래에는 「전론」의 내용으로 보아 만년작 또는 타계 직전의 저술로 주장되어 왔다.[32]

---

31) 다산의 저술에는 저작연대를 정확히 규정할 수 없는 것이 대부분이다. 예컨대 다산의 진보적 저작으로 알려진 저작인 「원목(原牧)」, 「원정(原政)」, 「탕론(湯論)」, 「전론(田論)」의 저작연대에 대해서도 견해가 일치되어 있지 않다. 과학원 역사연구소와 김광진 등은 유배 이후 만년의 저작으로 추정하고 있으며 [과학원 역사연구소, 『다산 정약용의 생애와 저작연보』, (과학원출판사, 1956), pp.29~30 ; 김광진, 앞의 책(1962), p.295] 박석무 등은 30대 후반인 재조시(在朝時)의 것으로 추정하고 있다. [박석무, 「다산의 민권의식」, 『다산기행』(한길사, 1988), p.166]. 그리고 조성을은 서지학적 검토를 통해 묘지명체계에 따라 『與猶堂集』 잡문을 전·후편으로 재구성했는데, 여기에서 「원목(原牧)」, 「원정(原政)」, 「전론(田論)」을 전편에 「탕론(湯論)」을 후편에 놓고 있다. [조성을, 「정약용 저작의 체계와 <여유당집> 잡문의 재구성」, 『규장각』 8, (서울대학교 도서관, 1984. 12)].

이와 같이 저작연대가 명확히 규명되지 않아 그의 사상의 발전을 연구하는데 큰 애로가 되고 있다. 이 점은 앞으로 연구과정에서 해결해야 될 문제이다.

32) 후술하는 김용섭 논문(1972) 이전의 다음과 같은 논문에서는 「전론」의 저작연대를 유배 이후 만년 내지는 타계직전의 것으로 보고 있다. [高橋亨, 앞의 논문(1936), p.623 ; 과학원 역사연구소, 같은 책(1956), pp.29~30 ; 홍이섭, 앞의 책, pp.109~113 ; 김광진, 같은 책(1962), p.295 ; 정성철, 같은 책)] 정석종은 처음에는 [앞의 논문(1970), p.202]에서는 「전론」을 타계직전의 저작으로 보았으나 1983년의 한 논문[「다산저작에 대한 2·3의 문제」,

그러다가 1972년 김용섭이 그의 논문 「18·9세기의 농업실정과 새로운 농업경영론」에서 「전론」이 다산이 38세 때 저작한 것임을 밝혔다.[33] 김씨는 규장각 소장 필사본의 『여유당집』 속집 8, 제28책, 「전론」의 서두에 다음과 같은 말이 부기되어 있는 사실 등으로 미루어 그렇게 주장한 것이다.

"이 글은 기미(己未) 연간-내 나이 38세일 때-에 지은 것으로서 만년의 소론과 같지 않으나 지금 역시 기록해 둔다."(此是己未間所作 三十八歲時 與晩來所論不同 今亦錄之 書日 皇斂時五福 用敷錫厥庶民 斯大義也)

여기에서 기미년은 정조 23년(1799년, 다산 38세)을 의미한다는 것이다.

규장각 소장의 『여유당집』 잡문 3, 제 11책에도 「전론」이 수록되어 있는데 거기에는 이와 같은 부기가 없다. 1934~38년에 신조선社에서 펴낸 정인보, 안재홍 교열본(校閱本)인 『여유당전서』에서는 저작연대가 밝혀지지 않은 「전론」을 원본으로 사용하였으며, 그후 『다산전집』 등 모든 출판물이 신조선사에서 1934~38년에 간행한 『여유당전서』의 「전론」을 다시 원본으로 사용하여, 영인(影印) 또는 인간(印刊)했으므로 저작연대가 밝혀지지 않은 「전론」이 널리 퍼지게 된 것이다.[34]

그 후 정신문화연구원 도서관 소장(안춘근씨 수집)의 『여유당집』 잡문 3과 『열수전서(洌水全書)』속집 7에도 「전론」이 중복 수록되

『정신문화』 (정신문화연구원, 1983 봄호), p.125]에서 그 견해를 수정해 38세 때의 저작으로 보고 있다.

33) 김용섭, 앞의 책(1984), pp.90~91.

34) 신용하, 앞의 논문(1985), p.458.

어 있는 것이 발견되었다.[35](규장각 소장의 『여유당집』 (78책)은 정신문화연구원 소장 『여유당집』 잡문 3과 『열수전서』 속집 7을 모두 필사한 것으로 보인다)

그런데 이 양자는 내용에 약간의 차이가 있다. 후자(정신문화연구원본 『열수전서』 속집 7, 규장각본의 『여유당집』 속집 8, 제28책)에 실린 것은 전자(정신문화연구원본 『여유당집』 잡문 3, 규장각본 『여유당집』 잡문 3)에 수록된 내용을 약간 수정한 것이다. 즉 다산은 만년에 자신의 글들을 정리하면서 여전제를 주장했던 「전론」을 부분적으로 수정하여[36] 그의 『여유당집』에 수록하였다.[37]

따라서 수정본의 서두에서 "만년의 소론과는 같지 않으나 지금 역시 기록해 둔다.(與晩來所論不同 今亦錄之)"의 의미는 이 「전론」은 "만년의 소론"인 『경세유표』의 「정전의(井田議)」의 주장과는 다르지만 처음 「전론」의 입장을 철회하지는 않겠다는 뜻으로 해석된다.[38] 수정된 내용을 보면 『상서』 『주례』를 인용하여 초기의

35) 신용하 앞의 논문(1983 봄), p.117, p.123 참조.

36) 조성을은 추기(追記)와 수정시기를 『경세유표(經世遺表)』 저술시기인 1817년부터 다산이 자신의 저작체계를 정리한 61세 회갑 때인 1822년 사이로 보고 있다. 조성을, 「정약용의 정치경제 개혁사상 연구」, 연세대학교 박사학위논문(1991. 12), pp.166~167.

37) 원본과 수정본의 차이에 대해서는 조성을, 앞의 학위 논문(1991.12), pp.165~168을 참조할 것.

38) 조성을, 「정약용의 신분제 개혁론」,『동방학지』 제51집, (연세대 국학연구원, 1986. 6), p.81 ; 김용섭, 「실학공개강의 종합토론」, 『동방학지』 제58집(1988. 6), p.101, 김용섭은 「종합토론」에서 다산 자신이 60세에 문집을 편찬하면서 『여유당집(與猶堂集)』에 「전론」을 수록하고 다시 거기에다 조금씩 보충을 했다고 보고 있다. 「전론」은 38세 때 쓴 것이지만 만년까지도 자기의 견해로서 가지고 있다고 보아야 하며, 따라서 다산의 모든 개혁사상은 그 여전론적인 사유방식과 연결되는 것으로 해석해야 할 것으로 보고 있다.

입장을 확실히 하고 있다. 이것은 후기에 『상서』 『주례』 등의 경전을 연구하여 38세에 체계화하였던 자신의 사회개혁론에 스스로 더욱 확신을 얻었음을 뜻하는 것[39]이라 하겠다.

다산이 살았던 시기(1762~1836)는 상품화폐경제의 발달, 농업생산력의 발전, 그리고 부세수탈의 강화 등으로 조선봉건사회 해체의 양상이 표면화되고 있었다.

다산은 그의 선배실학자들의 사회개혁론을 신분, 토지, 상공업, 유통경제 등 거의 모든 분야에서 체계적으로 수렴하여 집대성하였다. 그 중에서도 다산의 토지론인 여전론과 정전론은 이 시기 실학파의 토지개혁론의 절정을 이루는 것으로 볼 수 있을 것이다.

다산의 토지개혁사상의 시간적 추이는 다음과 같이 세 단계를 거친다. 첫째, 「농책(農策)」(1790년), 「응지논농정소(應旨論農政疏)」(1798년)에서의 초기 농업론 둘째, 「전론(田論)」(1799년)에서의 여전론(閭田論) 셋째, 『경세유표(經世遺表)』에서의 정전론(井田論)순이다.

그러나 우리가 다산의 토지개혁사상을 검토할 때 주목해야 할 것은 그의 사상이 시간과 더불어 개혁적 성격이 무뎌졌다는 점이다. 즉 그의 만년의 저작인 『목민심서』는 기본적으로 개혁사상에 입각한 것으로 보기는 힘들며, 『경세유표』는 정전제와 조응하는 제도개혁론으로서 초기의 「전론」에서 전개한 여전론에 비하면 훨씬 현실 수용적이라 할 수 있다. 이에 반하여 초기의 「전론」에선 후에 상술하는 바와 같이 많은 한계성을 내포하고 있지만 개혁적인 성격이 짙다. 아마도 그의 젊은 이상과 개혁의 열정이 무르익

39) 조성을, 앞의 논문(1986. 6), p.81.

던 시절이요 더군다나 정조의 신임을 받고 있었던 시절의 저작인 까닭에 그러한 것으로 짐작된다. 이제 그의 토지개혁사상을 시기별로 검토해 보기로 하자.

1. 다산의 초기농업론

다산의 초기의 농업이론은 주로 국왕의 구언교(求言教)와 관련하여 그에 대한 응지진소(應旨進疏)의 형태로 제기되고 있었다. 「농책(農策)」(정조 14)이나 「응지논농정소(應旨論農政疏)」(정조 22)는 바로 그것이었다. 이것은 주로 농업기술의 개량을 통해서 농업생산력을 발전시키고 중농적인 제 정책을 수행함으로써 농민들에게 생산의욕을 고취할 것을 목표로 내세운 것이었다.[40]

「농책」과 「응지논농정소」에서는 그 자신의 토지개혁사상이 제시되지는 못했다. 「농책」에서는 "백성의 근본을 세우는 것은 오직 균전"[41]에 있다고 하며 농민이 농민으로서 존재할 수 있으려면 농지를 소유할 수 있어야 한다는 것을 시사하였다. 그는 여기에서 장재(張載)의 정전론, 동중서(董仲舒)의 한전론, 우집(虞集)의 수전의(水田議), 정명(貞明)의 노수편(潞水編) 등이 금일에 이행할 수 없을 것인지, 그리고 그렇다면 그밖에 어떠한 변통방안이 있을 수 있겠는지를 묻는 국왕의 하문에 답변하여, 그러한 견해를 그대로 사용할 수 없음을 다음과 같이 말하고 있다. "정전이 이미 없어지고 봇도랑도 또한 진흙에 막히니 지리가 개척될 수 없고 교묘한 기예가 나날이 일어나고 사치한 풍속이 점점 성해지

40) 김용섭, 앞의 책(1984), p.78.

41) 『與猶堂全書』제1집, 제9권, p.16, 「農策」.

니 인력을 펼 수 없게 되었다. 이에 강도(江都)의 전지를 한정한다는 논의와, 횡거(橫渠)의 정전제도를 복구하자는 논의도, 우집(虞集)의 수전(水田)에 대한 아룀과 정명(貞明)의 노수(潞水)에 대한 저술도, 앉아서 옛날 얘기를 말하는 것처럼 도움 없는 빈말로 되었는 바, 천운을 다시 돌릴 수 없음인가 또한 세상에서는 그들의 논의를 쓰지 못했던 것이다."[42] 이와 같이 다산은 「농책」에서 논자들의 토지론이 지금의 세상에서는 그대로 실현될 수 없다는 것을 비판하였을 뿐 그 자신의 토지개혁사상은 제시하지 못했으며, 「응지논농정소」에서도 거의 언급하지 않았다.

다산 정약용은 1798년 좌부승지에 올랐을 때, 몇 만 단어나 되는 긴 상소를 올려 서학에 대한 전말을 소상히 스스로 밝히는데 감추는 것이 없자, 당시 경연관(經筵官)들이 모두 그의 마음가짐이 광명하다고 격찬했다. 정조는 다산에게 융숭한 비답(批答)을 내리고, 그의 마음의 안정을 위하여 곡산부사로 보내는 처분을 내렸다. 이때 37세의 다산은 그해 11월말 내려진 정조의 '구농서윤음(求農書綸音)'에 응하여 「응지논농정소(應旨論農政疏)」를 저술하였다.

이 무렵 조선왕조는 서교박해의 소용돌이에 휩싸여, 수많은 목숨이 희생되고 귀양 가는 시련을 겪고 있었다. 정조는 주자학의 공리공론보다 실사구시와 이용후생을 목표로 하는 실학을 크게 발전시켰고, 백성의 부담을 덜게 하고 빈민을 구제하기 위한 노력으로 농사의 합리화를 꾀하기 위한 방안을 널리 구했던 것이다.

다산이 곡산부사가 되니 그 고을은 서해의 외딴 읍이어서 땅이

42) 같은 책, 제1집, 제9권, pp.14~15, 「農策」.

메마르고 풍속이 편협하여 다스리기가 어려웠으며, 전임 부사들도 그저 전에 하던 대로만 따라 미봉책으로 다스려 기강이 서지 않았다. 그는 단단히 마음을 먹고 닦은 학문을 실천에 옮기는 자세로 정당(政堂, 지방의 관아)을 세우고 창고를 수리하고 호적을 정리하고 군사를 줄이는 등 큰 치적을 이룩하였다.

이런 바탕에서 백성들을 교화시킬 수가 있었고, 그가 평소에 공부한 것이 현실적으로 나타나게 되었는데 이 체험의 상소가 곧 농정소의 내용이었다. 이 글에서 그는 '후농(厚農), 편농(便農), 상농(上農)'을 중심으로 농업문제 전반에 대하여 언급하였는데, 토지문제에 대해서는 별달리 언급하지 않았다. 「농책」으로부터 8년 정도가 지난 후이고 여전론이 제기된 「전론」이 쓰인 바로 전해이며, 여러 가지 문제를 개진할 수 있었던 농정소에서 토지개혁사상에 대한 아무런 언급이 없음은 의문의 여지를 남겨주는 것이 사실이다. 이에 대해 김용섭은 '아마도 이때의 국왕의 구언교(求言教)가 토지개혁에 초점이 있는 것이 아니었던 데 연유하거나 또는 그 자신이 아직 여전론의 구상을 완성하지 못하였던 데 기인하는 것'[43)]이 아닌가 보고 있다. 그러면 농정소 이후 일년동안 어떤 것이 계기가 되어 「전론」을 쓸 수가 있었을까?

다산은 이듬해인 1799년 5월 형조참의가 되어 중앙정계에 복귀하였는데, 조정에서는 그 해 봄부터 이미 전국 각지에서 올라온 「응지진농서(應旨進農書)」들을 놓고 이를 하나하나 검토하고 있었다. 이때 이들 농서에 기술된 내용은 대체로 토지소유문제, 토지운영문제, 농촌통제문제, 농업기술문제 등으로 구성되어 있

43) 김용섭, 앞의 책(1984), p.90.

었다. 다산은 그 자신도 농정소를 작성한 바 있었기 때문에, 다른 이들이 제출한 농서에 각별한 관심을 가지고 이를 검토하였을 것으로 보인다. 이때 이들 농서 제출자 가운데에는 신계생원 정석유(新溪生員 鄭錫猷), 공주유학 임박유 (公州幼學 林博儒), 광주진사 이창우 (光州進士 李昌佑)등 토지소유에 상한선을 두는 한전제의 실시를 주장하는 이도 있었고, 이대생(李大生)처럼 정전제에서의 토지균분의 원리를 도입하여 1호당 100묘씩의 토지를 균분하는 균전제의 실시를 주장하는 이도 있었다.

2. 다산의 여전론

이와 같이 토지소유문제에 대한 구체적인 개혁방안이 담긴 농서들을 검토하면서, 다산은 이 토지문제를 농업문제, 농촌문제 전반과 연결시켜 다시 한 번 생각할 수 있는 계기를 가질 수 있었을 것이고, 그 결과 그해(1799년), 그는 여전론(閭田論)이라는[44] 토지개혁사상을 「전론」에서 제기하게 된 것으로 본다.

여전론은 종래에 볼 수 없었던 토지개혁으로서 농업생산, 농업경영을 여 단위의 공동노동으로 하고 소득분배 또한 투하노동량에 따라 행하려는 것으로서, 토지분배의 이론과 농업협동의 이론이 하나의 논리 속에 종합된 농촌 공동체적인 농업론이었다. 여전론의 구체적인 내용에 대해서는 후술하겠다.

다산은 당시의 농업문제를 해결하는 방법은 지주적 소유로부터의 토지를 토지국유제로 바꾸는 것으로 생각했다. 그는 강력한 국가권력이 작용되지 않고 자연스러운 경제내적 변화만 가지고는

44) 여전론에 관한 연구에 대해서는 제2장 주12)를 참조할 것.

도저히 지주소유의 토지가 농민점유로 될 수 없다고 판단하여 모든 토지를 공유로 하고, 그것을 각 여 단위로 쪼개어 공동경작을 하게 한다는 이론을 세우게 된 것이다.

3. 다산의 정전론

다산이 여전론에서 제시하였던 농촌공동체인 농업개혁은 정치체제의 혁명적인 변혁이 없는 상황 하에서는 실현되기 어려운 것이었다. 그리하여 그는 이상적인 농촌사회, 이상적인 농업생산을 지향하는 과도적 조치로서 현실적 제 조건과 어느 정도 타협한 절충안으로서 정전제적 개혁방안을 제시하게 된다.[45]

정전제의 토지 분배방식은 모두 토지를 국가가 몰수하여 일률적으로 농민들에게 분배하는 것이 아니라, 국가가 공전을 매입하거나 지주로부터 사유지를 기증 받아 재분배함으로써 점진적으로 토지의 균산화(均産化)를 이룩하려는 것이었다. 이때 토지를 분배할 때는 '농사짓는 자만이 토지를 얻고 농사짓지 않는 자는 토지를 얻지 못하게 한다'(農者得田 不爲農者不得田)는 원칙 아래 가족 노동력에 따라 원부(原夫) (8인 가족을 기준으로 壯男 3인, 2호당 犁牛 1두)에게는 사전 100묘(40두락), 여부(餘夫, 1夫 1婦의 2인 가족)에게는 사전 25묘를 나누어 주도록 했다. 그리고 토지소유의 재분배가 여의치 못할 경우에는 토지경작의 재분배를 실시하여 전호(佃戶)의 소작지 보유만이라도 균평하게 하자는 것이 그 내용이었다.

그런데 정전론은 사적 지주제를 일거에 혁파하는 것이 아니었

45) 정전론에 관한 연구에 대해서는 제2장 주 12)를 참조할 것.

고, 또 국가재정의 충실을 주목표로 하였기 때문에 농민경제의 안정성장이 쉽지 않을 것으로 파악되기도 한다.

김용섭은 「전론」에 나타난 다산의 여전제를 사회실천적 차원에서 실현 불가능하다는 판단 아래, 정전제로 '발전'해 간 것으로 보고 있다.46) 그러나 비록 사회경제사적 차원에서 보다 현실적인 것이 그의 정전제였다고 하더라도 사회개혁론으로서 보다 완결적인 다산의 사상이 여전론에서 결정체로서 응결되고 있기 때문에, 여전론의 지양이 아니라 여전론으로의 이행으로 다산사상을 읽을 때에 하나의 사상사적 가치를 지닌다고 하겠다. 다시 말하면 다산이 궁극적 목표로 삼은 것은 그 집필 순서와 관계없이 여전론이었으며, 정전론은 여전론으로 가는 과정의 과도적, 절충적, 현실 타협적 방안이었다 할 것이다.

제3절 다산의 여전론

1. 여전론의 구상배경

(1) 개인적 배경

다산은 사도세자가 폐세자의 처분을 받고 서인이 되어 뒤주 안에서 죽어간 사건이 있은 지 1개월 후인 1762년(영조 38년) 6월, 경기도 마현에서 태어났다. 다산이 「전론」을 쓴 때가 그의 나이 38세(1799년)때이고 보면, 그 이후의 생활은 사실상 「전론」의 내

46) 김용섭, 앞의 책(1984), p.110 참조.

용 구상과 크게 관련이 있다고 보기는 어렵다. 그러므로 여기서 초점이 되는 것은, 「전론」기술 이전까지의 생활 중에서 다산이 그것을 정책적으로 구상하는데 주요한 계기가 됐을 거라고 보는 그의 관료적 경험과, 「전론」의 내용에 직접적인 영향을 끼쳤으리라고 보는 후기실학파의 이론이다.

먼저 후자부터 볼 때, 다산이 개인적으로 기존의 실학전통에서 얼마만한 영향을 받았는지를 제대로 알기 위해서 기론(氣論)이라는 유사한 인식론을 근거로 개혁의지를 보였던 율곡 이이(栗谷 李珥), 더 거슬러 올라가 화담 서경덕(花潭 徐敬德, 1489~1546), 매월당 김시습(梅月堂 金時習, 1435~1493) 등에까지 이르러야 하지 않을까 하는 생각도 있지만, 여기서는 이를 인정하면서도 가급적 좀 더 직접적인 관련이 있는 후기실학파(18C~19C) 만으로 한정지으면서 사상의 연계를 찾아보고자 한다.

다산은 누구보다도 자기 이전의 실학자들의 학문적 업적을 철저히 전수받아, 새로운 자기 학문으로 발전시킨 사람이다. 정인보(鄭寅普)는 "인조·효종 때에 유반계가 처음으로 정치를 말하였는데, 대부분 중국의 제도에 근본을 두어 조치하였으니, 우리나라 제도에는 더러 합치하지 않는 부분이 있다. 성호가 이어받아 그때에야 사관을 명확히 밝혀, 주인과 객이 비로소 판별되었다. 때문에 다스리는 제도와 정치를 베푸는 학문이 비록 대체적인 것은 거론되었으나, 정미한 데까지는 두루 포함하지 못했다. 그러나 큰 줄기는 대략 방향을 잡았다. 뭇 이론을 널리 종합하고 알맞게 절충하며, 온갖 제도를 총괄하고 요체(要諦)를 마땅함에 돌아가게 했던 분은 오직 정다산 선생이 그렇게 하셨다."[47]

후기실학자 중 조선후기의 사회적 모순의 심화과정을 가장 먼저, 비교적 정확하게 간파했던 사람은 주지하는 바와 같이 반계 유형원이었다. 반계는 임진(壬辰)·병자(丙子) 양 전쟁 이후에 바닥난 국가재정이나 백성들의 궁핍화현상을 목격하고, 그 근본적 원인이 봉건적 토지소유에 있음을 발견하여, 토지제도에 관한 새로운 방안을 그의 저서 『반계수록』을 통하여 제시하였음은 이미 앞에서 지적한 바와 같다. 그러나 다산이 생존하던 18·9세기의 현실과 반계가 생존하던 17세기의 사회적 양상에 차이가 있었을 뿐 아니라 모순의 심도에도 차이가 있었기 때문에 반계의 토지제도에 관한 방안은, 다산이 살던 시대의 해결책이 될 수는 없었다.

반계를 실학의 비조(鼻祖)로 보고 반계의 실학사상을 계승, 발전시킨 성호에 이르면 훨씬 긴박한 대안으로 나타난다. 그러나, 성호의 학풍을 이어서 발전시킨 다산에 오면, 모순의 심도가 깊어짐에 따라서 처방 또한 한 단계 높은 수준에 이르고 있음을 지금까지의 전문적 연구결과가 증명해준다.

조선후기라는 사회적 상황과 국가민족이 처한 위기를 타개하기 위하여, 진지하게 연구하며 대안을 제시하려 노력했던 일군의 학자들을 실학자들이라고 호칭할 때, 반계를 거쳐 성호에 이르면 분명히 학파를 이루고 새로운 학풍을 조성하던 분위기가 있었다. 그러한 학문적 분위기야말로 다산에게 절대적인 영향을 미쳤을 것임은 의심의 여지가 없다.

다산은 소년시절부터 유교학설을 공부하는 한편 조선과 중국의 역사와 문학서적을 널리 연구하였다. 다산은 성호가 죽기 1년 전에 태어났기 때문에 그의 문하에서 직접 학문을 연구할 기회는

47) 鄭寅普, 『薝園文錄』, 「與猶堂全書總叙」.

없었다. 그러나 그때만 해도 아직 생존자들이 많이 남아있던 성호의 직계 제자들을 통하거나 유저들을 통해서 성호학문의 깊이를 알 수 있는 길이 있었다. 그 무렵 서울에서는 매형인 이승훈(李承薰)과 이승훈의 외숙인 이가환(李家煥)이 크게 이름을 떨치고 있었는데, 이가환은 바로 성호의 종손이었다. 다산은 이들과 친교하면서 16세 때 아직 간행은 되지 못하고 필사본으로 있던 성호의 유저들을 읽을 수 있었던 것이다.

"나도 성호선생의 유고를 얻어 읽고서 기꺼이 학문에 뜻을 두게 되었다."[48]고 술회하고 있는 바와 같이 자신의 학문적 기준으로 성호의 실학을 채택했던 것이다. 이로부터 그는 일생을 통하여 성호를 숭배하였으니 성호의 실학이야말로 바로 다산의 모태였으며 다산은 성호의 학문을 계승·발전시켰다고 할 수 있다. 다산이 당시 유학자들이 등한시하던 민생문제와 국방문제, 즉 토지문제 부국강병에 관한 문제를 학문의 중요한 항목으로 삼은 것은 반계의 사상을 계승한 것이며, 학문을 편협하고 고루한 세계관에 국한시키지 아니하고 동서와 고금에 널리 참작하여 새로운 세계를 구성하려한 것은 성호의 방법을 채용한 것이다.[49]

그러다 보니 다산이 교류하던 동료나 선배들은 모두 성호학풍을 잇는 남인 학계의 학자들이었다. 다산은 성호의 제자들인 채제공(蔡濟恭, 1720~1799), 권철신(權哲身, 1736~1801) 등을 따랐으며, 또 동시대의 선배학자들인 박지원(1737~1805), 홍대용(1731~1783), 박제가(1750~1815) 등의 북학사상을 포함한, 이용후생학파의 탁월한 부국강병책을 모두 흡수하였다. 박지원, 홍대용, 박제가 등

48) 『與猶堂全書』 제1집, 16권, p.3, 「自撰墓誌銘(集中本)」.

49) 최익한, 앞의 책, p.444 참조.

이 왕성하게 활동하던 시기였기에 그들의 학풍은 어려움 없이 자연스럽게 다산학이라는 거대한 호수 속으로 유입될 수 있었던 것이다.

성호로 대표되는 경세치용학파, 연암으로 대표되는 이용후생학파, 추사 김정희(1786~1856)로 대표되는 실사구시학파의 3개 유파로 실학을 구분할 수 있다면, 다산은 그들 모두를 수용하여, 자기 학문에 용해시켰음은 이미 알려진 일이다.

그러면 후기실학파와 다산의 「전론」간의 연관성은 어떠한가. 다음에는 이를 구체적으로 살펴보자.

첫째, 후기실학파들의 대부분은 사농공상이라는 고정된 질서에 이의를 제기하면서 몰락했거나, 놀고먹는 선비들을 농공상의 생산직 분야로 진출하도록 꾀했다. 다산도 「전론」과 비슷한 시기에 쓰인 「응지논농정소」에서 그와 비슷하게, 주경(晝耕)하는 정신과 야독(夜讀)하는 자세의 일치를 말한 바 있는데, 이러한 것이 「전론」 5에서 선비들을 생산적 위치로 전환하는 내용으로 계승되고 있다.

둘째, 조선조 이래 실학자들에게 가장 중요한 현안 중의 하나로 꼽히는 것이 토지문제였는데, 다산은 이런 전통을 「전론」 2에서 이어받고 있다. 특히 왕조초기부터 중점적으로 거론된 왕토사상의 실현문제는 400년 이상의 시차를 두고서도 해결되지 못한 채 다산에게 전승된 것이다.

셋째, 16세기를 전후하여 임진왜란(1592~1598), 병자호란(1636~1637) 등 외침을 맞이한 경험이 있었기 때문에 국가방위에 대한 의식이 투철한 실학자들로서는 소비를 지향하는 방위와 생산을 지향하는 산업을 연결시켜 보려고 했는데, 이것이 「전론」 7에서는 병농일치의 모습으로 나타난다.

넷째, 그들은 주로 하층민들의 생존문제에 관여하면서 균산을 통해 전체 국민이 균등한 삶을 영위토록 하는 방안들을 모색했는데, 「전론」1에서 어김없이 나타나는 문제다.

다섯째, 주로 북학파의 영향인 자원과 기술혁신에 관한 것인데, 이러한 것이 다산의 「기예론」에서 뿐만 아니라 「전론」 5에서도 나타나 있듯이 선비들을 영농지도자나 농기계 기술자로 유도하고 있다.

마지막으로 비록 소수에 의한 것이기는 하지만, 허균의 『홍길동전』, 연암의 『허생전』 등에서 보이는 이상향에 대한 동경이 「전론」의 구상에 밑거름이 되었을 거라고 생각한다. 특히 연암은 『허생전』에서 변산지방에 은거하고 있는 군도(群盜) 수천명을 거느리고 무인도로 가서 이상국을 건설하는 것을 묘사하고 있다. 이러한 것은 토마스 모어(Thomas More)의 유명한 『유토피아(Utopia)』와 캄파넬라(Tommas Campanella)의 『태양의 나라(Civitas Solis)』를 연상시키고 있으며, 다산의 「전론」에서도 이러한 사상이 나타나고 있다.

한편, 이러한 시대상황에 대한 문제의식이 다산에게 있었다 해도, 이것을 정책적으로 기획하는 데 있어서는 그의 관료적 위치를 빼놓을 수 없다. 일생동안 관직에 선 것은 기껏 「전론」을 쓰던 38세까지에 한정되지만, 정조(재위, 1777~1800)의 두터운 신임하에 일취월장하던 중앙관료시절과 두 차례에 걸친 지방관료시절의 경험은 사회개혁의 긴박함을 절감케 해주는 계기가 되었다.

22세 때 정조 앞에서 중용강의를 하면서 맺어진 인연은[50] 실추된 중앙권력을 회복하려는 정조와 그것을 통해서 전면적인 개혁을 도모코자 한 다산 간의 쌍무적 관계로 의기투합된 것이었다. 따라서 서학과의 관계로 여러 차례 곤경에 처했던 다산이지만, 정조의 보호 아래 위기를 모면할 수 있었으며, 적어도 정조가 죽기 전까지는 그의 총애를 받으면서 형조참의까지 지낼 수 있었는데, 「전론」은 바로 이러한 황금시기에 쓰인 것이다. 때문에 대부분의 파관선비들이 초야에 한거(閑居)하면서 그렸던 이상향과는 사뭇 다를 수밖에 없는 것이며, 또한 다분히 정책적인 기획이라고 보는 이유가 여기에 있는 것이다.

그런데 그가 사회개혁의 중심지로 설정한 농촌에 대해 해박한 지식을 갖출 수 있었던 데는 이유가 있다. 그저 선배 실학자들에게서 말로만 듣던 농촌실정을 그가 몸소 체험할 기회가 있었던 것이다. 다산이 서학 관계자로 몰리자 정조는 그를 비호하기 위해 임시방편으로 암행어사나 금정도찰방(1795년), 곡산부사(1797~99년)같은 목민관직을 준 적이 있었는데, 이때가 다산에게는 농업에 관한 세세한 것들까지 파악할 수 있는 좋은 기회였다.

즉 다산은 33세(1794년)때 경기도 암행어사로 임명되어 몇 개 고을을 비밀리에 순찰하고, 몇몇 탐관오리들을 탄핵했다. 이 순찰길에서 그는 환곡과 군포를 둘러싼 지방관들의 협잡과 농민들의 비참한 생활상을 목격하게 되는데, 이것은 그의 전 생애를 일관하는 농민지향적인 사고의 출발점이 된다.

또한 그 이듬해에는 주문모(周文謨)사건과 관련시켜 공서파(功西派)와 노론 벽파(老論 僻派)가 남인 시파(南人 時派)를 집요하게 공격하자 정조는 하는 수 없이 다산을 충청도의 금정관찰방

50) 『與猶堂全書』 제1집, 제16권, p.3, 「自撰墓誌銘(集中本)」.

(金井道察訪)(1795년)이라는 유배에 가까운 직으로 좌천시킨다.

그러나 4개월 만에 다시 불려와 왕의 측근에서 동부승지(同副承旨)가 된다. 하지만 반대파들의 모함이 계속되자 다산은 1797년 이른바 「변방사동부승지소(辯謗辭同副承旨疏)」를 올리고 사직하려 했다. 왕은 이 상소문을 보고 그를 황해도 곡산도호부사(谷山都護府使, 1797~99년)로 내보냈다. 다산은 외직에 있으면서도 국왕의 왕권강화와 국정쇄신정책에 참가하여 자기의 선진사상과 포부를 실현하려고 노력하였다.

다산은 1799년 5월 형조참의가 되어 중앙정계에 복귀하였는데, 이미 지적한 바와 같이 이때 전국 각지에서 올라온 농정소를 검토하였을 가능성이 크다. 실제로 그러한 농업지식을 바탕으로 퇴폐한 농촌을 쇄신시키고자 하는 그의 의지는 암행어사 시절에 지은 시, 예컨대 봉지염찰도적성촌사작 (奉旨廉察到積城村舍作)나 곡산부사시절에 진소한 그의 「응지논농정소」에 나타나 있는 바와 같다.

이밖에도 서학의 영향, 경전의 연구를 통한 고대사상의 연구 등도 그의 사상 형성에 무관하지 않으리라 보인다.

즉, 그 무렵에는 외부의 자극에 해당하는 서양사상의 유입이 잦았는데, 그의 형제나 가까운 친척 중에는 돈독한 천주교신자들이 있었고, 자신도 한때는 천주교에 직접 관계한 점이 있는 것으로 보아, 과학기술은 물론 자유주의 사상의 영향을 어느 면에서 다소 받았으리라는 추단을 해 볼 수 있다.

그러나 여전론적인 발상은 서학의 영향이라기보다는 고대사회 및 사상연구에서 비롯된 것으로 본다. 즉 다산의 시대는 중세 말기에 해당되고 그들이 갖는 경험은 고대와 중세밖에 없다. 그 중에서도 중세는 토지 겸병, 귀족의 횡포, 성리학적 규제 등 역사발전에 역행하는 상황이 말기적 현상을 띠고 있었기 때문에 결국 실학자들이 추구하는 시대는 고대에 한정되었다고 생각한다. 우리나라의 고대 연구가 충분치 못했던 당시에는 결국 중국의 고대 상황에서 배울 수밖에 없었던 것이다.

잘 알려진 바와 같이 다산은 이미 어려서부터 「맹자」 등을 공부했다. 10세부터 과예를 배우기 시작하였고, 이후 약 5년 동안에는 진주공(晋州公)이 출임(出任)하지 않는 틈을 타서 경전을 비롯하여 사서(史書)·고문(古文)·시율(詩律)을 공부하였다. 16세 되던 해 진주공(晋州公)이 화순현감으로 부임하게 되었는데, 이때에도 경전학습은 그치지 아니하였다. 즉 그 이듬해 조성현(鳥城縣, 현재의 화순)에 있는 만연사(萬淵寺)의 동림(東林)에서 40일간 중씨(仲氏)인 찬암(撰庵)과 더불어 경전을 읽기도 했다.[51)]

이와 같이 다산의 사상체계가 처음부터 유학에 의하여 배양되었고 이로 인해 그의 사상 가운데는 유학의 요소가 적지 않게 섭취되었음은 이미 설명한 바 있다. 그는 유가들이 이상세계라고 동경하고 있던 요순의 선왕시대의 사회경제연구에 깊은 관심을 가지고 있었다. 이로부터 그는 유학의 본원적인 사상을 담고 있는 유교경전이며 동시에 중국고대시대의 문헌들인 『주역(周易)』, 『시경(詩經)』 『서경(書經)』과 『주례(周禮)』 등을 연구하였다.

이 고전적 문헌들에 쓰여 있는 서주시대의 사회경제에 대한 분석을 가하면서 그는 거기에서 원시공동체 사회의 잔존에 대한 암시를 얻고 유학의 경전에서 발견한 공동체적 토지소유관계를 이

---

51) 정병련, 「다산의≪맹자요의≫ 평의(Ⅰ)」, 『유교사상연구』 제3집, (유교학회, 1988), p.354.

상적인 것으로 생각하였으며, 그러한 관점에서 조선말기의 토지소유제도와 봉건적 생산관계를 분석하고 비판한 것으로 생각한다.

그뿐 아니라 그는 원시유교의 이상세계인 '요순왕국'의 재흥에 관한 사상을 나름대로 발전시키면서 유학을 그 기원에 돌려 바로 잡을 것을 강조하였다. 이러한 관점에서 그는 원시유교의 편린조차도 찾아볼 수 없고 그 교리와 윤리의 흔적까지도 상실한 조선시대의 유교사상과 극도로 타락한 속유(俗儒)들에 대하여 많은 비판을 가했던 것이다.[52)]

여전제의 공동소유 및 공동경작은 당시 각 지방에 남아 있는 촌락공동체의 유물에서 또한 많이 참고 되었을 것이다. 특히 동양사회는 고대·중세를 거쳐 근대에 이르는 과정에까지 공동체적인 양상이 많이 남아 있었고, 우리나라의 경우에도 1910년대의 일본인들이 토지조사사업을 할 때까지도 토지가 국유로 되어 있는 부분이 많았으며, 공동체적 양상은 직·간접으로 오늘날에도 남아있다.

예를 들면, 동리 소유인 동답(洞畓), 씨족 소유인 문답(門畓), 계원(契員) 소유인 계답(契畓) 등은 물론 원시 촌락공동체의 유물 그대로가 아니고 사회제도의 변천행정에 따라 변질되며 창작되기도 하여 온 것이었으나 그들이 오히려 한 단체의 공동소유로서 그 경작을 동민(洞民), 문중(門中), 계중(契中)의 전원이 공동출력하되 그 출력의 차이에 의하여 수확물에 대한 분배권이 서로 다를 수밖에 없는 것이 당시 속례였던 것이다.[53)]

그리고 생산능률면에서 공동경작이 개별적 경작보다 우수한 것은 동답, 문답 등에서보다 둔전법(屯田法)에서 중요하게 경험했

---

52) 김광진, 앞의 책(1962), p.53.

53) 최익한, 앞의 책, p.415.

을 것이다. 즉 일정량의 토지에서 일정수의 군인이 집단적으로 경작하면 노동의 조직 및 절약이 가능한 동시에 그 성과는 같은 면적의 토지, 같은 수의 농부의 개별적·분산적 노동보다 훨씬 유효하다는 것을 발견했을 것이다. 또 일반 농촌의 경험에 의하더라도 촌내 매개농호가 경종(耕種), 이앙(移秧), 제초(除草) 등 작업을 고립적으로 하는 것보다는 서로 손을 모아 윤번(輪番)으로 작업하는 것이 작업능률을 더 많이 올릴 수 있었다. 더구나 당시 국내의 일부 공업부문에서 발생하기 시작한 매뉴팩츄어 양식이 개인적 수공업에 비하여 생산능률이 훨씬 우수했을 것이다.[54] 또 노력에 의한 보수제는 종래 부촌 부농들이 고용 농부들에게 단편적으로 이용하였던 것이다. 이러저러한 경험들이 다산의 주의를 끌었을 것이다.

다산 스스로 농민들의 비참한 상황을 파악했고, 아울러 당시 농촌사회에서 널리 시행되고 있었던 두레[55], 그리고 곡산시절에 본 해서지방의 역근전이나 군포계에서 행해지는 공동노동 등에 관한 목도도 그의 전론 형성에 영향을 미쳤으리라 생각한다.

따라서 다산의 여전론적인 발상은 동양의 고대사회 및 사상연구에서 시작된 것이라 짐작된다. 기독교적 공동체사상이 여공동

54) 같은 책, pp.415~416.

55) 신용하는 여전제의 공동경작이라는 것은 당시 두레 등 공동노동조직을 통한 경작에서 힌트를 얻었을 지도 모른다고 언급하고 있다. 여전론과 두레노동과의 관련에 대해서는 다음을 참조할 것. 신용하, 「두레 공동체와 농악의 사회사」, 『한국사회연구』 2, (한길사, 1984. 2), pp.11~53 ; 신용하, 「갑오 농민전쟁과 두레와 집강소의 폐정개혁-농민군 편성, 집강소의 토지정책, 다산의 여전제 정전제 및 '두레'의 관련을 중심으로-」, 한국사회사연구회, 『한국사회의 신분계급과 사회변동』, (문학과 지성사, 1987. 12), pp.86~120.

체사상에 영향을 미치지 않았는지에 관해서는 필자의 연구수준으로선 아직 밝힐 수가 없다.

(2) 사회경제적 배경

이상에서 보았듯이 다산의 혈연, 학연의 기반과 관료생활의 경험 등은 「전론」의 형성에 많은 영향을 끼친 것이 사실이긴 하지만 그러한 것이 구체적으로 학문과 사상으로 성립되는 데에는, 다산이 생존하던 시대상이 많은 역할을 했다는 점 또한 간과해서는 안 될 것이다. 여기에서는 이에 관해서 살펴보기로 하자.

다산사상은 18~19세기 조선봉건사회의 사회역사적 환경의 필연적 산물로 볼 수 있을 것이다. 그가 여전론을 구상하게 된 18세기 최후반기는 문호개방 전 조선왕조 사회의 마지막 시기였다. 따라서 이 시기는 조선왕조적 경제체제가 가지는 모순이 가장 두드러지게 나타난 때이며, 때문에 그것을 개혁해야 한다는 생각이 크게 나타난 때이기도 했다.[56] 이 시기에는 토지에 대한 국가적 지배가 극도로 문란하여 사실상 사전제가 지배적인 상태에 놓이게 되었다. 따라서 봉건국가의 재정은 매우 약화되었으며 대토지 소유자들의 세력증대와 아울러 중앙집권도 실질적으로는 약화되어가고 있었고 각종 사회적 모순이 증대되며 걷잡을 수 없게 되었다.

우리가 18~19세기 봉건사회의 사회경제적 상황에 대한 고찰을 토지의 해명으로부터 시작한 것은 봉건사회의 기본 생산수단은 토지이며 따라서 토지문제의 올바른 해명은 토지를 둘러싼 봉건

---

56) 강만길, 「정약용시대의 경제사정」, 『정다산과 그 시대』, (민음사, 1986), p.47.

사회의 내막을 명백히 밝힐 수 있게 하는 근본조건의 하나이기 때문이다.

조선봉건국가는 고려의 귀족들과 사원들에 의한 토지 겸병으로 인하여 봉건적 토지소유제가 문란하게 된 상태를 수습하고, 일단 조선봉건사회의 경제적 기반을 닦아 놓았다. 이는 사실상 '과전법(科田法)'의 실시에 의한 봉건적 토지공전제의 재수습과정이었으며, 결과적으로 봉건적 중앙집권제를 강화하는 경제적 기초를 이루었다.

특히 태종·세종 이래로 진행되어 온 사전 억제책은 이러한 원칙을 더욱 강화해 나갔는데, 세종 때의 국용전제(國用田制)는 그 대표적인 시책으로 조세에 관한 한 수납기관과 수납물의 종류의 난립에서 야기되는 부담까지도 고려한 것이었다. 이러한 상황에서 자연농의 부담이 경감됨은 물론 직역(職役)과 토지와의 결부관계가 거의 해소됐던 것도 사실이었다.[57] 조선왕조 성립 후 15세기 중엽에 이르는 기간에 전국의 토지는 명목상 거의 모두 국가의 통제 하에 들어갔다.

그 뒤로도 이 같은 토지국유의 원칙에 입각한 정책은 세조 때의 직전제(職田制, 1466년)나 성종 때의 관수관급제(官收官級制, 1478년)와 더불어 그런 대로 계승되었다. 그러나 조선봉건사회도 초기에 수습하였던 토지에 대한 국가적 지배는 점차 자체 변화과정을 밟지 않을 수 없게 되었다.

즉, 16세기에 이르면 사적 지주들에 의한 토지 겸병이 다시금 중앙집권적 봉건국가를 약화시키기 시작한다. 국가의 경제적 기

57) 한영우, 『조선전기사회경제연구』, (을유문화사, 1983), p.474.

반이 되어야 할 양인자영농(良人自營農)은 점차 자신들의 단순재생산 지반조차 잃게 된 채, 양반관리들에게 토지를 침탈당하고 그들에게 예속되는 전호(佃戶)나 노비(奴婢)로 전락하는 현상이 발생하게 되었다. 지주로 등장한 계층은 왕실·관리·토호 및 후에는 일부 상승한 부농(富農)[58] 등 다양했지만, 전형적인 것은 토호세력과 양반관리라고 볼 수 있는 바, 그들이 토지를 집적한 방법은 ① 양민을 동원하여 개간하거나, ② 고리대나 전세를 이용한 직접 침탈, ③ 일반적인 매입[59], ④ 관개시설이나 제방 같은 공동용지의 독점[60] 등을 통해서였다.

임진왜란과 두 차례에 걸친 청나라의 침입을 반대하는 전쟁은 사점화 과정을 더욱 촉진시켰다. 전란 후에 토지대장과 호적의 분실 등을 기화로 지방토호들의 토지겸병과 은결(隱結) 및 농민수탈이 극에 달하자 농민의 이산은 점증하게 되었고, 이런 현상이 누적되어 국력의 회복을 가로막는 장애요인이 되었음은 말할 나위 없다. 심지어 숙종 23년에는 빈농 소작민을 구제할 길이 없자, 강제로 그들을 해도(海島)로 추방시키거나 노비로 지주들에게 배급하기도 했던 것이다.[61]

전쟁을 겪은 봉건국가는 전제를 정돈하고 중앙집권적 권력을 회복하려고 온갖 시책을 다하였으나 중앙집권적 봉건국가는 계속 약화되어만 갔다.

---

58) 김용섭, 앞의 책(1970) ; (1971) 참조.

59) 김태영, 「조선전기 소농민경영의 추이」, 『조선전기 연구』, (지식산업사, 1983), pp.173~180.

60) 김옥근, 『한국토지제도사연구』, (대왕사, 1980), p.365.

61) 『承政院 日記』, 370册, 肅宗 23년(丁丑) 3월 5일 丙辰條, 3월 11일 壬戌條, 3월 12일 癸亥條.

17세기에 들어오면서 전개된 상품·화폐관계의 발전에 따라 양반토호들의 토지에 대한 겸병은 더 한층 대량으로 전개되었다. 봉건국가기관들과 관료·양반들은 국가의 지배하에 있는 토지를 침식하거나 농민들의 토지를 여러 가지 방법으로 강탈하였다. 내수사(內需司)를 비롯한 관방(宮房)들의 토지겸병, 중앙 각 아문(衙門)들에 의한 아문둔전(衙門屯田), 양반귀족들에 의한 사설둔전(私設屯田) 등이 그것이다.[62] 또한 이 시기에는 양반·귀족관료들의 토지 겸병의 강화 뿐만 아니라, 토지매매에 의한 사유화가 광범하게 진행되고 있었다.[63]

이 시기에 들어와서 조선봉건국가는 공전을 장악함으로써 재정수입을 결정적으로 증대시키기 위하여 '대동법(大同法)'을 실시했다. 그러나 미봉책에 불과한 이 조치마저도 제대로 실시되지 않았으며 봉건적 중앙집권은 심히 약화되어 갔다. 즉 토지에 대한 국가적 지배에서 벗어난 사전이 증대되어 18세기 말~19세기에 이르러서는 벌써 국가의 권력에 의해서도 폐지할 수 없는 역사의 대세가 된다. 따라서 이 시기에 이르러서는 토지에 대한 국가적 지배는 극도로 문란해졌으며 사실상 사전제가 지배적 상태에 놓이게 되었다.

조선봉건사회는 18세기 후반기에 이르러 더욱 심각한 위기에 직면했다. 봉건적 각종 제도의 문란, 중앙집권적 봉건통치체계의 가일층의 약화, 각종 사회적 모순의 증대, 농민들의 항쟁의 고양, 이 모든 것은 봉건사회를 붕괴로 이끌어 갔다.

---

62) 사회과학원 경제연구소 편, 『조선인민경제사』, 『조선경제사(상)』, (미래사, 1989 재발행), p.139.

63) 같은 글.

18세기 후반기에 이르러 봉건국가의 기본 생산수단인 토지에 대한 제도는 감히 건드릴 수 없을 만큼 문란한 상태에 놓여 있었다. 이에 정부는 토지제도를 정비하려고 하였으나, 다산이 지적한 바와 같이 은결(隱結), 누결(漏結)을 방지하기 위한 토지측량사업도 170년간이나 실시하지 못하고 있었다.[64] 바로 이러한 상태에서 18세기 후반기에 이르러서는 화폐경제의 발전에 따라 토지의 사유화가 더욱 촉진되었다.

국가기관들과 관료양반 및 부호, 토호로 불리는 지주들의 공전에 대한 침식과 농민들의 소유토지에 대한 수탈, 매점은 더욱 파렴치한 성격을 띠고 진행되었다. 화폐경제의 발전은 상업자본의 성장과 함께 고리대자본으로 관료양반, 지주, 상인들의 치부욕을 더욱 자극하여 토지의 독점을 보다 촉진시켰다.

이리하여 토지소유제에서 분화가 양극으로 급격하게 진행됨으로써 지주와 농민간의 모순은 더욱 격화되었다. 설상가상으로 농민들은 토지 없는 농민으로 토지에서 떨어지게 되었을 뿐만 아니라, 토지에 매어 있는 경우에는 견디기 어려운 부세(賦稅)에 허덕여야 했다.

국가는 국가재정을 위해서 당초 원칙으로 삼던 10분의 1세를 훨씬 넘는 10분의 7 내지 8세로 거두어 들여[65] 다산의 시기에 와서는 자영농이 설 땅을 거의 잃게 되었다. 물론 이때 자영농이 몰락한 원인은 위에서 설명한 것과는 별개의 계기가 있었기 때문인데, 이른바 17~18세기부터 보이기 시작한 영농법의 개선이 그것이다. 일찍이 고려 말에 나타난 임진란 이후 혁신적으로 농민들

64) 정성철, 앞의 책, p.249.

65) 『經世遺表』, 권1, 地官戶曹 第2, p.14.

에게 노동력을 절감시키고, 고도의 생산력을 가져다주는 듯 했던 이앙법[66]과 그에 따른 광작농업 및 상업적 농작물의 발달이 도리어 급격한 농민분화를 초래하더니, 마침내는 영세한 자영농민을 무토농민화 지경으로 몰고 간 것이다.[67]

다산의 토지·농지개혁론이 이 같은 농업생산력의 향상으로 인한 재부 및 토지의 집중화와 그 결과로 나타난 무토농민의 봉기를 배경으로 설명될 수 있거니와, 이렇게 해서 폭증한 사적 대토지소유는 농민들을 급속히 파산, 몰락시킴으로써 계급분화를 촉진시키고 봉건사회의 모순을 강화시키게 된다.

이리하여 비록 19세기 호남지방의 예에 한한 것이지만, 지주 5%와 소작농 70%가 양극을 이루고 있었으며 자작농은 25%에 불과하게 되었다. 즉 지주 : 자영농 : 소작인 = 5: 25: 70이라는 비율로까지 나타나게 되었다. 이 비율은, 다산이 경제적인 심각성에 그치지 않고 지주 : 피착취인 = 5 : 95라는 비율 속에서 일종의 계급대립의 가능성을 암시하여 정치·사회적인 문제로 파급될 것을 우려하면서 제시한 수치이다.

이처럼 대다수의 빈농자들이 구제되기 어려운 상황에 처하게 된 것은, 단순히 전제상(田制上) 발생한 문제에만 그 이유를 돌릴 수는 없고, 오히려 어떤 면에서는 전제(田制)보다 더 무섭다고 하는 백골징포(白骨徵布), 황구첨정(黃口簽丁) 등의 군제문란이나, 번질(反作)·입본(立本)·가집(加執)·암류(暗留)·반백(半白)·분석

66) 김용섭, 「조선후기의 수도작기술-이앙법의 보급에 대하여」, 『아세아연구』 제7권 제1호, (1964. 3) 참조.

67) 송찬식, 「조선후기 농민에 있어서의 광작운동」, 전북사학회 편, 『한국사회사상사논선』, (학문사, 1979), p.414.

(分石)·집신(執新)·탄정(呑停)·세전(稅轉)·요합(徭合)·사혼(私混)·채륵(債勒) 등의 방법으로[68] 주로 지방관료들이 환곡을 변태적으로 악용했던 데에 기인했던 것이기도 하다. 이 시기에 환곡·군정은 이렇게 문란해졌으며 그만큼 농민들에 대한 수탈은 파렴치하게 진행되었고, 농민들을 파산몰락하게 하였다.

이는 봉건국가의 존립자체에도 심각한 타격으로 작용한다. 봉건국가의 세금수입이 뚜렷이 줄게 되었으며 대토지소유자들의 세력증대와 아울러 중앙집권도 실질적으로는 약화되어가고 있었다.

이렇게 삼정의 문란과 지주제에서 연유된 경제적 핍박이 농민들의 최저 생존유지선상에 와 있으니, 생존에 위협을 느낀 그들이 잠자코 있을 리 없다. 당시의 형편은 다산이 지적한 바와 같이 "누구나 아우성치며 서로 이끌어 반란을 일으키려는 상태에"[69] 있었다.

이리하여 다산의 생존 전후시기에는 전국 각지에서 허다한 농민봉기가 계속하여 일어났다. 즉 이미 양차의 전란 이전부터 간간히 나타났던 수탈계층에 대한 무력저항이 1727년의 호남지방인 변산반도와 영암 월출산의 무장봉기[70], 1733년의 진도 등지에서의 농민봉기[71], 그리고 1741년의 평안도, 함경도에서의 농민봉기 등이 또다시 촉발되면서 당시 혼란한 시대상을 반영해 주었고, 1808년 단천, 북청농민봉기 이후 1811년 2월의 곡산봉기에 이어[72] 마침내 1811년~12년에는 홍경래의 난이 일어나 저간의 어

68) 『與猶堂全書』 제5집, 제20권, pp.18~24, 『牧民心書』 권5, 戶典 제3조, 「穀薄」(이하 『牧民心書』의 인용은 『與猶堂全書』 수록본에 의함).

69) 『與猶堂全書』 제1집, 제9권, p.60, 「擬嚴禁湖南諸邑佃夫輸租之俗箚子」.

70) 정진석, 「다산 정약용의 철학사상」, 과학원 철학연구소 편, 앞의 책, p.35.

71) 같은 논문, pp.35~36.

지러운 사정을 말해주고 있다.

다산은 이 시기에 여전론을 구상했다. 즉 이 시기는 봉건적 토지소유제도 및 각종 부세제도의 문란과 함께 봉건사회의 태내에서 미약하나마 봉건제도의 붕괴를 촉진시키는 데 주효한 근대 자본주의적 요소도 점차 발생하고 있었다. 이 시기 우리나라 봉건사회체제는 이미 토지소유에 있어서나 신분제도에 있어서도 일정한 분해과정을 밟고 있었으며, 관영수공업과 봉건적 상업체제도 분해되어가고 있었다. 이러한 봉건제도의 분해과정과 병행하여 그 태내에서 자본주의적 관계가 발생할 수 있었다. 그러나 우리나라의 봉건제도의 붕괴과정을 표시하는 다른 모든 현상이 그러하듯이 자본주의적 요소의 발생도 우리나라에서는 완만한 노정을 밟아왔으며 특히 도시에 있어서 싹트기 시작한 매뉴팩츄어는 아직도 강력히 남아있는 봉건주의적 제약 때문에 19세기 전반기까지는 극히 미약한 맹아적 형태를 벗어나지 못하였다.[73]

따라서 우리나라 봉건사회의 구조적 특성과 봉건통치계급의 반동적 역할 및 상품화폐관계가 아직 상대적으로 미숙하게 발전한 사정 등으로 인하여 봉건적 제 관계를 철저하게 분해시킬 수는 없었고, 자본주의적 관계의 발생·발전을 저해하였다. 새로 싹튼 자본주의적 관계는 봉건적 생산관계에 큰 영향력을 주기에는 아직 미약했고, 사회계급구성에 근본적인 변동을 가져오지는 못하였다. 요컨대, 다산이 여전론을 구상한 18~19세기 중엽까지의 조선봉건사회는 변화하는 사회이기는 하였으나 동시에 뒤떨어진 봉건사회기도 하였다.[74]

---

72) 정성철, 앞의 책, p.37.

73) 김광진, 앞의 책 (1962), p.21.

따라서 다산이 여전론에서 제기한 사상도 뒤에 상론하게 되는 바와 같이 이 시대의 제약을 반영하여 근대지향성은 미약하였고, 봉건적 테두리를 크게 벗어나지 못한 것으로 볼 수 있다.

2. 여전론의 내용 -「전론」을 중심으로 -

(1) 여전론의 문제의식

다산의 여전론은 벌열(閥閱) 사대부층의 토지 겸병과 지주제도를 혁신함으로써 사대부권을 제거함과 동시에 토지의 균분으로 농민들을 보호하고 왕권을 재강화함으로써 새로운 봉건적 전제왕정을 펴려는데 그 목적이 있었다.

그가 특히 토지제도에 많은 관심을 갖게 된 것은 유국부민(裕國富民)의 토대가 농업에 있고, 농업은 토지문제부터 해결해야 발전할 수 있다고 보았기 때문이다. 즉 당시의 지주적 토지제도를 개혁하지 않는 한, 수탈과 빈곤문제는 해결되지 않는다고 보았던 것이다, 토지는 그 시대의 기본적 생산수단이었으며, 따라서 조선봉건사회의 중요한 모순과 질곡이 모두 토지·농민문제에 집중되고 있었기 때문에 그는 정당하게도 이 문제 해결에 결정적 의의를 부여하고 있었던 것이다. 그리하여 다산은 궁극적으로는 중앙집권적 봉건국가의 기능을 약화시키는 지주제도를 폐지하고 백성의 균산이 가능하며 아울러 봉건국가의 기능도 강화시킬 수 있는 토지국유제(公田制)로 대체할 것을 주장하였다.

유교사상은 본래가 치자를 위한 사상이었기 때문에, 무엇보다

---

74) 전석담·허종호·홍희유, 『조선에서 자본주의적 관계의 발생』, (사회과학출판사, 1970), (이성과 현실, 1989 재간행), p.18.

도 먼저 집단조직의 안정을 생각한다. 따라서 일군만민의 중앙집권적인 정치체제를 사회의 기본적인 조직원리로서 설정하고 있는 것이다.[75] 이 일군만민의 정치체제는 군주를 정점으로 해서 그 아래에 체제를 움직이기 위한 문무백관이라는 지배조직이 있고, 그리고는 피지배자인 일반 백성이 있다는 하나의 조직원리에 의해서 성립되고 있다. 그리고 개인에게 있어서의 가문의 시스템을 국가조직에까지 확대한 구상이었기 때문에, 가산관료제에 의해서 체제가 유지되고 운영된다.

일군만민체제에서의 정치적 지배관계는, 유럽의 분권적 봉건제에서의 장민(莊民)에 대한 소수 기사에 의한 지배관계와는 본래가 다른 것이었다. 문무백관이라는 가산관료(家産官僚)들은 무엇보다도, 군주에 대한 일방적인 헌신의 감정을 가지지 않으면 안 되었다. 이것은 체제유지를 위한 필수조건이었으며, 그 조직 속에서 살고, 또한 승진하기 위해서는 개인적으로도 필요한 조건이었다. 유교가 원래 상정하고 있었던 것은 이러한 일군만민체제이며, 중앙집권체제를 유지하기 위한 충의 원리에 의해서 군주에 대한 경건한 헌신의 감정을 내면적으로 강화하는 사상이었다고 할 수 있는 것이다.[76]

정조에 충성했고 정조의 총애를 받은 다산은, 왕권은 강화되어야 하며 그러기 위해서는 토지제도를 여전제로 개혁하고 새로운 국가체제를 확립해야 한다고 생각했다.

정조시대 당시 권력을 실제로 장악한 사람들은 노론계였다. 정조는 즉위해인 병신년(1776년)에 세자 모해자인 김상로(金尙魯)

75) 김일곤, 앞의 책, p.87.

76) 같은 책, p.88.

에게 역률(逆律)을 추시(追施)하고 홍인한(洪麟漢), 문소의(文昭儀), 정후겸(鄭厚謙)에게 모두 사사(賜死)하여 분한 심정을 다소 풀었으나 벽파 전체에 대한 토역적(討逆的) 처분은 감히 하지 못했으므로, 그들의 대세는 여전히 조정에 서려 있었다. 더구나 벽파 수호신인 영조 계비 김대비(金大妃) 정순왕후(貞純王后)는 국왕의 조모라는 최존(最尊)의 지위를 빙자하여 정사를 견제하였다.

정조는 노론계들이 왕권에 도전하지 않을까 우려하고 있었으며 따라서 노론계의 세력을 약화시키고 군주권을 강화함과 동시에 개혁을 위해서 번암 채제공을 비롯한 남인학자들을 등용하여 정치권력의 균형을 이루려 하였다. 남인 출신인 다산도 이러한 정조의 정책으로 등용된 사람 중의 하나였다.

원래 채제공은 정조의 생부 장헌세자가 소위 벽파 노론의 모해로 피살된 때에 세자를 극력 보호한 소위 남인 시파의 영수였다. 그래서 그에 대한 정조의 신임은 절대적이었다. 이가환과 정다산 역시 시파가인으로서 그들의 우수한 재력은 모두 정조의 특별한 지우(知遇)를 받아 채제공과 함께 정조조의 3걸로 지칭되었던 것이다. 물론 당시 남인 일파의 최종 목적은 왕권의 강화, 이상세계 건설의 실현에 있었고 벽파 타도 그것이 아니었지만 목적을 위해서는 당시 정치적 최대 장애물인 벽파정권을 비롯한 벌열귀족의 제거를 당면목적으로 하여 남인과 정조의 공동전선에 참가하였던 것이다.[77] 그러나 채제공을 위시하여 당시 정조 왕권체제는 약했기 때문에 어떻게든 왕권강화에 진력하게 되었다.

이와 관련하여 다산이 정조가 새로이 구상했던 수원성 건설에

77) 최익한, 앞의 책, p.280 참조.

적극 참여했다는 사실을 주목할 필요가 있다. 정조는 다산의 과학적인 성제설(城製說)과 기중기의 도설(圖說)을 응용하여 수원성을 쌓게 했을 뿐 아니라 거기에 장용영(壯勇營)이란 군사조직을 설치했다. 이와 같은 정조의 비밀계획에 참가한 자는 오직 채제공, 이가환 및 다산 등 몇 사람뿐이었다. 이것은 당시 피폐된 국력에도 불구하고 정조가 수원을 거점으로 뭔가 새로운 것을 구상했던 것으로 보인다. 각 지방의 상공업자들을 불러 수원에 모이게 했던 것도 이러한 이유로 짐작된다. 여기에서 다산이 결정적인 역할을 했다는 것은 그만큼 정조의 왕권강화조치와 다산이 밀접한 관계를 가지고 있었다는 것을 의미한다.

이러한 점으로 미루어 볼 때 다산은 왕권강화의 방법으로 여전론이라는 토지개혁론을 주장했다고 볼 수 있다.

그러면 여전제를 실시하면 어떻게 해서 왕권이 강화된다는 것인가.

일반적으로 공전제는 중앙집권적 봉건국가의 기능을 강화하며 사전제의 강화는 중앙집권적 국가의 기능을 약화시키는 결과를 가져온다.[78] 다시 말하면 공전제는 중앙집권적 국가의 강화를 위한 기본적 전제를 이룬다. 왜냐하면 국가 수중에 직접 장악된 토지와 이에 따르는 자작농은 국가의 공고한 재정적 토대가 되는 동시에, 국가의 군사인원조달의 직접적 원천으로 되기 때문이다.

사적지주들의 증대와 그들에 의한 토지 겸병은 그들로 하여금 직접 권력을 이용하거나 관리들과 결탁하여 토지를 전적에 등록시키지 않거나, 기타 여러 가지 방법으로 탈세 또는 조세의 감면

78) 정성철, 앞의 책, p.26.

법을 악용하여 국가에 납부할 조세를 감소시키기 때문에 국가재정 원천이 결핍 되는 가장 중요한 이유가 되며, 국가의 중앙집권적 정치권력의 기능을 약화시키고 봉건적인 모든 질서의 문란을 가져오게 하는 요인으로도 작용한다. 반면에 사적지주의 증대와 그들에 의한 토지겸병은 농민들에 대한 착취의 강도와 부담을 높임으로써 그들을 토지로부터 유리시키거나 세력자에게 의탁하게 하였다. 이러한 결과는 농업생산력의 발전을 저해했을 뿐만 아니라 봉건국가의 군사인원조달의 원천도 줄어들게 했기 때문이다.

다산은 「전론」1에서 사대부권보다는 강력한 왕권에 대한 동경과 염원을 가지고 지주제를 다음과 같이 비난하고 있다.

"하늘이 백성을 낼 적에 먼저 전지(田地)를 마련하여 생령(生靈)으로 하여금 먹고 살게 하였고, 또한 백성을 위하여 임금과 목자를 두어 백성의 부모가 되게 하고, 백성이 재산을 균제(均制)케 함으로써 모든 사람들을 다 잘 살게 하도록 하였다. 그런데도 임금과 목자된 자가 팔짱만 끼고서 아무 일도 안 한다면, 그 자식(백성)들이 서로 싸워 재산을 빼앗고 합치는 일을 보고서 못하게 막을 사람이 누구인가? 힘센 자는 더욱 많이 얻게 하고, 약한 자는 떠밀리어 땅에 쓰러져 죽게 한다면, 그 임금과 목자된 자들은 군목노릇을 잘한 사람이라 할 수 있을까? 그럴 수는 없다. 왜냐하면 백성들의 재산을 능히 균제하여 다 같이 살 수 있도록 하는 사람은 임금과 목자라고 할 수 있으나, 백성의 재산을 균제하지 못하여 다 같이 살 수 있게 하지 못하는 사람은 임금과 목자의 임무를 저버린 사람들이기 때문이다."79)

79) 『與猶堂全集』 제1집, 제11권, p.3, 「전론」 1.

생산수단은 토지뿐이었고 또 이것이 귀족·토호들의 손에 집중되어 있던 당시에, 다산이 재산균등의 실현을 항상 토지의 균분에 귀착시킨 것은 극히 당연한 주장이었다.

그는 당시 호남지방 농촌계급의 구성을 다음과 같이 분석하고 있다.

"지금 호남지방 백성의 형편을 보면 평균 100호 중에서 남에게 토지를 주어 소작료를 받는 자는 불과 5호이고, 자기의 땅을 경작하는 자는 25호 가량이며, 지주의 땅을 경작하여 소작료를 바치는 농민은 70호나 된다."80)

더 나아가서 그는 토지소유의 불균등과 대지주들에 대한 토지의 대량적 집중에 대하여 다음과 같이 지적하고 있다.

"지금 우리나라의 전지(田地)는 대략 80만결이고 (영조 5년, 8도의 시기전(時起田)은 수전(水田이) 34만 3천결이고, 조전(旱田)이 45만 7천 8백결이다. 간리(奸吏)들이 대장(台帳)에 누락시킨 전결(田結)과 화전(火田)은 이 가운데 포함되지 않았다), 백성의 수는 대략 800만 명이다(영조 29년 서울과 지방의 인구는 730만 명으로 당시 누락된 인구와 그동안 새로 불어난 인구는 70만은 넘지 않을 것이다). 시험 삼아 1호를 10명으로 잡는다면 매 1호에 전지(田地) 1결씩을 가져야만 그들의 재산이 균등해진다. 그런데 지금 문무의 고관들과 민간의 부호들 가운데는 1호에서 수천석의 곡식을 거둬들이는 집들이 심히 많다. 이런 집들의 전지를 따져

---

80) 같은 책, 제1집, 제9권, p.61, 「擬嚴禁湖南諸邑佃夫輸租之俗箚子」.

보면 매호 100결 이하는 내려가지 않을 것이니, 이것은 결국 990명의 인명을 희생시켜 1호를 살찌게 하고 있는 것이다. 우리나라의 부호 가운데에는 영남의 최 씨나 호남의 왕 씨 같이 만석을 수확하는 사람들도 있는데, 그들의 전지를 계산해보면 400결 이하로 내려가지 않는 것이니, 이것은 3,990명의 인명을 희생시켜 1호를 살찌게 하고 있는 것이다."[81]

즉 그는 당시의 총경작지 면적을 80만결로 보고 당시의 총인구를 800만 명으로 추산하였다. 1호가 10명의 가족으로 이루어졌다고 보면, 1호당 토지 1결을 소유해야 그는 평등이 이루어진 것이라고 보았다. 그러므로 1호가 토지를 1경 이상 소유하면 그만큼 남의 몫의 토지를 빼앗는 것이다. 100결을 소유한 자는 자기 몫보다는 99결이나 더 소유한 것이므로 99호 즉 990명을 희생시켜 이 토지를 소유한 셈이라는 것이다.

이는 1호를 10명으로 잡은 경우이지만 실제의 호구 구성은 이 시기에는 4명 내외였으므로[82] 이들로 인하여 피해를 받는 농가 호수는 더욱 많은 셈이었다. 이처럼 다산은 강력한 왕권을 옹호하면서 이를 가로막고 있는 사대부층을 공격하고 있다.

농민들은 지주에게 수확의 50%이상의 소작료를 빼앗겼을 뿐만 아니라 국가로부터 강압적으로 부과하는 허다한 가렴잡세와 무거운 부역노동을 부담하지 않을 수 없었다. 더욱이 지방 관료들과 토호들의 야만적 수탈은 공공연하게 감행되고 있었으니 그들의 빈곤은 극도에 달하고 있었다.[83]

81) 같은 책, 제1집, 제11권, p.3, 「田論」 1.

82) 김용섭, 앞의 책, (1984), p.96.

국가조세 하나만 보더라도 그것은 법제상 1결 수확고의 1/20로 되어 있었으나 사실상 50%에 해당하는 것이었다. 다산은 이러한 사실을 개탄하면서 "…농민은 이같이 절반을 빼앗기고 그 남은 절반 중에서 종자를 제하고 세금을 제하니…이같이 지주가 절반을 빼앗고 국가가 절반을 빼앗으면 농민은 무엇을 먹고 살란 말인가?"[84]하고 분개했다.

다산은 『목민심서(牧民心書)』에서 이러한 사실을 또다시 구체적으로 분석하고 1년간 수지계산을 다음과 같이 숫자적으로 표시하고 있다.

"1결의 밭에서 수확량이 많으면 800두이고 적으면 600두요 최하는 400두 뿐이다. 농부는 밭을 소유하지 못하고 거의 지주의 땅을 경작하고 있음으로 하여 1년 동안 근검하고 고생하면서 품팔이도 하여 겨우 여덟 식구의 식량을 구한다. 가을 추수 때가 되어 지주에게 그 절반을 빼앗기면 600두를 거둔 자는 300두가 남게 될 뿐이다. 그리고 종자를 제하고 빚을 물고 그 세전의 식량을 제하면 남는 것은 겨우 100두이다. 여기에 또다시 국가의 조세와 극도로 무제한한 가렴잡세의 수탈이 있다. 불쌍한 백성들은 무엇을 가지고 살아갈 것인가?"[85] 때문에 생산력은 파괴되고 흉년은 계속되었으며 국가의 조세수입은 격감되어 "국가의 세입이 평년에도 불과 겨우 12만석밖에"[86] 거두지 못하게 되었다. 이리하여

---

83) 金洸鎭, 「土地問題に關する丁茶山の思想」, 『朝鮮の偉大な思想家-丁若鏞』, (朝鮮大學校, 1962), pp.6~7.

84) 『與猶堂全書』 제1집, 제9권, p.61, 「擬巖禁湖南諸邑佃夫輸祖之傛箚子」.

85) 『牧民心書』 권5, 戶典 제2조, 「稅法 下」, p.7.

86) 『經世遺表』 권1, 地官戶曹 第2, 「經田司」, p.16.

농민에 대한 국가적 수탈은 더욱 강화되었는데, 국가조세의 납기일을 어기는 경우에는 관리들은 솥을 빼앗아가며 한 필밖에 없는 소까지 강탈해 가는 것이 보통이었다. 농민의 대부분이 신음하고 있었으며 굶어 죽는 농민도 부지기수였던 것이다.[87]

이상에서 보는 바와 같이 농민은 생산량의 절반을 소작료로 바쳐야 하고 또 절반을 조세와 각종 부담으로 지급해야 했던 반면에, 양반들은 대토지를 소유하고 가만히 앉아서 고율의 소작료를 징수하였는데 이와 같이 된 원인은 근본적으로 토지에 대한 지주적 소유제도가 발생한 데 있다고 그는 결론을 내리고 있다.

위에서 다산이 말하는 그와 같은 토지 겸병자들은 말할 것도 없이 그들 스스로가 농업에 종사하는 자는 아니었다. 그들은 이 시기의 사회경제기구 속에서 그 정치적·사회적 지위의 우월과 관련하여 토지를 집적하고 그 노비나 소작농민을 혹사하여 이를 경작함으로써 지대를 징수하고 있는 지주층이었다.

신분제의 해체과정과 토지소유관계에서의 농민층의 분화과정 등 이른바 이 시기의 사회구성의 전반적인 변동은, 한편으로는 양반층의 몰락을 촉진하고 다른 한편으로는 평민층이나 천민층의 사회적 지위의 상승과 경제력의 향상을 나타내고 있었지만, 그에 의하면 토지의 주인은 국가와 일하는 농민이고 부호지주는 토지의 주인이 될 수 없다며 다음과 같이 지적하였다.

"나는 생각하기를 토지에는 오직 두 사람의 주인이 있을 뿐이다. 그 하나는 국왕 즉 국가이고, 또 하나는 농사짓는 농민이다.

87) 김광진, 앞의 책 (1962), p.62.

옛날 『시경』에는 온 천하의 땅이 왕의 땅이 아닌 것이 없다고 하였으니 이는 바로 국가가 그 주인임을 말한 것이며, 또 『시경』에 비 내린다 하였으니 이는 농사짓는 농민이 그의 주인임을 말한 것이다. 이 밖에 그 누가 감히 토지의 주인으로 될 수 있겠는가? 그러나 지금에 와서는 부호, 지주들이 자기 마음대로 토지를 겸병하여 국가조세 이외에 사사로이 그 토지에서 소작료를 받고 있으니 이는 토지의 주인이 셋으로 된 것이다."[88]

즉 다산은 국왕에 의하여 대표되는 국가와 백성 간에 존재하는, 당시 대부분이 권문세가였던 민간지주를 제거함으로써 토지의 소유권을 혁신한다는 점에 주안을 두고 있었다. 즉 다산은 지주제도를 아주 없애버리자고 했다. 왕이 있고 경작자인 농민이 있으면 됐지 거기에 무슨 지주가 필요하겠느냐는 주장이다. 그래서 왕이 직접 농민들과 연결되게 해야지 벌열이나 귀족들, 다시 말해서 대지주들을 두지 말아야 한다는 것이 다산의 입장이고 그가 추구한 방향이다. 국가가 지주에게 빼앗긴 수조권(收租權)을 원상태로 도로 찾는 것은 응당한 조치이며 이러한 조치가 취해지지 않으면 국가의 재정적 곤란과 도탄에 빠진 백성들의 생활을 구제할 수 없다고 생각하고 있었다.[89]

이렇게 볼 때 다산의 여전론은 진실로 농민의 복리와 발전을 의도했다기보다는 조선왕조 봉선십권제제의 유지 강화에 더욱 역점을 두고 있었다는 것을 떨쳐버릴 수 없다. 물론 왕권강화를 목표로 여전론을 주장한 것은 당시로서는 전진적인 것이었다. 왜냐

88) 『與猶堂全書』 제1집, 제9권, p.60, 「擬嚴禁湖南諸邑佃夫輸租之俗箚子」.
89) 김광진, 앞의 책, (1962), p.202.

하면 전근대사회에서 왕, 귀족, 백성의 관계를 볼 때 귀족권이 강화되면 백성에 대한 착취가 심해지고 왕권이 강화되면 백성에 대한 착취가 덜해진다고 하는, 다수로부터의 착취에서 한사람으로의 착취로 바뀌면 백성들의 편에서는 지워지는 부담이 가벼워질 것이기 때문이다.

(2) 실학파의 토지개혁사상에 대한 다산의 비판

여러 선배 실학자들이 조선봉건사회의 토지제도의 모순을 비판하고 그 개혁안을 제창함에 있어서 정전제를 찬양하면서, 그 원칙 위에 접근한 어떠한 현실적 대책들을 강구하려고 힘써왔었다. 즉 실학파의 토지개혁안은 각기 독자성을 가지면서 그 기초에는 정전제를 공약수로 하고 있다. 정전제에 대한 그들의 해석은 독자성의 반영이다. 실학파가 주례를 원형으로 한 것은 토지개혁에 한정되는 현상이 아니고, 정치·경제·문화 등 모든 방면에 대한 것이었다고 할 수 있다.

균전론은 반계가 과전이란 명목으로 그 실행을 주장하였는데, 성호는 반계의 주장을 실시가능성이 희박한 것으로 인정하고 대신 균전적 한전론을 강조하였으며, 연암도 자신의 노작 「한민명전의(限民名田議)」에서 또한 한전을 선택하여 이것이 정전보다 실행하기가 쉬우면서 균평 분배의 의의를 잃어버리지 아니하므로 정전의 제도를 쓰지 않고도 정전의 실리를 얻는 것이라고 하였음은 앞장에서 이미 살펴본 바와 같다.

다산은 중국 고대와 조선에서의 역대의 유명한 전제에 대한 논의들-정전론, 균전론, 한전론 등 조선의 당시 현실에 비추어 보아 모두 실행 가능성이 없는 것으로 보고 '농사짓는 자만이 토지를 얻고 농사짓지 않는 자는 토지를 얻지 못하게 한다'(農者得田, 不爲農者不得田)[90]는 원칙하에 여전론을 제기하였다.

그에 의하면 정전론은 조전(旱田)과 평전(平田)을 기초로 하였기 때문에 이미 수전(水田)이 발전되고 산곡이 개간되어 경작지가 된 조선에는 부적합하다는 것이다.

다산은 정전제를 다음과 같이 비판하였다.

"장차 정전제를 시행해야 할 것인가? 아니다. 정전제는 시행할 수 없다. 정전이란 한전(旱田)이다. 수리시설이 이미 되어 있고, 메벼와 찰벼를 이미 맛있게 먹고 있으니, 어찌 수전을 버릴 수 있겠는가? 정전이란 평전이다. 산의 벌목에 힘써서 산곡이 이미 개간되었으니 평전을 제외한 산곡의 나머지 토지를 어찌 버릴 수 있겠는가?"[91]

그러면 그는 여전론에서 정전론의 정신까지도 부정했다고 보았는가? 그것은 아닐 것이다.

다산은 또한 균전제도 시행할 수 없다고 다음과 같이 비판하였다.

---

90) '農者得田, 不爲農者得田' 원칙은 우리나라에서는 성호가 이미 제시했으며, 중국에서는 명나라 말, 청나라 초기의 유명한 학자인 왕부지(王夫, 1619~1692)가 그의 저서『악몽(噩夢)』에서 제시하였는데 중국 학자들은 이것을 미증유의 대발명으로 칭찬하였다. 자기 손으로 직접 농사짓는 농민만이 토지를 얻을 수 있다는 다산의 이론이 오로지 자기 창견에서 나왔는지, 성호 혹은 왕부지(王夫之)의 저서 같은데서 다소 참고하였는지 알 수 없으나 어쨌든 그는 이 원칙을 여전론에 연결시켰다(최익한, 앞의 책, p.451).

91)『與猶堂全書』제1집, 제11권, p.4,「田論」2.

"장차 균전제를 시행해야 할 것인가? 아니다. 균전제는 시행할 수 없다. 균전이란 전지와 인구를 계산하여 이를 균분하는 것인데, 호구의 증감은 달마다 다르고 해마다 변하는 것이므로, 금년에는 갑률로써 분배하고 명년에는 을률로써 분배해야 할 것이니, 그 터럭과 같은 차이는 교묘하여 살필 길이 없으며, 토지의 비옥과 척박의 구별은 밭두렁마다 일정치 않으니 어찌 균등할 수가 있겠는가?"[92]라고.

이미 살펴본 바와 같이 조선에서 균전론의 대표적 주장자는 그의 선배 실학자인 반계 유형원이었다. 다산에 의하면 인구변동과 토지비옥도의 차이 때문에 이상적인 균전을 시행하기 어렵고, 또한 특히 반계의 균전론은 농사짓지 않는 사람에게도 토지를 분배하려고 하기 때문에 적합한 토지개혁이 아니라는 것이다. 더구나 "우리나라의 전법은 옛날부터 극도로 문란하여 법적인 제도와 질서가 서지 못하고 있는"[93] 형편이어서 매일같이 잡다하게 이동되는 토지의 균분사업을 수행할 수 없다는 것 등이 균전제를 반대하는 그의 논거로 되고 있다.

그는 또한 한전론도 실시할 수 없다고 하였다. 다산은 한전론에 대하여 논평하면서 이것은 토지의 사유제도를 인정하고 있으므로 실현성이 없다고 하였다. 종래의 토지사유제에 입각하여 사유제도를 제한한다는 것은 실현성이 없다는 것이다. 그는 말한다.

"장차 한전제를 시행해야 할 것인가? 아니다. 한전제는 시행할

---

92) 같은 글.

93) 『經世遺表』 권6, 地官修制, 「田論」 5, p.18.

수 없다. 한전이란 전지를 매각함에 있어 일정한 정도에 이르면 더 이상 팔지 못하게 하는 것이다. 그러나 가령 내가 남의 이름을 빌어서 토지를 한도 이상으로 늘린들 누가 알 것이며, 남이 내 이름을 빌어서 토지를 한도 이하로 줄인들 누가 알 것인가! 그러므로 한전제는 시행할 수 없다. 비록 그렇기는 하나, 사람들은 모두 정전제는 다시 시행할 수 없다는 것은 알고 있으면서도 균전제와 한전제만은 사리에 밝고 시무를 알고 있는 사람이라도 긍정적으로 말하고 있는데, 나에게는 아무래도 의아스럽게 느껴진다."[94]

그는 성호의 균전(적 한전)제는 인구변동과 토지의 비옥도의 차이 때문에 실시하기가 힘들며, 연암의 한전은 토지소유의 상한을 정하는 것은 좋으나 백성들이 남의 이름을 빌어 매매하는 행위를 막을 수 없으므로 시행할 수 없다고 생각한 것이다.

이상에서 거듭 살펴본 바와 같이 다산은 반계의 균전론에 대해서는 그것이 토지의 국유화를 전제로 한 것은 지극히 정당하나, 농사짓지 않는 인민들과 양반, 관료에 대해서도 그 신분과 사회적 위치에 따라 서로 다른 면적의 토지급여를 인정하고 있다고 비판하고 있다. 또한 성호의 균전적 한전론과 연암의 한전론도 어떤 계급이냐를 막론하고 그가 일정한 한도까지의 토지소유를 인정하고 있다고 비판하고 있다.

즉 다산은 반계의 균전론과 성호, 연암 등의 한전론의 가장 큰 결함은 토지의 균등한 점유에만 유의한 나머지 농사짓지 않는 사람에게도 토지를 분배하거나 토지를 점유케 허가하는 것이라고 보고 이는 놀고먹으라고 가르친 것과 같다고 다음과 같이 비판하였다.

94) 『與猶堂全書』 제1집, 제11권, p.4, 「田論」 2.

"농사짓는 자만이 토지를 얻게 하고, 농사짓지 않는 사람으로 하여금 토지를 얻지 못하는 것이 옳다. 그런데 균전제와 한전제에서는 농사짓는 사람으로 하여금 토지를 얻게 할뿐만 아니라, 농사짓지 않는 사람도 토지를 얻도록 하며, 공업과 상업을 경영하지 않는 사람까지도 또한 토지를 갖게 하는 것이다. 대저 공업과 상업에도 종사하지 않는 사람에게까지 토지를 얻게 하는 것은 마치 천하 사람들을 보고 모두 놀고먹으라고 가르치는 것과 다름없다. 천하 사람에게 놀고먹으라고 가르친다면, 그런 법을 진정 좋다고 할 수 없는 노릇이다."[95]고 비판한다.

또한 다산은 만년의 『경세유표』에서도 균전론, 한전론 등의 개혁안들을 염두에 두면서 다음과 같이 비슷한 논지를 펴면서 토지사유를 통한 일체의 착취관계를 청산할 것을 제기하였다.

"농사짓지 않는 백성들로 하여금 밭을 얻게 한다는 것은 벌써 옛날의 법이 아니다. 토지점유가 균등해진들 무엇하랴. 비록 균등해진다 할지라도 농사짓지 않는 자가 있어서 5/10를 수탈하고 몸소 경작하는 농민들은 조세를 합하여 6/10을 빼앗긴다. 선왕의 법이 과연 이러했던가?"[96]라고.

다산이 균전론, 한전론을 비판한 이유는 위에서 언급한 것 외에도 다음과 같은 것이 있다.

즉 균전론과 한전론은 토지와 인구를 계산해서 토지가 균등한

95) 같은 글

96) 『經世遺表』 권6, 地官修制, 「田論」 5, p.16.

비율이 될 것을 의도하고 있는데 이것은 얼른 보기에는 합리적인 토지정책인 듯하나 사실상 실시하기가 대단히 어렵다는 것이다. 그는 이에 대해서 "선왕의 법(정전론-필자)은 전지(田地)로서 주(主)를 삼는데 후세의 법은 인구로써 주를 삼는다. 전지는 땅에 붙어있어서 이동하지 못하므로 그 수는 일정하지마는 인구는 늘고 주는 것이 일정하지 않으므로 그 수를 잡기가 곤란하다......그러므로 인구비율로 가른 전지의 비율도 자주 변동하게 된다."[97] 라고 서술하였다.

다산보다 선행한 실학사상가들-반계·성호·연암-은 모두 그들의 개혁안에서 일정한 지주적 토지소유를 인정하고 있으며 다만 그 제한적 또는 균등한 소유만을 요구하고 있다. 이 점이 다산의 개혁사상과 근본적으로 구별되는 점이다. 그는 지주적 토지소유뿐만 아니라 그의 여전론에서는 일체의 사적 토지소유도를 청산할 것을 요구하고 있다.

다산은 이와 같은 관점에서 여전제를 실시하는 것만이 정전론, 균전론, 한전론의 결함을 없애면서 당시의 토지문제를 해결할 수 있는 최선의 방법이라고 주장하고 있는데 더욱 주목하지 않으면 안 되는 사실은 여전론이라는 대안을 내놓기에 앞서 필요한 것은 경자유전의 원칙을 따르는 길이라고 주장했다는 점이다. 경자유전, 여기에 다산과 그 이전의 실학파의 토지개혁사상의 차이가 있는 것이요, 나아가 여전론이 설 수 있는 소지가 있다 할 것이다.

---

97) 같은 책, 권6, 地官修制, 「田論」 5, p.18.

(3) 여전의 운영 및 원리

1) 여전론의 내용 및 생산과 분배

가. 여전론의 내용

다산이 '농사짓는 자만이 토지를 얻고 농사짓지 않는 자는 토지를 얻지 못하게 한다.'는 경자유전의 원칙을 실행하는 구체적 방안으로서 여전제를 제기했음은 이미 지적한 바와 같다. 그러면 여전제란 무엇인가?

다산은 여전제에 대해서 다음과 같이 설명하고 있다.

"산골짜기와 시내 언덕(川原)의 지세(地勢)를 따라 구역을 획정(劃定)하여 경계를 삼고, 그 경계선 안에 포괄되어 있는 지역을 1여로 한다. 여 셋을 합쳐서 리(里)라 하고 리 다섯을 합쳐서 방(坊)이라 하고, 방 다섯을 합쳐서 읍(邑)이라 한다."[98]

즉 다산은 전국에 자연촌락(산천의 지세)을 기초로 하여 30호를 1단위로 하는 여(여장)를 설치하고, 3여=1리(이장), 5리=1방(방장), 5방=1읍(현령)으로 이루어지는 중층적 행정체계를 구축한다는 것이다.[99] 그러고 나서, 각 여 내의 모든 토지는 공유화(또

98) 『與猶堂全書』 제1집, 제11권, p.4, 「전론」 3.

99) 다산은 여(閭)·리(里)·방(坊)·읍(邑)의 이름을 중국의 고전(古典)의 제도와 관련하여 주(註)를 달고 있다. 즉 "주나라 제도에 25가(家)를 1여(閭)라 하였는데, 지금 그 이름을 빌려 대략 30가구 내외로 하고 또한 반드시 그 가구 수는 일정하지 않아도 좋다......통속풍(通俗風)에는 50가를 1里(리)라 하는데, 여기서 그 명칭은 빌렸으나 반드시 50가로 하지 않아도 좋다......방(坊)은 읍리(邑里)의 명칭인데, 한 대(漢代)에는 구자방(九子坊)이 있었고 지금 국속(國俗)에도 또한 이것이 있다......주나라 제도에는 사정(四井)을 읍(邑)이라 하였는데, 지금은 군현(郡縣)의 치소(治

는 국유화)하여,[100] 여에 배속된 농민들로 하여금 여장의 명령에 따라 여 내의 토지를 공유경작하도록 한다는 것이다. 그리고 공동노동으로 생산된 여 내의 총생산물에서 국가에 대한 조세(1/10세)와 여장의 봉록을 공제한 나머지를 여민이 그동안 투하하였던 노동량에 따라 공평하게 분배받도록 한다는 내용이다. 또 여전제에는 그 자체가 군사조직으로 전환될 수 있는 장치가 마련되어 있었다. 즉, 여-리-방-읍으로 이루어지는 행정체계는 유사시에 각각 초장(哨長)-파총(把摠)-천총(千摠)-현령(縣令)이 지휘하는 군사체제로 기능하도록 짜여 있었던 것이다.

이렇게 중앙집권적이고 획일적인 명령체계에 의해서 운영되는 여전제는 당시 사회상황에 비추어 볼 때 강력한 전제왕권에서나 가능할 것으로 생각된다.

따라서 다산이 궁극적으로 달성하려고 하였던 농업생산의 이상적인 형태는 마을 공동체를 기반으로 하되 중앙집권적인 전제왕권이 통괄하는 이른바 동양적·특수 봉건사회적 성격이 짙은 것이었다. 성호의 균전적 한전제, 연암의 한전제에 있어서도 일정한 토지면적의 사적소유만이 있고 공동소유와 집단적 점유와 공동경

所)를 읍(邑)이라 한다."(『與猶堂全書』 제1집, 제11권, p.4, 「田論」 3)고 한 것이 그것이다.

100) 여전론에서 다산은 토지의 사유제도를 근절한 일종의 공동소유를 염두에 두고 있는 것은 분명하다. 그러나 그것이 국유적인 공동소유인지 여전(閭田)의 집단적 소유인지를 밝히지 않고 있으며 그 국가 주권의 성격에 대한 문제에 대해서도 해답을 주지 않고 있다. 이 공동소유에 대해 강만길은 국유적인 공동소유로 추정하고 있다.(강만길, 「다산의 경제사상」, 『다산의 생애와 사상』, 천주교 광주대교구 정의평화위원회(1986), p.70). 김광진도 그 '공동소유'를 봉건적 국가에 의한 공동소유라고 해석하고 있으며 여전제는 집단적 점유에 기초한 소유관계라고 보고 있다(김광진, 앞의 책(1962), p.125).

영이 없었다.[101] 이하 여 내의 생산 및 분배 형태를 통해 이 점을 살펴보기로 하자.

나. 생산과 분배

다산의 여전제에서는 여 내에서 토지는 공유되어, '내 땅 네 땅의 구별이 없고,' 생산은 '여민의 공동으로' 한다. 즉 여민이 공동노동과 공동경작을 수행하여 공동으로 생산하는 것이다. 또한 다산의 여전제에서는 여 안의 생산은 공동으로 하지만 소비는 가족단위로 한다. 따라서 수확 후에는 생산물을 가족단위로 분배하는 것이다. 이렇게 볼 때 다산의 여공동체는 가족과 사유·계급이 발생되지 않는 원시공동체(ursprüngliche Gemeinschaft)가 아니고, 사유와 계급·가족이 싹터 자란 이원적구조의 공동체(Gemeinde)인 것이며, 그것도 봉건사회의 기초가 되는 봉건적 농촌공동체라 할 것이다.

분배방식을 좀 더 구체적으로 고찰해 보자.

"여민들이 농경하는 경우, 여장은 매일 개개인의 노동력을 장부에 기록해 두었다가 가을이 되면 오곡의 수확물을 모두 여장의 집(여중의 都黨)에 가져온 다음, 그 곡물을 분배한다. 이때 공가(公家, 국가)에 바치는 세를 먼저 제하고, 다음에는 여장의 봉록을 제하며, 그 나머지를 가지고 일역부에 의거하여 노동량에 따라 여민에게 분배한다."[102] 이 분배방식을 예를 들어 설명한다면 "가령 공세(公稅)와 여장의 봉급을 제외한 곡물 전부가 1000곡 (1곡은 10두)이고, 장부에 기록된 노동일수가 2만일이라고 한다면, 매

101) 김광진, 앞의 책(1962), p.128.

102) 『與猶堂全書』 제1집, 제11권, p.4, 「田論」 3.

1일에 대한 배당곡물은 5승(升)이 될 것이다. 이러한 계산에 입각해서 만약 어떤 농부의 부부·자식을 포함한 전 가족의 장부에 기록된 노동일수가 800日이라면, 그가 배당받는 곡물의 양은 40곡이 될 것이다. 또 가령 어떤 농부의 장부에 기록된 노동일수가 10일이라면 그의 배당곡물은 5두 뿐일 것이다."[103]

이처럼 여전론은 '능력에 따른 노동과 노동에 따른 분배'를 그 원칙으로 하고 있다. 이는 다산이 창안해 낸 생산물의 분배방법이었다. 그러나 여기서 다산이 노리고자 하는 것은 차라리 능력이라기보다는 성실한 노력이라고 보아야 옳겠다. 그는 "노력을 많이 한 사람은 그만큼 배당곡물이 많고, 노력을 적게 한 사람은 그만큼 배당 곡물이 적을 것"[104]이라고 말하고 있다.

그 분배 기준을 도식으로 나타내면 다음과 같다.

여의 순소득 (여민에의 분배총량) = 총산출량 - (국가세금 + 여장봉록)

$$\text{가족별 분배량} = \frac{\text{여의 순소득}}{\text{여민 총 노동일수}} \times \text{가족별 투하노동일수}$$

그는 또한 "일역부에 의거하여 노동량에 따라 여민에게 분배한다."[105]고 하여 노동에 의한 분배원칙을 제시하였다. 이 원칙들은 여 내에서 놀고먹는 자를 허용하지 않는 분배원칙이다. 그는 더 나아가 일역부에 기입된 노동일 계산의 방법을 도입하여 평균분

103) 같은 글.
104) 같은 글.
105) 같은 글.

배를 반대하고 일정하게나마 노동의 양과 질에 의하여 분배받는 원칙을 규정하고 있다. 즉, 이른바 '필요에 따른 분배'가 아니라 '능력에 따른 분배'를 역설함으로써 노동에 대한 물적 인센티브를 인정하여 생산력 증대의 계기를 마련하고 있는 것이다.

그는 이와 같은 분배원칙을 통해서만 노동생산능률을 제고하여 농업생산을 급속히 발전시킬 수 있다고 생각하였다. 이와 같은 분배방식을 택하게 되면 "토지의 이용도(地利)는 충분히 발휘되며 토지의 이용도가 충분히 발휘되면 백성들의 자산이 풍족해지고, 백성들의 자산이 풍족해지면 풍속이 순후해지고, 효제의 윤리도덕이 확립"될 것이니 여전제는 "토지제도로서 가장 좋은 방법"[106]이라고 주장하였다.

다산은 여전제에서 "농사짓는 사람은 양곡을 분배받게 하고, 농사짓지 않는 사람은 양곡을 배급받지 못하게 할 일이다."[107]라고 하면서 노동에 의한 분배에 관심을 돌리고 있는데, 일반적으로 토지(자연)가 공유화되어 있는 전근대 사회에서는 노동이야말로 부를 일깨우는 가장 중요한 생산요소이기 때문에, 노동에 의한 분배는 너무나도 당연한 원칙이라 할 것이다.

이것은 물론 나라의 성원전체를 다 농업에 종사시키겠다는 의미가 아니라, 그는 오히려 농업생산에 주력하면서 사민(四民)의 분업을 명백히 하고 그것을 발전시킬 것을 기대하였다. 따라서 이 사상은 여 내에서 농업노동에 직접 간접으로 참가하는 사람이외에는 곡식을 분배받을 권리가 없다는 것을 의미한다.

---

106) 같은 글.

107) 같은 글.

2) 노동력의 자유로운 이동과 행정체계의 확립

다산의 여전제에서 또 하나의 문제는 여전제의 전국적 실시에 예견되는 여공동체간의 비옥도 및 인구증가율의 차이에 의한 불균형의 해소에 관한 문제였다. 다산은 이 문제에 대한 해결책으로 여 공동체간의 인구 및 노동력의 자유로운 이동을 제시하였다. 적어도 8~9년 동안 여민이 살기 좋은 곳을 찾아 자유롭게 이동하도록 허용하면 여공동체간의 불균형 문제는 해결될 것으로 보았다.

그것에 대해서 다산은 다음과 같이 설명하고 있다.

"여기 한 여가 있어 30가가 1여를 이루고 있다고 하자. 여장이 명령을 내려서 갑모는 이곳을 갈고 을모는 저곳을 김매라고 하여 각자의 할 일이 이미 나뉘어져 있다고 하자. 만일 어떤 사람이 쟁기와 보습을 짊어지고 처가를 이끌고 와서 한 터전을 달라고 한다면 이를 어찌 할 것인가? 받아들인다고 말해야 할 것이다. 그러나 1여의 전지(田地)는 더 이상 넓힐 수 없는데, 1여의 백성은 일정한 정수(定數)가 없다면 어떻게 될 것인가? 그러나 백성들이 이(利)를 좇는 것은 물이 낮은 곳을 찾아 흐르는 것과 같은 것이다. 전지는 넓은데 인력이 부족하다는 것을 알았거나, 전지는 작지만 생산되는 양곡이 많다는 것을 알았거나, 추수 때 분배받는 양곡이 많다는 것을 알았거나 한 다음에 쟁기와 보습을 짊어지고 처자를 이끌고 와서 한 터전을 달라고 하는 것이다.

반대로 한 여가 있는데 20가가 1여를 이루고 있다고 하자. 여장이 명령하여 갑모는 저곳을 갈고 을모는 이곳을 거름을 주라 하여 각자의 맡은 일이 이미 나뉘어져 있는데, 어떤 사람이 농기구를 짊어지고 처자를 이끌고 가면서 '다른 살기 좋은 땅으로 가겠다'고 한다면 이를 어떻게 할 것인가? 이 또한 허락을 할 수밖에 없다. 백성들이 해로운 것을 피하는 것은 물이 습한 곳을 피하는 것과 같기 때문이다. 즉 전지는 좁은데 인력은 남는다는 것을 알았거나, 노력은 배나 드는데 생산되는 곡물은 적다는 것을 알았거나, 가을의 배당곡물이 적다는 것을 알았거나 한 다음에 농사기구와 처자를 대동하고 다른 낙토(樂土)를 찾아가는 것이다. 그러므로 위에서 명령을 내리지 아니하여도 백성들의 택리(宅里)가 균등하게 될 것이고, 위에서 명령을 내리지 아니 하여도 백성들의 전지가 균등하게 될 것이며, 위에서 명령을 내리지 아니하여도 백성들의 빈부가 균등해질 것이다."108)

그는 여전제를 시행한지 8, 9년이 되면 인구의 분포상태, 토지의 비율, 노동생산량이 대체로 균등해질 것이고, 이때 비로소 호적을 작성하고 농민의 집을 등록시키고 문권을 만들어 농민의 이동을 인위적으로 관리·통제하여 행정체계를 확립하여야 한다고 하였다. 오직 노동의 생산성이 낮은 곳으로부터 높은 곳으로, 또는 토지에 대한 인구의 비율이 높은 곳으로부터 낮은 곳으로 이동하는 경우에만 한하여, 다시 말하면 여공동체간의 불균형이 해소되는 방향으로만 인구와 노동력의 이동을 허가하는 제도를 수립할 것을 제의하고 있는 것이다. 이것은 다산이 인구와 노동력의 자유이동에 의한 생산력의 균등화 이후에는 계획적 관리가 필요함을 주장한 것이라고 볼 수 있다.

그는 이 사실에 대해 다음과 같이 쓰고 있다.

---

108) 『與猶堂全書』 제1집, 제11권, p.5, 「田論」 4.

"그러나 이를 시행한지 8, 9년이 되면 백성들의 분포상태가 대체로 균등하게 될 것이고, 시행한지 10여 년이 되면 인구의 분포상태는 훨씬 균등해질 것이다. 백성들의 분포상태가 균등해진 다음에 비로소 호적을 작성하여 그들의 사는 집을 등록시켜 문권을 만들고, 이동을 관리하되, 한사람이 오더라도 이를 받아들이는 데 제한을 정하고, 한 사람이 떠나더라도 이를 허락하는 데 절제를 가해야 할 것이다."[109]

봉건시대에 농민은 토지에 긴박되어 이주의 자유를 가지지 못했다는 것은 잘 알려진 사실이다. 조선시대에서도 농민은 "양이 우리에 갇혀 있는 것"[110]과 같은 농노적 강압으로 인하여 토지의 부속물로 고착되어 있었다. 지배계급의 입장에서 볼 때 "백성들로 하여금 멋대로 오고 멋대로 가게 한다면 이는 마치 새와 짐승들이 서로 몰려다니는 것"[111]으로 생각되었으며 "백성들이 새와 짐승처럼 서로 몰려다니는 것은 난의 근본이 되는"[112]것으로 생각하였다.

잘 알려진 바와 같이 조선봉건왕조는 호패법(號牌法)과 오가작통법(五家作統法) 등의 행정체계를 정비하여 농민들이 수탈의 그물에서 벗어나지 못하도록 토지에 얽어매어 놓았다.

호패법이란 10세에서 70세까지 노동력이 있는 모든 장정들에게 신분에 따라 구별된 나무 조각(호패)을 차고 다니게 한 것을 말한다. 이 호패법은 '백성의 신분적 규정을 명백히 하여 봉건사

109) 같은 글.
110) 같은 글.
111) 같은 글.
112) 같은 글.

회의 신분적 계층에 착란이 없도록 하자는 뜻도 있었으나 그와 함께 농민의 조세인구를 확보하고 조세부담을 촌락의 연대 책임 하에 강징하려는 의도가 중요한 작용을 한 것이다."[113]

이 호패법은 그 위력을 발휘했는데, 1406년 호적에 등록된 장정이 37만 명이던 것이 30년 뒤에는 70만 명으로 늘어났다.[114] 30년 만에 거의 2배로 증가하게 된 것은 자연적인 인구증가도 있었지만 절대다수는 누락되었던 장정들이 호적에 등록되었기 때문이었다.

그리고 호패법에 의해서 파악된 장정들이 달아나는 것을 서로 감시하게 하고 연대책임을 지도록 하기 위하여 오가작통법이라는 것을 실시했다. 이 오가작통법은 다섯 가구를 하나의 '통'으로 묶어서 수탈대상과 병력을 확보하고, 민중들이 토지에서 이탈하는 것을 단속하기 위한 것이었다.

농민들이 토지에서 도망치면 양반지주나 봉건국가는 수탈량과 국가의 재정수입이 그만큼 줄어들기 때문에 이를 금지하고 농민들이 토지에 매여서 일만 하도록 하기 위해서 이처럼 세밀한 호패법과 오가작통법까지 실시했던 것이다.

이러한 상황 하에서 그가 농민의 이동의 자유를 제기할 수 있었던 것은 토지의 사적소유를 인정하기 않았기에 가능한 것으로 본다. 토지가 공전제원칙에 기초하였고 여의 공동경작권으로 되고 있는 상황에서 농민들을 결박하던 지주와 농민 자신이 자기 사유에 대한 관념이 없기 때문에 농민은 자연히 지대면에서 유리한 조건을 선택하여 그 이해를 따라 이동하는 것으로 볼 수 있기

113) 조기준, 『한국경제사』, 개정판, (일신사, 1979), p.197.
114) 이성광, 『민중의 역사』, (열사람, 1989), p.24.

때문이다.

물론 이와 같은 견해는 다산에게서만 볼 수 있는 것은 아니다. 반계도 『반계수록』에서 다음과 같은 견해를 제기한 적이 있었다. 그는 "만약 땅 전체가 메말라서 휴경법을 쓰지 않고는 수확을 얻을 곳이 없다면, 그 지방에는 곡식이 넉넉하지 못하기 때문에 자연히 농민들이 모여들지 않으므로 땅은 넓고 사람은 드문 곳이 될 것이며, 이렇게 되면 넓은 땅에 적은 수의 농민이 곱절의 농토를 소유하여 휴경법을 사용하는 것 또한 마땅할 것이다. 그러나 가령 인구가 대단히 많은 곳이면 이곳도 역시 점점 번성하게 될 것이요, 그렇게 되면 농민들이 혹자는 토지를 곱으로 받고 혹자는 전혀 받지 못하게 되는 일을 그냥 인정치 않을 것이고, 형제나 이웃사이에서 스스로 관부(官府)에 고발하여 차차 나누어 가지게 될 것이니 이는 모두 자연스러운 형세로서 항상 저절로 균평하고 합당함을 잃지 않게 되는 것이다."115)라고 말하고 있다.

즉 반계는 토지는 많은데 인구는 적은 곳이 있고 반대로 인구는 많은데 토지는 적은 곳이 있으므로, 주민의 이동을 허용하여 경지를 조절하고 주민을 고르게 배치해야 한다는 것을 시사하였다. 물론 인구와 노동력의 자유로운 이동에 관해서는 반계도 시사하기는 했지만 그것을 여전론과 결부시킨 것은 다산의 독창성이라고 할 만하다.

그러나 농민들의 여간(閭間)의 자유이동은 공동체는 본래 자기완결적인 성격의 유기체임을 그가 인식하지 못한 데서 오는 것으로 짐작된다. 백성들이 낙토를 찾아 자유롭게 이동하게 되면 자

---

115) 『磻溪隨錄』 권1, 田制 上, 「分田定稅節目」.

동적으로 지역 간의 불균형문제가 해결되리라고 말하고 있지만, 궁극적으로는 여공동체 자체의 해체를 가져오리라는 사실을 인식하지 못한 것은 그의 공동체관의 한계를 노정하는 것이라 하겠다.

3) 여전론과 비농민의 문제

다산은 농사짓는 사람에게만 토지를 얻게 한다는 원칙을 주장하여 사(士)를 비롯하여 상인과 수공업자 등 비 농민을 토지의 분배대상에서 제외하였다. 사회적 분업에 의하여 비 농민층도 다른 소득을 올릴 수 있고, 이것이 사회에 기여할 것으로 보았기 때문이다. 이는 한걸음 진전된 사회적 분업관을 보여주는 것으로서 그가 이와 같이 본업(농업) 이외의 말업(수공업, 상업 등)까지도 그 생산성을 강조하게 된 것은 아마도 북학파로부터 받은 영향과 차츰 기틀을 잡아가기 시작한 교환경제의 현실에서 받은 영향 때문으로 본다.

여기에서는 편의상 비 농민 중, 공상인과 사족을 나누어 설명하기로 한다.

가. 여전론과 공상인

유교사상에서는 물질적인 진보는 도리어 인간의 지와 덕을 해칠 우려가 있다고 생각했다. 본래의 유가에서는 제왕이나 군자가 질소(質素)와 검박(儉薄)으로 거의 금욕주의적인 생활을 할 것을 요구하고 국가의 정치도 그런 방향으로 행해야 한다고 했다.[116]

이런 물질 경시의 사상이 정책면에서는 농업을 기본으로 여기고 상공업을 누르는 이른바 '농본억말'로 나타난다. 이러한 유교의 농본억말은 산업의 사회적 분업에 의한 발전을 저해하는 경향

116) 고병익, 앞의 논문(1985), p.77.

이 있으며, 또한 영리의 추구를 천시하는 풍조를 가져왔다고 볼 수 있다.[117] 농업이 천하의 대본이라는 것은 농업사회에서 당연한 일이지마는 유교사회에서는 상공업이 다른 어디에서보다도 천시되고 억압되었다.[118] 또한 사족으로 굶어죽는 한이 있더라도 농업에는 종사할지언정 상공업이라는 천역(賤役)에 종사할 수는 없을 것이라고 생각했다.[119]

그리하여 상공업에 의한 물질적인 발전은 거의 이루어지지 못했는데, 이것은 유교사상에서는 도리어 생활상태가 고대와 유사하다는 점에서 환영할 일이었던 것이다. 여기에 유교의 경제발전이라는 측면에서 한계가 있다고 생각한다.

조선봉건 양반계급의 전통적인 사상은 사농공상의 신분적 원칙을 고수하면서 상업을 말업으로서 천시하였으며 화폐를 오물로 배척하는 태도를 취하고 있었다. 그들은 상인계급을 신분적으로 비하하고 경멸함으로써 그들에 대한 억압과 수탈을 용이하게 하고 있었던 것이다. 조선후기에 있어서도 농본억말사상은 사회의 통념처럼 되어 있었다.

다산은 이러한 사회의 통념에서 한 걸음 더 나아갔다. 즉 그는 중농주의를 견지하면서도 상업과 공업을 천시하지는 아니했던 것이다.[120]

---

117) 김일곤, 앞의 책, pp.90~91.

118) 고병익, 앞의 논문(1985), pp.77~78.

119) 같은 논문, p.78.

120) 여전제(閭田制)에 상응하여 상업, 공업에 대하여서도 일정한 고안이 있었을 것인데, 「전론(田論)」본문 중에는 찾을 수 없다. 뿐만 아니라 여전제를 실시하자면 반드시 정치적 및 경제적으로 전제하지 않으면 안될 조건들이 당연히 논급되었을 텐데 「전론(田論)」 본문에는 또한 볼 수 없다. 이에 대해 최익한은 시대 기휘(忌諱)의 관계로 그 부분을 저자가

기간산업인 농업에 힘쓰는 것과 말리(末利)를 추구하는 상공업을 억제하는 것, 즉 무본(務本)과 억말(抑末)의 등식관계는 오랫동안 하나의 철칙으로 되어 왔었다. 전통적 농업사회에서 한 나라의 노동량이 일정하다고 가정할 경우 상공업 인구의 상대적 증가는 농업인구의 상대적 감소를 의미하며, 그것은 결국 농업의 쇠퇴와 연결되는 것으로 이해할 수 있다. 이와 같은 관계를 비교적 자세히 설명한 사람이 다산이다.[121)]

그는 중농과 억말을 가르치는 것이 왕정의 당면한 과제라고 생각하였다. 그의 논리에 따르면 말업의 억제가 곧 농업의 발전이다. 그는 수안금점(광) [遂安金店(鑛)]의 예를 들어 “놀고 있는 사람과 떠도는 사람들이 광산으로 가버려서 농가에서 일꾼을 구하기가 어려워질 것”[122)]이라고 지적한 적이 있었다. 그러나 그는 상업을 농업에 비하여 부차적인 것이며 말업에 속하는 교활하고도 비속한 직업이라고 인정하면서도 그것은 백성들의 생활에 필수적인 것이므로 발전시켜야 된다는 입장에 서 있었다.[123)]

반계와 성호는 농업중심사회체제를 유지하면서 이상사회를 추구하고 있는데, 이는 17·18세기 조선후기사회가 근대사회로 이행하는 과도기에 있었지만 아직 생산력수준이 농업중심사회를 벗어나지 못한 단계였기 때문에 그에 맞는 생산관계를 부정할 수 없다는 데서 연유한 것으로 짐작한다.[124)]

발표하지 아니하였거나 혹은 그 자손들이 그의 본집 중에서 삭제한 것으로 추정하고 있다(최익한, 앞의 책, p.538).

121) 김병하, 앞의 책, pp.97~98.

122) 『經世遺表』 권7, 地官修制, 田制 9, 「井田議 1」, p.31.

123) 김광진, 앞의 책(1962), p.256.

124) 지두환, 「조선후기 실학연구의 문제점과 방향」, 『태동고전연구』 제3집,

다산 역시 기본적으로는 그 틀을 벗어나지 못했던 것으로 본다. 물론 18세기말 이미 인구나 생산력 수준을 비롯하여 곡물시장 및 시장발달,[125] 수공업발달, 명산지의 광범한 등장, 신분제 동요, 인구이동 등의 상황을 반영하여 다산은 중농주의를 견지하면서도 종래 농본억말을 주장한 자들과는 견해를 달리하였다.

그는 우선 종래 선비, 농민, 공장인(匠工人), 상인의 엄격한 신분관계를 절대화하지 않았다. 그는 「전론」을 비롯한 여러 곳에서 놀고먹는 선비의 농사로의 직업전환을 강조하고 있다. 동시에 선비가 상인이나 장공인이 될 것도 권장하고 있다. 즉 "그러나 선비가 반드시 직업을 바꾸어서 농사에 종사할 수 없는 사람이 있을 것인데, 이런 경우엔 어찌할 것인가? 그런 경우에는 공업이나 상업을 할 수도 있을 것이다."[126] 라고 말하고 있다. 또한 만년의 『경세유표』에서도 "지금 우리나라에는 사농공상이 뒤섞여서 구별이 없는데...... 비록 그 사이에 농사짓지 않는 사족이 끼어서 사는 것은 구애하지 않더라도 공상 두 백성만은 읍성 안에 집결시켜야 한다."[127]고 주장하였다. 이와 같이 다산은 농업과 수공업과 상업의 사회적 분업을 강조하였다. 그에 의하면 "공장[工匠, 수공업자)은 그들이 만든 기구로써 곡식과 교환하게 하고 상인은 그가 화폐로써 곡식을 사게 하여"[128] 각각 독립된 분업으로서 자기의 직

(한림대학 부설 태동고전연구소, 1987. 2), p.139.

125) 이세영, 「18, 9세기 곡물시장의 형성과 유통구조의 변동」, 『한국사론』 9, (1983) ; 한상권, 「18세기 말~19세기 초의 장시(場市)발달에 대한 기초연구-경상도 지방을 중심으로」, 『한국사론』 7, (1981).

126) 『與猶堂全書』 제1집, 제11권, p.5, 「田論」5.

127) 『經世遺表』 권8, 地官修制, 「田制」 10, p.7.

128) 『與猶堂全書』 제1집, 제11권, p.5, 「田論」 5.

업에 전념케 할 것을 주장하였다. 이와 같은 그의 분업관은 당시 상품·화폐경제의 발전의 결과 신분·계급적관계와 와해되어 가던 사회의 현실적 관계의 반영이라 하지 않을 수 없다.

그러나 그의 사회정치적 견해를 일관하는 봉건국가에 관한 이해의 제한성으로 말미암아 수공업, 화폐유통, 상업의 자유로운 발전 여지는 충분히 인정하지 않고 있다. 이것은 비록 상품·화폐관계가 발전은 하고 있었으나 아직도 자본주의 발전의 미숙성으로 말미암아 뚜렷하게 자본주의적 요구를 제기할 수 없었던 당시의 사회경제적 발전 그대로의 반영이라 할 것이다.

다산은 상업을 일정하게 발전은 시키되 농업발전과의 연관에서 고찰하여 그들의 사회적 신분은 높지 않게 해야 한다고 생각했다. 대상인과 독점상인들의 부당한 이윤추구를 억제하며 중간수탈자의 약탈과 억압에서 중소상인들의 지위를 일정하게 개선하되 국가적 통제 하에서 질서 있게 발전시키려 하고 있는데, 이는 마치 서구에서처럼 자유로운 산업적 중산자 층의 성장이 특권상인들의 규제로부터의 해방에 의해서 촉진되었음을 연상케 한다.

이와 같이 중소상인의 지위를 개선하되 국가적 통제 하에서 질서 있게 발전시키려 한 것은, 농민을 사적 지주적 토지소유자들인 지주, 양반의 착취와 관리의 중간수탈에서 벗어나게 하기 위하여 토지에 대한 공전제 원칙을 농민들의 생활을 개선하려한 것과 같은 이상적 설계였으며, 그 본질에 있어서는 봉건국가적 이익을 대변했다는 것을 말해 준다.

그러면 다산은 광업에 대해서는 어떤 견해를 가졌는가? 「전론」에는 광업에 관한 기록이 없으니 그 이전과 그 이후의 저작에서 유추해 볼 수밖에 없다.

다산은 그가 관료후보로 있을 때인 1789년(정조 13년)에 「지리책(地理策)」에서 "사금 나는 곳과 은광에는 모두 금령이 있고 동로철점 (銅爐鐵店)에서는 모두 중세(重稅)를 징수하므로 부민(富民)은 침탈을 두려워하여 경영하지 않고 가난한 백성들은 파산하여 옮겨간다. 마땅히 특별지시를 내려 각 지방의 동광(銅鑛)은 민간인의 제련을 허가하고 철점(鐵店)을 너그럽게 하며 산택(山澤)의 이(利)가 날로 일어나서 백성과 나라가 함께 부유하게 될 것이다."[129]라고 하여 당시의 지배적 광업경영체제인 설점수세제(設店收稅制)의 실시, 광업민영화를 주장하였다.

그리고 1789년(정조 22년) 곡산부사 재직 중에 올린 「응지논농정소」에서는 설점수세제를 거부하고 광업국유화를 주장하게 되었다. 그는 「응지논농정소」에서 설점수세제하의 민영광업을 엄금하고 국영광업정책을 시행함으로써 국가재정을 확대하고 금은유출로 인한 국가경제의 손실을 막고자 하였다. 그러나 이것은 농본주의적인 중농정책의 일환으로 제기되어 광업을 독립된 분업으로 발전시키려는 데에는 이르지 못했다.[130] 「전론」에서는 농본억말적 사민관에서 어느 정도 벗어나 직업의 평등화를 지향하였으나 그에 바탕을 둔 광업론은 마련하지 않았다.

다산의 광업론은 유배생활 말기의 대표적 저작인 『경세유표』와 『목민심서』에서 비로소 광산국영화론으로서 종합적이고 논리적으로 체계화하기에 이르렀다.

---

129) 『與猶堂全書』 제1집, 제8권, p.11. 「地理策」.

130) 임병훈, 「다산 정약용의 국영광업정책 경영론-사회개혁사상의 발전 및 사회개혁론체계와 관련하여-」, 『동방학지』, 제54·55·56합집, (1987. 6), p.673.

다산은 『경세유표』에서 농기구 제조에 필요한 철을 제외한 모든 광물은 민간의 채굴을 금하고 모두 정부가 직접 채굴해야 한다고 다음과 같이 주장하였다.

"우리나라는 산악이 웅장하여 금·은·동·철이 곳곳에서 산출된다. 강계의 은파동(銀坡洞)과 수안의 홀곡점(笏谷店)등은 우연히 노출된 곳이다. 관가에서 채굴을 금지하는 것이나 간사한 백성들이 법을 어기고 도채(盜採)하는 것이 모두 마땅하지 않다. 무릇 금·은·동이 나는 광혈(礦穴)은 모두 관에서 비용을 들여 채굴하고 사채(私採)가 있으면 몰래 주전(鑄錢)한 것과 동률(同律)로 다스리고 다만 철광(鐵鑛)만은 백성들에게 사채(私採)를 허가하는 것이 마땅하다고 생각한다. 그리고 동(銅)을 주조하는 법은 이용감(利用監)이 북쪽의 중국에서 배워 와서 사광서(司礦署)에 가르치는 것이 마땅하다."[131]

여기에서 보는 바와 같이 광업 민영화를 거부하고 국영화의 필요성을 강조하면서 국가의 광업 관계업무를 전담할 관청으로서 사광서(司礦署)의 설치, 운영을 주장했는데, 이 같은 그의 주장은 바로 「주례」에 의거해서 구상 제시한 것이었다.[132]

그는 광산은 반드시 국가가 경영해야 하며 그렇지 못한 경우는 사채(私採)에 맡기는 것보다 차라리 폐쇄하여 두는 것이 옳다는

131) 『經世遺表』 권1, 地官戶曹 2, 「司礦署」, p.18; 같은 책, 권 7, 地官修制, 「田制」 9, pp.31~33 참조.

132) 원유한, 「조선후기 실학자의 광업론 연구-다산 정약용의 광업국영론을 중심으로」, 『한국근대사회경제사연구』 (노산 유원동박사화갑기념 사학논총, (정음문화사, 1985), p.470.

견해를 견지하고 있었다. 그의 주장은 결국은 금·은·동·철 등 재부를 국가가 직접 경영함으로써 사채(私採)로 인한 폐해를 방지하며 국가의 재정적 기초를 확고히 보장하자는 견해였다.

그가 광업국유화론을 주장하는 근거는[133] 첫째, 공전을 유상매수하기 위한 국가의 재정적 원천으로 국가에서 광산을 경영하자는 것이었으며 둘째, 일단 유사시를 위한 국가의 저축을 위해서였으며 셋째, 사채(私採)에 의한 금의 중국으로의 유출을 방지하기 위해서였으며 넷째, 사채(私採)에 의한 각종 폐해를 방지하기 위한 대책으로 제기되었으며 다섯째, 개인 광산경영자가 관리들과 결탁하여 이익을 획득하는 것을 방지하자는 것이었다.

조선 전기에는 은(銀)의 사채(私採)와 은화(銀貨)의 사용이 금제(禁制)되었다. 동시에 은광의 채굴은 관영 형태 하에서만 실현될 수 있었다. 그러나 임진왜란을 겪으면서 객관적인 여건에 의하여 연은광(鉛銀鑛)의 채굴이 강요되었고, 이에 따라 관채(官採)와 민채(民採)가 아울러 실시되다가 1651년(효종 2)에 이르러 사채행위(私採行爲)를 공인하는 설점수세제가 실시되었다.[134] 따라서 다산이 경험한 시대의 지배적 광업체제는 '설점수세제'였다.

'설점수세제(設店收稅制)'는 17세기 중엽에 관영 광업경영체제와 광업민영체제를 절충 통합한 것이라 할 수 있다. 그런데, '설점수세제'는 부상대고(富商大賈)등 물주가 관청의 허가를 받고 광산을 개발하게 되는 것인데, 이 경우 부상대고(富商大賈)등은 광산에 자본을 투입하고 경영에 참여하여 일정 액수의 광세(鑛稅)를

133) 『經世遺表』 권11, 地官修制, 「賦貢制」 5 참조.

134) 유승주, 「조선후가 광업정책론」, 『한국사상대계』 Ⅱ, (사회경제사상편), (성균관대학교 대동문화연구원, 1976), p.577 참조.

바치고 이윤을 취하는 광업경영체제인 것이다. 이 같은 설점수세제에 의한 광업경영에서는 부상대고(富商大賈)등이 자본주가 되어 전기적 자본형태인 상업자본을 투입하고 임노동자를 고용하는 등, 근대자본주의적 생산양식의 맹아를 확인할 수 있다.

그런데 다산이 경험한 영·정조시대에 봉건조선왕조 당국이 민영화 지향적 설점수세제를 부정하고 시도한 광업국영화정책이나, 또한 영·정조시대를 배경으로 해서 다산이 제시한 광업국영화론에서는 그 당시 광업계에 나타나고 있던 근대지향적 생산양식의 맹아를 억제하고 있었다.

요컨대 다산이 구상하여 제시한 광업국영론에서는 부상대고(富商大賈) 등 민간인 자본주(물주)가 상업자본 등 전기적 자본을 광산생산에 투입하고 경영에 참여하여 이윤을 추구하는 길이 막히게 되는 것이다. 또한 자유로운 임노동자가 광산물 채굴에 종사하는 길이 통제되고 있다.[135] 이러한 관점에서 민영화 지향적 설점수세제를 부정하고 광업국영을 주장하는 다산의 광업론에 내재된 보수적 성격을 뚜렷이 읽을 수 있다.

그러면 그에 의하여 구상된 국가 경영광산의 성격은 어떠하였는가? 물론 그것은 봉건적 경영방법을 벗어날 수 없었다. 광산에서 일하는 자는 신분적으로 자유로운 자가 아니었고 봉건적 노동자였다. 이 모든 것은 그의 광산경영론이 봉건국가에 의한 광산경영론이며 여기에는 중세기적인 지배와 착취관계가 놓여있다는 것을 말해준다.

그렇다면 다산의 광업국영론이 광업계에서 새롭게 나타나는

135) 원유한, 앞의 논문, p.490 참조.

근대지향성을 수용하는 과정에서 역기능하게 되는 원인은 어디에 있었을까. 그것은 다산이 중앙집권적 지배체제를 재정비하고 강화하기 위해 제반 국가정책의 목표를 귀일시키고 있던 영·정조시대의 지배층의 논리에 입각해서, 그의 제반 현실개혁론을 구상하고 체계화했다는 데 중요한 원인이 있다고 볼 수 있다.

이상과 같은 다산의 광업국영론은 토지문제의 여전론과 함께 특징 있는 경제정책론의 하나로 볼 수 있을 것 같다. 다산의 광업국영론은 그의 여전론에서 보이는 생산수단으로서의 토지를 국유화하려는 생각과 상통하는 것으로도 볼 수 있다. 여전론이 국가와 농민사이에 존재하는 지주를 없애 농민을 경제적으로 국가권력과 직결시키려는 경제정책의 표현이었다고 한다면 광업국영론도 광산경영에 있어서의 민간자본의 존재를 배제하고 광업생산을 국가재정과 직접 연결시키려는 경제정책이었다고 할 수 있을 것이다.

따라서 여전론과 광업국영론에 한정하여 그의 경제사상을 성격지운다면 중세적 귀족세력 및 그것과 결탁된 경제세력의 경제기반을 무너뜨리고 왕권 내지 국가의 권력을 강화시키고자 했다는 견해[136]에 동의할 수 있을 것이다. 다시 말하면 다산의 경제사상은 중세적 귀족세력을 무너뜨리되 새로이 발흥하려는 근대지향적 세력을 위해서가 아닌, 왕권의 재강화를 위한 것이었다는 사상의 보수성을 불식하지 못하고 있다.

---

136) 강만길, 「정약용의 상공업정책론」, 『조선시대 상공업사연구』 (한길사, 1984), p.264.

나. 여전론과 사족

조선후기는 전통적인 신분제도가 동요·붕괴되어가는 시기였다. 실력 있는 일부 노예나 상민 및 서얼들에게 면천(免賤)·종량(從良), 혹은 관도에 오를 수 있는 길을 마련해 주어야 한다는 것은 율곡 이이 이래 많은 실학파들의 공통된 견해였다. 이것은 일부 노비나 상민층의 신분을 상승시켜 줌으로써 신분제의 모순을 완화하려고 한 것이었고, 왜란 전후만 하더라도 '양인은 적고 천민은 많은(良小賤多)' 문제가 최대의 관심사가 되었다. 그러던 것이 18세기에 접어들자 노비론은 자취를 감추고 대신 놀고먹는 양반에 대한 대책이 논의의 중심이 되어 갔다. 그것은 그동안 신분제에 광범위한 변동이 있었기 때문이다. 양반호(兩班戶)는 격증하고 상민호(常民戶)는 감소되고 노예호(奴婢戶)는 소멸되어 가는 것이 일반적인 추세였다.[137]

납속수직(納粟授職), 납속면천(納贖免賤), 대구속신(代口贖身), 노비 종모종량법(奴婢 從母從良法), 모칭유학(冒稱幼學), 족보위조(族譜僞造) 등 합법적, 비합법적 방법을 통해[138] 다산이 살던 시대에는 관직이 없이 놀고먹는 양반이 전 인구의 태반을 차지하는 지역도 있었다. 이와 같이 소위 양반의 명목을 가지고 놀고먹는 많은 무리들은 농민을 착취하며 살아가고 있었으며, 이로 말미암아 농민은 더욱 피폐케 되고 농업은 더욱 황폐하게 되었다.

다산은 일찍이 국왕 정조의 발문에 응대한 「농책」에서도 선비들이 놀고먹는 것에 관하여 다음과 같이 비판한 적이 있었다.

137) 김용덕, 「조선후기의 민권사상(6)」, 『광장』 49호, (1977. 7), p.5.
138) 김현영, 「다산 정약용의 사족보호론」, 『논문집』 제17집, 공군사관학교, (1983. 12), pp.90~91.

"우리나라의 소위 사대부란 것은 땅에 떨어지면 생원(生員)이요 포대기(襁褓)에 싸였어도 정승판서라. 높은 갓과 넓은 띠로 글줄을 찾고 글자를 세며 양역(良役)은 그들을 침범하지 못하고 신포(身布)도 그들은 내지 않는다. 남을 멸시하고 권세를 부려서 인민의 고혈을 빨아먹으니 이는 모두 놀고먹는 자들로 농사를 해롭게 하는 무리이다."[139)]

다산은 이와 같이 벼슬도 하지 않고 무위도식하는 선비들을 퇴치하려면 여전법에 의거하지 않으면 안 된다고 주장하였다. 그는 또한 「전론」 5에서 "대저 선비란 어떤 사람들이기에 손발을 놀리지도 아니하고 남의 땅을 삼키고 남의 노동력을 착취해서 먹고 사는가?"[140)]라 적고 있으며, 「신포의」에서는 "무릇 사람은 누구나 모두 신체를 가지고 있다. 모두 신체를 가지고 있다면 어떤 신체에는 신포를 징수하고 어떤 신체에는 신포를 징수하지 않을 수 있겠는가."[141)]라고 하고 있다.

그러나 양반층에 대한 비판은 단지 이러한 사회적 불평등이라는 이유에서만이 아니라 양반층의 증대로 야기되는 생산력의 침체나 재정빈곤과 같은 폐단 때문이기도 했다. 즉 이는 「신포의」에서 "그러므로 양반이 많으면 사람의 노력이 줄어들고, 사람의 노력이 약해지면 지리(地利)가 개척되지 않고, 토지의 이익이 개척되지 않으면 나라가 가난하여지고, 나라가 가난하여지면 선비를 권장할 수 없고, 선비가 권장되지 못하면 백성은 더욱 곤궁하여진

---

139) 『與猶堂全書』 제1집, 제9권, p.15, 「農策」.

140) 같은 책, 제1집, 제11권, p.5, 「田論」 5.

141) 같은 책, 제1집, 제9권, p.24, 「身布議」.

다."[142]고 말하고 있다.

다산은 양반도 국정에 참여할 기회를 잃어 사의 직책을 다할 수 없을 때에는 양반이라는 이유만으로 남의 토지수익을 수탈해도 좋다는 특권이 허용될 수 없다고 하였다.

즉 그는 「전론」 5에서 "대저 선비들이 놀고먹고 있기 때문에 전지(田地)의 이용도가 충분히 발휘되지 못하고 있다. 놀고서는 곡물을 배당 받을 수 없다는 것을 안다면, 장차 직업을 바꾸어서 농사에 종사해야 한다. 선비가 직업을 바꾸어서 농사에 종사하게 되면 풍속이 순후해질 것이며, 선비가 직업을 바꾸어서 농사에 종사하게 되면 난민이 없어질 것이다. 반드시 직업을 바꾸어서 농사에 종사할 수 없는 사람이 있을 것인데, 이런 경우엔 어찌할 것인가? 그런 경우에는 공업이나 상업을 할 수도 있을 것이요, 아침에는 들에 나가 농사를 짓고 저녁에는 집에 돌아와 고인의 서적을 읽는 삶도 있을 것이다. 부유한 집 자제들을 가르치는 것으로써 생계를 도모할 수도 있을 것이요, 실용적인 이치를 연구하여 토지에 적합한 농작물을 연구하고, 수리(水利)를 일으키고, 기계를 제조하여 노력을 덜어주기도 하며, 농사기술과 목축법을 지도하여 농민에게 도움을 줄 수도 있을 것이다. 이와 같은 사람들은 그 공이 어찌 근육노동을 하는 사람의 그것에 비할 수 있겠는가? 하루의 일을 열흘로 기록하고, 열흘 동안 한 일을 백일로 기록하여 그에 따라 곡물배당을 받아야 옳을 것이다. 선비라고 어찌 곡물배당이 없을 것인가?"[143]라고 주장하였다.

그는 특히 선비들의 정신노동을 높이 평가하여 그 공은 육체노

142) 같은 책, 제1집, 제9권, p.25, 「身布議」.

143) 같은 책, 제1집, 제11권, pp.5~6, 「田論」 5.

동의 그것에 비할 수 없으며, 1일의 노동을 10일의 노동으로 계산하여 곡물을 배급할 수 있음을 시사하였다. 이는 "귀하고 천한 구별이 육체노동과 정신노동에 의하여 나뉘게 된다."[144]고 하여 분업으로 분식한 봉건적인 신분적·계급적 차별을 합리화한 반계의 사상보다는 한걸음 진전되고 있지만 아직도 그 잔재를 벗어나지 못하는 한계를 가지고 있다.

이상과 같이 다산은 놀고먹는 선비를 부당한 존재로 생각하였고 그들이 농업에 종사해야 농민의 위신이 제고될 수 있으며 선비들 때문에 야기되는 폐단이 없어질 것이라고 생각했다. 선비를 농사에 종사하게 하거나 또는 농업과 관련된 기술노동 또는 자제들의 교육에 종사하게 해 놀고먹는 사람이 없도록 하자는 견해에는 관점에 따라서는 진보적인 면이 보이기도 하나 이것 역시 중농사상에 근거하고 있다는 한계가 있다.

이상에서 살펴본 바와 같이 다산은 놀고먹는 양반층도 생산자화 함으로써 생산물의 분배에 참여시키려고 했다. 또한 반계, 성호, 연암 등의 선배학자들이 국가권력에 의하여 토지가 재분배된다고 하면 양반들도 토지지급이 대상이 되어야 한다고 본데 반해, 다산은 양반들에게 토지를 지급해서는 안 된다고 보았다. 다산의 토지관은 기본적으로 토지가 공유되고 농사짓는 농부들에게만 토지를 지급해야 된다는 것이었다.

「농책」, 「응지논농정소」의 초기농업론에서는 사농의 관계는 적어도 비 신분적으로 파악했지만 전체적으로 사농과 상공의 차능을 두는 농본억말적 사민관에서 벗어나지 못하고 있었다. 「전론」

144) 『磻溪隨錄』 권1, 田制下, 「田制雜議附」.

단계에서는 이런한 농본억말적 사민관에서 벗어나 농본주의적 경향이 후퇴하였다. 그는 사회적 분업론의 차원에서 농업과 공상을 분리시켜 독립적 분업으로 각기 발전시키고자 했지만, 그러나 아직 농업생산에 주력하는 중농정책을 견지하여 사농과 같은 사상·사공의 개념을 적극적으로 전개하고 있는 것은 아니다.[145)]

다산의 사상은 중농관에서 출발하여 근대산업의 핵심인 공업, 상업의 중요성도 어느 정도 인식하여 궁극적으로는 직업의 평등론에 가까워 질 수 있었다. 즉 다산이 사농공상의 질서에 의한 귀천의식을 부정하고 직업에 대한 평등원리를 내세웠다고 보는 견해[146)]에 대해 수긍할 수 있는 것이다.

그런데 다산은 사농공상의 사민을 직업적 분화층으로 뿐만 아니라 계급적 입장에서도 평등의식을 가지고 있었다고 볼 수 있을 것인가? 즉 전통적 신분자체, 양반제도 자체를 반대하였다고 할 수 있을 것인가? 그렇게 보기는 어려울 것이다.[147)] 그는 벼슬도 하지 않으면서 양반 행세하는 빈 이름만 있는 양반을 반대한 것으로 본다. 다산의 신분사상의 핵심이 드러나고 있는 일표이서를 살펴보면 그것을 알 수 있다. 그는 여기에서 인간의 계급 내지 신분의 분기는 아주 주어진 것이며, 이것을 언제까지나 변함없이 유지해가는 것이 국가사회를 안정시키고 무사태평을 누릴 수 있는 것이며 이것이 무너지면 국가사회의 위기를 초래하는 것으로 생각했다.[148)]

---

145) 김영호「정다산의 직업관-사민구직론을 중심으로-」『천관우선생환력기념한국사학논총』, 정음문화사, 1985. 12), pp.727~732 참조.

146) 이배용, 「다산의 신분관에 대한 재검토」, 『조선신분사연구』, (법문사, 1987), p.236.

147) 같은 논문, p.236 참조.

즉 『목민심서』, 「변등(辨等)」에서[149] 다산은 "벼슬을 해서 군자가 된 자로서 그 지위가 존귀한 자와, 노동을 하여 소인이 된 자로서 그 지위가 비천한 자의 두 등급"[150]이 있다고 주장하고 있다. 여기에서 보면 군자와 소인은 후천적 구분이기는 하지만 근본은 세습적으로 고정된 계급임을 시인하고 있다. 즉 일단 어떠한 연유에서든 설정된 위계질서는 뛰어넘을 수 없는 고정된 관념으로 보고 있는 것이다. 이는 정면으로 인간의 평등을 부정하는 사상인데 그것은 다산이 양반계급 출신인 데에서 온 한계성이라고 볼 수 있겠다.

이와 같은 계층논리는 다음과 같은 예에서도 잘 나타나고 있다. "이처럼 등급을 구별하는 정책은 비단 소인들만 징계하자는 것이 아니라, 중간층이 상층을 범하는 것도 역시 좋지 않기 때문이다."[151] 그리고 이와 같이 등급제도를 엄격히 구별해야 할 필요성에 대하여 "등급을 구분한다는 것은 백성들의 정신을 안정시키는 데 중요한 의의가 있다. 등급에 따르는 위엄이 명확치 않아서 위계가 문란하면 백성들은 분산되고 기강은 없게 된다."[152]라고 했다.

그는 계급제도, 본질상 계급적 차별제도의 문란은 나라의 정치를 위태롭게 하는 것이라고 보고 우선 등급제도를 바로 잡는 것이 급선무라고 생각하였다. 그는 등급제도를 합리화했을 뿐만 아

---

148) 송주영, 「정다산의 계급관」, 『한국실학사상대요』, (박영사, 1979), p.249.

149) '변등(辨等)'이란 등급(等級)을 구별한다는 뜻이니, 즉 귀천을 밝히고 등렬(等列 : 지위의 서열)을 구별한다는 것이다. 여기서는 신분의 지위와 위세 및 그 상징을 구별할 것을 다루고 있다. 다산의 신분관연 구에서는 이 「변등(辨等)」조(條)를 어떻게 볼 것이냐 하는 것이 열쇠이다.

150) 『牧民心書』 권8, 禮典 제5조, p.1, 「辨等」.

151) 같은 책, 권8, 禮典 제5조, p.2, 「辨等」.

152) 같은 책, 권8, 禮典 제5조, p.1, 「辨等」.

니라 양반계급의 입장에서 그 이익을 대변하고 있다. 그는 말하기를 "내가 오랫동안 민간에 살면서 수령에 대한 비판과 칭찬이 모두 이 등급을 구분하는 데에서 나오는 것임을 알았다. 수령으로서 백성을 사랑한다는 자들이 편파적으로 강한 자를 누르고 약한 자를 도와주는 것임을 알았다. 수령으로서 백성을 사랑한다는 자들이 편파적으로 강한 자를 누르고 약한 자를 도와주는 것을 위주로 삼아서, 귀족을 대우하지 않고 오로지 소민(백성)만을 대우해주기 때문에 원망이 비등할 뿐만 아니라, 또한 풍속까지 문란해지니 이는 아주 좋지 않다."[153]라고 하였다. 이와 같이 다산은 어디까지나 봉건적 등급제도 질서를 합리화하기 위한 계급적 입장에 서 있었다.

한편 다산은, "나는 한 가지 바라는 바가 있는데, 차라리 온 나라 사람들이 모조리 다 양반이 되어 버렸으면 하는 것이다. 온 나라 사람이 모조리 양반이 되어 버린다면 이는 곧 온 나라에 양반이라는 것이 따로 남아 있지 않게 될 것이다."[154]라고 하였다. 이것을 보고 다산이 봉건적 신분제도를 부정하는 것처럼 해석하는 사람이 있는데 이것은 잘못된 것이다. 이미 살펴본 대로 다산이 살던 시대에는 사대부 양반계층이 '벌열'과 '사(士)'로 분화되어 '사'의 위치가 신분적으로는 '벌열'층과 다름이 없었으나 그 현실적 처지는 농·공·상의 서민들과 별 차이가 없었다. 다산이 본 사족은 힘없고 권세 없는 자로 몰락한 자들이었다. 그가 온 나라의 사람을 모조리 양반으로 만들고 싶다고 한 견해는 벼슬도 하지 않으면서 양반 행세하는 빈 이름만 있는 양반을 반대한 것으로

153) 같은 책, 권8, 禮典 제5조, p.2, 「辨等」.

154) 『與猶堂全書』 제1집, 14권, pp.23~24, 「跋顧亭林生員論」.

보아야 할 것이다. 즉 "옛날부터 선비를 첫째로 일컫고 농민을 둘째로 일컫는데 선비라는 것은 벼슬살이하는 자를 말하는 것이다. 다시 말하면 국가기관에 위임하여 나라 일에 복무하는 사람이 선비인 것이며 선행학문을 배워 장차 벼슬할 사람이 선비이다. 그런데 벼슬살이도 하지 않으며 농업에도 종사하지 않고 또는 일생 한 글자의 글도 읽지 않으면서 선비로 자처하며 빈 이름만 표방하고 있다."[155]고 하는 것으로 보아 그가 선비 즉 양반제도자체를 반대한 것이 아니라 양반의 과도한 팽창, 그들의 무위도식, 그들의 특권과 폐해를 반대했다는 것을 알 수 있다.[156]

다산은 온 나라 사람들이 모조리 다 양반이 되어 버렸으면 하는 견해에 이어서 "젊은이가 있기 때문에 늙은이가 있는 것이며, 천한 이가 있기 때문에 귀한 이가 있는 법이다. 만일 모두가 다 높은 사람이 되어 버린다면 이는 곧 높은 사람이라는 것이 없어져 버리는 것으로 되기 때문이다."[157]라 하고 있는데, 양반과 천민의 차이는 남녀노소의 차이를 같은 원리로 보는 점이 근대적인 평등사상과 모순되는 것이다. 즉, 남녀노소는 인간이 좌우할 수 없는 우주의 근본원리이다. 그러나 귀하고 천한 것의 관념은 인간이 인식하는 정도의 차이에 따라 달라질 수 있는 것이기 때문에 세상이 꼭 양반과 천민의 구별이 있어야 된다는 관념은 결국은 다산이 유교적인 신분논리의 테두리를 완전히 벗어나지 못했음을 시사해 주는 증거라고 할 수 있다.

위와 같은 계층윤리는 그의 노비관에서 보면 더욱 확실히 증명

155) 같은 책, 제1집, 제9권, p.52, 「應旨論農政疏」.

156) 정성철, 앞의 책, pp.450~451.

157) 『與猶堂全書』 제1집, 제14권, p.24, 「跋顧亭林生員論」.

된다. 다산은 국가가 유지되기 위해서는 사족이 보호되어야 하고, 사족이 보호되기 위해서는 사족의 힘이 되고 있는 노비제의 유지가 첩경이라고 보았다.

다산은 사족들이 힘을 잃게 된 것은 노비의 종모종량법(從母從良法)에 따라 많은 노비가 합법적으로 양인화(良人化)된 데에 있는 것으로 보았다.[158] 그리하여 그는 신해년에 노비법이 세전지법(世傳之法)에서 모역지법(母役之法)으로 바뀐 이후 "한결같이 귀족은 날로 시들어가고 천민은 날로 횡포해져서 상하의 질서가 문란하여 교령이 행해지지 않으니, 한번 변란이 일어나면 흙더미가 무너지고 기왓장이 부스러지는 형세를 능히 막지 못할 것이다."[159]라고 개탄하면서 국가에서 철폐한 관노비법을 반대하였다.

그것은 사회경제적 변화에 순응하여 신분노동이 임노동으로 이행해 가는 과정에서 매우 제한된 경제적 잉여의 기초 위에 선 지배계급 내부의 첨예한 대립의 한 표현에 지나지 않은 것이었다. 그리고 그것의 외적 표현이었던 민란에 대해서 적대시한 것을 보면 그의 사상이 봉건적 성격을 지녔다는 사실을 알 수 있다. 나아가서 그가 "내 생각으로는 노비법이 복구되지 않는다면 난망(亂亡)은 걷잡을 길이 없을 것이다."[160]라고까지 하여 국가의 존망론까지 거론한 것을 보면 양반들의 권위를 절대시하고 양반사류(兩班士類)의 지도나 통솔이 없이는 국가가 존립할 수 없다는 유교적인 봉건적 신분관에서 벗어나지 못한 보수적인 한계성을 드러내고 있는 것이다.

158) 김현영, 앞의 논문, p.97.

159) 『牧民心書』 권8, 禮典 제5조, p.5, 「辨等」

160) 같은 책, 권8, 禮典 제5조, p.6, 「辨等」.

다산은 점진적인 세원의 감소에 따라 일어나고 있는 봉건국가와 지배계급의 위기를 균부(均賦)를 통해서 해소하려는 것이었지 사회적 불평등에 대항하여 반봉건적인 사회를 구상한 것은 아니었다. 그는 기껏해야 생산자일반으로서의 농민계급을 징세대상으로 보면서 지배계급인 양반층을 온존시킨 채 봉건적 위계질서를 고착화하려고 한 것이다. 이와 같이 다산의 신분사상은 전통적 신분제도를 부정하지 못했고 어떤 면에서는 오히려 전통적 신분체제의 회복을 바랬다고까지 볼 수 있다.

4) 여전론과 전세제도

다산이 「전론」을 저술한 18세기 말 19세기 초, 우리나라의 사회경제적 상황은 봉건사회의 모순이 첨예화되고, 봉건통치계급의 가혹한 착취에 의하여 농민생활이 극도로 피폐하여 갔던 것으로 특징지어진다. 또한 전정(田政), 군정(軍政), 환곡(還穀)이라는 삼정의 문란으로 인하여 수취제도도 와해일로에 접어들었다.

주지하다시피 전정(田政)이란 토지의 넓이에 따라 세금을 내는 것을 말하는 것인데, 농민의 세납 중 1결에 전세(田稅) 4두에다가 삼수미(三手米) 2두 2승, 대동미(大同米) 12두를 바치는 것이 가장 큰 것이었다. 그 밖에 균역세(均役稅)의 일종으로 부역 대신 바치던 결작(結作)과 가승미(加升米)·곡상미(斛上米)·창역가미(倉役價米)·부역가미(浮役價米)·상선입창가미(上船入倉價米)등 각종 부과세가 있었다. 심지어는 간색미(看色米)·낙정미(落庭米)·타석미(打石米)·인정미(人情米) 등으로 일컬어지는, 세납하는 곡식을 검사하는 관리의 수수료까지도 지불하였으므로 그 부담은 실로 무거웠다.

군정(軍政)이란 국방의 의무를 지는 것을 말하는데, 군대에 가지 않는 대신 장정 한 사람 당 베 두 필 씩을 내게 한 것이다. 그런데 봉건 지배계급은 젖먹이 어린애에게도 군포를 씌우는 이른바 황구첨정, 이미 죽어 백골이 된 사람까지 등록하여 군포를 수탈하는 이른바 백골징포 등의 파렴치한 수법까지 동원하였다. 이것이 1750년의 균역법의 실시로 종래의 절반을 납부하게 되어 농민들의 부담이 다소 줄어들었으나 시간이 경과함에 따라 폐해는 다시금 막심하게 되었다. 여기에 관리들의 중간수탈은 더욱 혹심하여 원액의 몇 배를 능가하는 정도에 이르게 되었다.

지배계급의 무자비한 수탈은 농민을 이토록 처참한 상태로 몰아갔다. 군정 만으로도 농민은 죽을 지경인데 환곡의 폐단은 너무도 큰 것이었다. 환곡(還穀)이란 원래 봄에 곡식이 궁할 때 백성들에게 곡식을 꿔 주었다가 가을에 추수할 때 갚도록 하는 구휼제도였다. 그런데 봉건 지배계급은 꿔줄 때는 모래와 쭉정이를 절반씩 섞어서 주고, 받을 때는 이자까지 쳐서 백옥 같은 흰쌀로만 받았다. 또 꿔줄 때는 작은 말로 되고 돌려받을 때는 훨씬 큰 말로 받았다. 싫다는 사람도 강제로 모래 섞인 쌀을 꿔가도록 했다.

이런 무절제한 착취 아래 대다수 농민은 도탄에 빠져 말로 다 할 수 없는 참상을 보이고 있었다.

서유럽 또는 일본봉건사회에서 보는 바와 같이 분권적 영주가 사실상의 토지소유자였던 경우와는 달리, 우리나라의 봉건적 토지소유는 한편으로는 국유적인 원칙하에 국가가 모든 농민에게 각종 조세를 부담시켰으며, 다른 한편으로는 양반지주계급은 개별적으로 농민들에게서 도조(賭租, 소작료-봉건적 지대)라는 명목으로 가혹하게 수탈하였다.[161]

이와 같이 이중적으로 결합되고 가중된 봉건적 착취 체계가 그 시대의 우리나라 봉건적 토지소유를 특징짓고 있었다. 그러므로 조세는 농민이 지불하는 잉여가치의 일부, 즉 지대의 일부분을 형성하고 있었다. 다산은 그 당시의 기본적 생산수단이 토지였던 만큼 봉건적 토지소유관계는 경제적으로 지대-조세의 형태로 실현된다는 것을 인식하고 있었던 듯하다.

그는 봉건적 지대를 통한 착취의 이중성에 대하여 호남지방의 예를 들면서 다음과 같이 서술하고 있다.

"이제 호남지방의 관습은 지주가 먼저 그 수확의 절반을 빼앗아가고 높은 베개에 누워 있는데 농민들은 이미 그 절반을 잃어버렸을 뿐만 아니라 남은 절반 가운데서 종곡(種穀)을 제하고 또한 국가조세까지 삭제 당한다. 왼편에서 뜯어내고 바른편에서 긁어내니 남은 것이 얼마나 있겠는가"[162]라고 하였으며 "국가의 조세는 명목상으로는 비록 맥법(貉法)을 가장하고 있으나 실제내용에 있어서는 역시 5/10를 빼앗아 간다. 지주가 5/10를 떼어가고 국가가 또한 5/10를 수탈하여가니 농민들은 무엇을 먹고 살겠는가? 여기에 우리나라 농민들이 중국의 농민들보다도 훨씬 더 곤궁하게 된 원인이 있다."[163]

이와 같이 다산은 우리나라 봉건적 지대의 본질과 농민에 대한 이중적 착취제도에 대해서 분개하고 있다.

그는 우선 해당시기의 조세제도의 문란과 국가 재정의 혹심한

161) 金洸鎭, 앞의 책(1962), p.155.

162) 『與猶堂全書』 제1집, 제9권, p.60, 「擬嚴禁湖南諸邑佃夫輸租之俗箚子」.

163) 같은 글.

궁핍의 주요원인을[164] ① 봉건지주, 관료, 토호들의 토지겸병에 의한 탈세지의 증대 ② 각종 면세지, 즉 관방전(官房田), 둔전(屯田), 서원전(書院田) 등의 증대 ③ 진전(陳田)의 증대 ④ 통치기구의 해이와 관료배들의 부패로 인한 간악한 중간착취와 협잡, 횡렴 (横斂), 강탈 등에서 찾고 있다. 이러한 주요 원인들로 인하여 과세대상인 전결수(田結數)는 축소되고 국가세입은 크게 감소하게 되었다고 분석하고 있다.

다산은 또한 정조·순조 때의 세제의 혼란을 다음과 같이 지적하였다.

"오늘날 토지의 수확량이 100두(斗)가 되는 경우 공가(公家, 국가)에 바치는 세는 불과 5두에 지나지 않으니, 이는 1/20에 해당된다. 그런데 사가(私家, 개인지주)에 바치는 세는 50두가 되니, 이는 10에서 5를 취하는 것이다. 그러나 공가(公家)는 대맥(大貊)이 되고 , 사가(私家)는 대걸(大傑)이 되어, 나라는 가난하여 지탱하지 못하니, 이는 도무지 무슨 법을 따랐음인가?"[165] 라고.

그는 우리나라에서 봉건적 지대의 이중적 모순(사적지주에 의한 지대의 착취와 국가에 의한 조세-지대의 수탈)을 인식하고 지주적 소유와 결부된 지주형태(소작료)를 완전히 청산함으로써 단일한 지대형태로서의 국가조세만을 정비하고 강화하는 것이 유일하게 정당한 조치라고 생각하였다. 그리고 그 국가조세로는 1/10세가 가장 적합하다는 것을「전론」6에서 다음과 같이 주장했다.

164) 金洸鎭, 앞의 책(1962), p.166.

165)『與猶堂全書』제1집, 제11권, p.6,「田論」6.

"전세는 십일로 하는 것이 세법이다. 세를 가볍게 하여 십일이 못 되게 하는 것은 맥도이고, 세를 무겁게 하여 십일이 더 되게 하는 것은 걸도이다."[166]라고. 즉 그는 전세가 1/10보다 적게 되면 나라의 기강이 설 경제력이 확보되지 못하고 1/10보다 많게 되면 가혹한 수탈이라고 본 것이다.

여기에서 우리는 다산의 봉건제 옹호의 논리를 찾아볼 수 있다. 다산도 봉건제란 국가와 백성에, 다시 말하면 치자등급과 피치자 등급에 모두 유익한 것으로 보았다. 그는 1/10세를 의미하는 여전제를 통하여 치자계급의 유지와 피치자 계급의 안정이 함께 보장될 것으로 보았다. 곧 1/10세를 시행함으로써만 정치체제를 유지할 수 있으며 백성도 견딜 수 있는 것이지만 당시에는 지주(地主)·전호(佃戶)의 관계가 지배적인 나머지 국가는 1/20의 생산물을 가져가나 지주는 1/2의 생산물을 가져가니 국가의 재정은 빈곤해지고 백성은 살기가 어려워졌다는 것이다. 따라서 "남의 토지를 빼앗아 겸병한 사람들을 없애고, 십일세를 시행한다면 국가와 백성이 다 같이 부유하게 될 것"[167]이라는 것이다.

앞의 제3장에서 이미 본 바와 같이 <맹자>「등문공장구 상 (滕文公章句 上)」에도 다음과 같은 부분이 있다. 즉, "하후(夏后)씨는 50묘로써 공법(貢法)을 했고, 은나라 사람들은 70묘로써 조법(助法)을 했으며, 주나라 사람들은 100묘로써 철법(徹法)을 했으나, 실상은 모두 10분의 1이었다."[168] 이 구절을 다산의 수납법과 연관하여 볼 때 여전제에서의 십일세법은 중국 주대 수납법인 철법

166) 같은 글.

167) 같은 글.

168) 『孟子』「滕文公章句 上」.

의 현대적 재현으로 본다. 그렇다면 다산의 수납법도 역시 고대 유교사상의 원용이라는 테두리 안에서 이루어진 것이라 볼 수 있을 것이다.[169)]

다산이 지적한 병작반수의 관례는 이미 확립된 것이었다. 일찍이 국가의 수조지로서 받지 않은 방대한 토지가 유망민(流亡民)의 노동력을 통해 경영되고 있었다. 이와 같은 상황에서 다산은 여전제에서 균세를 위한 단순한 생산자의 조직이 아니라 완전히 새로운 사회를 재조직하려는 일대구상을 비로소 구체화하고 있다. 그러나 그것은 개작된 봉건사회에 불과하였다.

다산이 여전제에서 1/10세를 제시한 이유는 몇 가지로 나누어 볼 수 있으나, 가장 중요한 이유로는 국가재정수입원천에 대한 고려를 들 수 있을 것이다.[170)] 그는 지주·전호 및 영세자영농의 존재 형태 아래서 전호·영세농에게 더 이상의 과세가 불가능하며, 지주층이 전세(田稅)의 큰 몫을 부담치 않고서는 세원의 증가가 불가능하다는 점을 인식하였다. 말하자면 국가권력과 사회경제적 세력 간에 제한된 잉여물을 두고 첨예한 관계에 들어선 것을 예리하게 파악했다. 따라서 아예 이러한 사회관계를 폐기하고 새로운 전제아래 국고수입의 확충이 필요하다고 생각하였던 것이다.

그가 여전제를 강조한 또 하나의 중요한 이유는 생산성의 극대화가 체제 내에서 이루어질 수 있다고 보았기 때문이다. 곧 1/10세와 여장의 봉록이라는 -과거에 수확량의 5/10를 수탈당했던 실정에 비추어- 부분을 제외한 나머지 생산물은 완전히 자신의 노동에 근거하여 분배받을 것이기 때문에 사회적 생산의욕은 증대

169) 이을호, 앞의 책(1979), p.108 참조.

170) 김홍명, 앞의 논문, p.65.

하고 사회전반의 생산력이 향상될 것이라고 본 것이다.

그 이유는 명확히 설명되지 않았으나, 그는 농민의 잉여물이 착취수단으로 달리 전용될 수 없는 상황에서 생산물을 향상시키는 길은 오직 여의 전체적인 수확을 증대시키는 길뿐이라 본 듯하다. 소규모의 촌락사회인 여에서 기술과 자본을 사회에 적용하여 한편으로는 사회적 존경을 얻으며, 다른 한편으로는 자신의 수확분을 늘릴 수 있다고도 여겼던 듯하다.[171)]

주지하다시피 서구에 있어서 봉건적 생산양식은 예속적 농민경영에서의 생산력의 발전, 그 생산력의 담당자인 예속적 농민과 생산관계를 대표하는 봉건영주(지주)와의 투쟁을 기초적 계기로 하여 점차 해체되어 간다.

다산의 경우 농업생산력의 증가에 관한 관심을 보이고 있으나 다산이 상정한 농민은 봉건적 토지공유제하에서 만년 저수준균형을 유지하고 있는 체제안존적인 농민이요, 자율적으로 새로운 사회를 형성시켜가는 주체적 추진자로서의 그것이 아님을 감안할 때 다산의 여전론의 근대지향적 성격은 지극히 제한적이라 하지 않을 수 없다.

다산의 여전제의 전세제도론 중에서 주목할 만한 주장의 하나는 전세정액제(田稅定額制)를 주장한 점이다. 그는 연평균생산량을 산출하여 10분의 일(십일세)의 율에 일치하도록 전세액을 일정하게 법으로 정할 것을 구상하였다. 그 대신 흉년의 경우에는 국가가 그 전세분을 대여하였다가, 평년작보다 풍년이 든 해에 그 대여분을 회수하는 방법으로 전세의 정액제를 유지할 것을 구

171) 같은 논문, p.66.

상하고, 매년 풍흉의 정도를 답험하는 제도를 반대하였다. 이렇게 하면 자연히 10분의 5라는 사세가 없어지므로 농민은 부유해지며, 10분의 1의 공세가 실행되므로 국가수입도 전보다 배가 된다는 것이다. 여기에서도 그가 국가 재정확보에 얼마나 관심이 컸는가를 엿볼 수 있다. 이것을 다산은 다음과 같이 설명하고 있다.

"그러나 1/10을 바치는 세법도 쉽게 말할 수 있는 것은 아니다. 장차 매년 풍흉을 보아 그 세를 올리고 내릴 것인가? 그것은 정전제에서는 가능하지만 여전제에서는 그렇게 할 수 없다. 토지의 비옥함과 척박함을 살피고, 생산되는 곡식의 많고 적음을 헤아려서 수년의 것을 비교한 중간치를 상수로 정하여 그 총액을 일정하게 하여 가감하지 않도록 한다. 다만 크게 흉년이 든 해에는 그 세를 임시로 대여하였다가 크게 풍년이 든 해에 그 수량대로 상환하게 하면 국가는 국가대로 일정한 세입이 있을 것이고, 백성은 백성대로 일정한 공급이 있게 되어 모든 혼란이 제거될 것이다."172)

이와 같이 국가 수입이 배가된 다음에는 관리의 봉록을 전보다 훨씬 후히 주어 관리로서 봉록을 가지고도 생활이 유족할 수 있게 하여야 관직에 대한 의욕과 긍지가 북돋워지며, 따라서 탐관오리의 행동도 순조롭게 제지할 수 있게 된다는 것이다.

"국가에 바치는 조세율이 십일로 되면 국가의 수입이 배로 증가될 것이니, 관리들의 봉록이 불가불 후하게 될 것이다. 이제 남의 땅을 빼앗아 겸병하는 것을 없애고, 또 게다가 봉록마저 박하

172) 『與猶堂全書』 제1집, 제11권, p.6, 「田論」 6.

게 준다면, 나라에 군자라는 것이 없어질 것이다. 위로는 부모를 섬기기에 족하고, 아래로는 처자를 기르기에 족하며, 또한 친척을 돕고 빈객(賓客)을 접대하고, 노복(奴僕)을 부리고, 높은 제택(第宅)에 살고, 아름다운 의복을 입고, 양마(良馬)를 타기에 족한 다음에야 조정에 벼슬하기를 원할 것이다."[173]

여기에는 관료통치제도자체를 인정하였을 뿐만 아니라 벼슬하는 관리의 이익을 대변한 계급적 제한성이 엿보인다.

그는 여전제를 실시하여 증가되는 국가수입으로 군자라고 하는 지배층을 우대하여야 한다고 이야기하고 있다. 이 군자는 조정에서 벼슬하는 자를 의미하는 것으로 생각되는데 「전론」에서의 토지개혁론이 경자유전의 원칙이므로 이들에게는 토지가 아닌 미곡, 현물, 화폐 따위의 녹(祿)을 후하게 줄 것을 생각하고 있는 듯싶다. 벼슬하는 관리의 이익을 대변하고 있는 여기에 바로 그의 봉건유교적 관념에서 벗어나지 못한 양반출신계급으로서의 제한성이 있음은 부언할 필요가 없다.

또한 여기에 그의 일관된 정치적 입장이 표현되어 있는 바, 그는 본래 봉건통치제도를 부인하지 못했으며 놀고먹는 선비-양반의 존재는 부인하면서도 벼슬하는 선비, 벼슬길을 위하여 학문하는 선비의 존재는 승인하였고 그러한 선비들이 노비도 가져야 한다는 입장에 서 있었다.

이 모든 것은 다산이 설계한 여전제에 의한 이상사회도 결국 농민에 대한 수탈이 존속되는 봉건통치제도를 완전히 불식할 수는 없다는 것을 잘 말해 주고 있다.

---

173) 같은 글.

5) 여전론과 병농일치

다산은 당시 붕괴되어가던 왕조적 질서를 바로 잡아, 조선왕조의 지배체제를 유지·강화하려는 데에 제 1차적 목표를 두고 여전론을 제시하였다 함은 이미 되풀이해서 설명한 바 있다.

조선왕조 초기의 국방체제는 병농일치를 원칙으로 한 부병제로 편성되어 있었다. 이 군사조직 아래에서 군역은 주로 양역(良役)으로 인식되고 있었으며 양인(良人)은 정병(丁兵)이나 보인(保人)의 형태로 군역을 부담하였다. 그러나 오위제(五衛制)를 근간으로 하는 국방체제는 16세기 중엽 방군수포제(放軍收布制)의 시행으로 인하여 무너져 갔고, 지방의 진영제도(鎭管制度)도 흔들리게 되었다. 그리고 양인은 실역(實役)에 복무하는 대신 납포군(納布軍)으로만 남아 있는 경우가 많았다.

임진왜란 이후 용병제 실시로 인한 용병의 증가 등으로 인해 국가에서는 군사 유지비의 부담이 가중되었고, 국가는 이의 해결을 위해 양인에 대하여 군포의 납부를 강화시켜 나갔다. 여기에서 이른바 양역의 폐단이 발생하게 되었으며, 양인들은 군포의 납부를 모면하기 위해 소극적인 방법으로 도산을 단행하거나, 적극적 저항 형태인 민란에 가담하기도 했다.

이와 같이 양인들의 저항에 직면하게 된 지배층에서는 양역의 폐단을 개혁하기 위해 1750년에 균역법을 시행하게 되었다. 그러나 균역법은 양역의 폐단에 대한 근본적인 해결책이 아닌 일종의 미봉책에 불과하였고, 군역의 부담으로 인한 백성의 피해는 계속되었다.[174)]

---

174) 조 광, 「실학자의 국방의식」, 『한국사론』 9, (국사편찬위원회, 1981), pp.261~262.

따라서 당시의 양역의 폐단을 해결하는 문제는 조선후기에 있어서의 가장 절실한 정치적·경제적·사회적 문제로 등장하였고 따라서 실학자들의 관심도 토지문제에 못지않게 여기에 집중되었다. 따라서 실학자들은 양역의 폐단을 해결하는 기본방법으로 양반층에도 군역을 부담하는 호포법을 실시하든지 혹은 농민에의 토지지급을 전제로 하여 군역제도를 개편하는 길 밖에 없다고 지적하였다. 다산의 군역개혁론은 이 두 가지 방법을 모두 제시하고 있다.

다산은 「전론」 7에서 병농일치의 원칙을 실행하려면, 여전제에 의거하지 아니하면 안 된다는 것을 논술하였다. 다산의 평시의 군사제도의 이상은 여를 단위로 하는 병농일치의 조직과 호포법의 실시였다.

여기서는 편의상 병농일치의 조직과 호포법의 실시로 나누어 설명한다.

가. 병농일치의 조직

다산이 제기한 군제개혁안의 대강은 수포제에 기반을 둔 오군영제(五軍營制)의 부인에서 출발하고 있다. 여기에서 다산은 병정과 농정의 분리는 막대한 해가 된다는 입장에서 병농일치를 주장했다. 이는 농업생산력에 의존하여 군제를 개혁하려던 것이었으며, 비군사적인 농업내지는 토지제도와 군사분야를 통합·운용해 보려던 방책이었다.[175] 그리고 이는 그가 사회개혁의 주축을 농업경제에 설정하고 있던 데에서 파생된 개혁안이었다. 따라서 그가 제기한 병농일치론은 다분히 복고주의적 경향을 띠고 있는 군

175) 조 광, 「조선후기 실학자의 군제개혁론」, 『동양학』 제18집, (1988), pp.508~509 참조.

사사상이라 하겠다.

군사제도에 관해서 다산은 토지를 바로 제정하고 그 가운데에 병제(兵制)가 스스로 들어있게 하는 그러한 병농일치를 이상적으로 생각하고 있었다.

다산은 "옛날에는 병농이 일치하였다. 이제 여전법을 시행하면 병제를 바로잡는 데 매우 효과적이다."[176]라 하여, 여전론의 시행으로 병제도 아울러 개혁할 수 있다고 했다. 그는 그 실제적 방안으로 "우리나라 병제에서는 병사는 두 가지로 쓰이고 있으니, 하나는 대오(隊伍)를 편성하여 국경의 변란에 대비하는 것이고, 다른 하나는 군포를 거둬들여 서울의 병사를 양성하는 것이다. 이 둘은 모두 폐지해서는 안 된다."[177]라 하여 병농일치제에 의한 지방군과, 호포로 양병되는 중앙군의 양군사조직을 유지할 것을 제시하였다. 이어서 그는 "대개 1여의 백성을 셋으로 나누어 그 3분의 1은 호정(戸丁, 壯丁)을 내도록 하여 대오편제(隊伍編制)에 응하게 하고, 나머지 3분의 2는 호포(戸布, 布木)을 내게 하여 군수(軍需)에 충당하도록 하되, 역정(役丁)의 많고 적음에 따라 그 호포(戸布)를 가감할 일이라"[178]고 하여 지방군은 여단위로 편성하며, 여민을 3분하여 그 3분의 1은 현역으로 복무하고 나머지 3분의 2는 호포를 납부함으로써 군수(軍需)를 담당할 것을 제시하였다.

또한 여전 그 자체를 하나의 전투소대로 편성하여 여장을 초장, 이장을 파총(큰 여의 초장이 겸임), 방장을 천총(파총 중에서 어진 자가 겸임)으로 삼고, 읍에는 현령을 두어 통제토록 하는 군사

176) 『與猶堂全書』 제1집, 제11권, p.6, 「田論」 7.

177) 같은 글.

178) 같은 글.

지휘계통을 형성한다고 하였다.

이와 같이 그의 여전론에서는 매 여전 집단이 한 개의 생산단위가 될 뿐만 아니라 동시에 군사단위로도 된다. (그의 정전론에서는 매 정전이 한 개의 군사단위로 되고 있다). 따라서 여전론을 시행하면 전제와 병제가 동시에 잡힌다는 것이다.

다산은 "과거에는 사람들이 각자 자기의 전지에서만 일하고, 개인은 자기 개인의 일만 해왔기 때문에 기강이 서지 못하고 명령이 시행되지 못하였다. 그런데 이제 여전법에서는 열 식구의 목숨이 여장에게 달려 있어 1년 내내 분주하게 여장의 통제를 받게 되는데, 이로써 병제를 삼는다면 진퇴가 규율대로 될 것이다. 왜 그러냐 하면 교습이 이미 되어 있기 때문이다."[179]라 하여, 영농조직과 군대조직이 표리를 이루는 가운데 실시되는 군사훈련은 공동생활 속에서 이미 여장과의 정신적 유대가 충분히 되어있기 때문에 실질적인 훈련성과를 거둘 수 있으며, 평소의 지휘계통이 전시에도 그대로 적용됨으로써 전투력의 향상을 기할 수 있어 국가는 강력한 국방력을 소유할 수 있게 된다고 봤다. 이렇게 되면 군포를 받기 위하여 백성의 고혈을 짜내는 폐단도 없어지고 사회의 생산력도 발전하게 될 것이라고 그는 강조하였다.

반계도 지적한 바 있지만 평시의 훈련담당자와 전투시의 지휘자가 유리되는 데서 오는 폐단, 즉 군사와 지휘자간의 연대감 조성이 어렵고, 지휘자의 부하 파악이 어려워 결과적으로는 부대전투력의 약화를 초래하는 폐단을 방지하는 것은 당시의 현안 문제의 하나였다. 다산은 이 문제를 여전법의 시행으로 해결할 수 있

179) 같은 글.

다고 본 것이다.

다산이 직접적이며 분명하게 논급하고 있지는 않지만, 여 단위의 군사조직이 전국적으로 망라될 때, 이는 곧 현령 → 천총(방장) → 파총(이장) → 초장(여장)으로 연결되는 지역방위체제가 전국을 커버하는 결과가 되는 것이며, 이와 같은 방위체제는 진관체제적인 전국적 방위체제와 동궤가 될 것이다.

이와 같이 다산은 여전론을 구상하여 여 자체를 군사조직의 최하단위로 삼아 국민계병에 입각한 전 방위적 국방체제를 구축할 것을 제안하였고, 「민보의(民堡議)」에서는 인민의 무장을 전제로 한 민보자위체제의 확립을 주장하였다.

다산의 병농일치론은 그것을 그의 여전론, 정전론과 결부시켰다는 데에 그의 독창성이 있다. 그의 주장은 토지사유제도를 반대하는 입장과 함께, 백성들의 생활이 향상되지 않고는 국가재정의 재건도 국방력의 강화발전도 있을 수 없다는 그의 기본사상과 결부되어 있다. 다산은 양반들의 중간착취를 제한하여 왕과 백성을 직결시켜 왕권을 강화해 보려던 의도를 여기에서도 간접적으로 비추고 있다.

나. 호포법의 실시

다산의 군포개혁론은 과도기적 방안으로 군포계(軍布契)·역근전(役根田), 최종적 안으로 호포제(戶布制)의 실시라는 단계적 시행방안을 갖고 있었다고 생각한다.

조선봉건국가는 국가의 재정적 파탄을 미봉하기 위하여 병역의무를 면제시키는 대신 군포를 징수하였다. 군적에 의하여 수포하는 법은 조선 중종시대 대사헌 양연(大司憲 梁淵, ?~1542)의 건의로 실행했던 것인데, 그 뒤 여러 곡절을 거쳐서 영조 때 균역법이 실행되었음에도 불구하고 백성들에게 군포는 오히려 극악적이고 파산적인 부담이 되었다. 군포는 조세 아닌 조세로 화했고 전세를 훨씬 능가하는 가혹한 수탈수단으로 되어 있었다.

조선후기 양반층에게는 상민이 내는 군포가 면제되었다. 이는 양반층의 신분적 특권이었다. 그런데 조선후기는 신분제의 동요에 따라 양반층의 숫자가 대폭 증가하였다. 이것은 국가의 입장에서는 재정수입의 감소를 의미하는 것이며 그대로 상민으로 남아있는 사람에게는 세역부담이 증가되는 것을 의미한다. 그래서 양반층에게도 군포를 부과하자는 논의가 여러 차례 있었다. 그러나 이것은 양반층의 신분적 특권과 관련되는 문제이므로 양반층은 그들의 특권의 상실과 명분질서의 동요라는 점에서 이에 반대하였다.[180]

다산은 당시 실지로는 고용제로 된 군역제도의 부패성을 비판하고 의무병역제를 주장하였다. 다산의 군사제도개혁안은 군포제도와 직접 결부되어 있었다.

다산이 군포제도에 관해 보인 일관된 관점은 호포법을 실시한다는 것이었다. 그러나 그는 현존 질서도 염두에 두고서 몇 가지 방안을 제기했던 것인데[181] 그 요지는 다음과 같다.

① 우선 그는 선량한 지방장관들이 군포법이라도 제대로 실시하여 관리들의 중간수탈을 방지하며 지나친 폐단을 발생시

180) 김용섭, 「조선후기 부세제도 이정책(釐政策)」, 연세대학교 박사학위논문, (1982. 2), p.51 이하.

181) 정성철, 앞의 책, pp.478~479.

키지 않을 것을 주장한다.

② 다음으로 그는 군포를 나라에 바치되, 이미 민간에서 자체적으로 실시하고 있는 군포계와 역근전의 방법을 일반화시킬 것을 주장하였다. 그는 이 방법을 적용한다면 나라의 군정도 강해질 것이며 관리들의 중간수탈이 근절될 것이고, 백성들의 부담이 공평해진다고 생각하였다.

그런데 그가 주장한 군포계나 역근전은 그의 토지제도개혁에 관한 사상과 밀접한 관련을 갖는다. 그는 일관되게 사적지주의 존재를 부인하였으며 동시에 벼슬하지 않고 놀고먹는 양반도 부인하였다. 여기에서 도출되는 결론은 당연히 모든 신분에 관계없이 군포를 징수하여야 한다는 것이다. 즉 의무에 대한 평등의 요구가 나오는 것이다. 군포계와 역근전은 군포제도개혁의 최종적인 안이 아닌 과도적인 것이라고 생각하였다.

그는 군포를 병역이 조세화된 것이라고 규정하면서 이것은 조선 국가의 재정이 파탄되어가고 봉건제도가 무너져가고 있는 상태를 말해주는 것이라고 말한다. 그는 군포제도를 폐지하고 자체적으로 실시하고 있는 군포계 또는 역근전제도를 더 발전시켜 일반화할 것을 강조하였다. 그러나 이에 앞서 토지문제의 해결 없이는 이 문제의 근본적인 개혁이 불가능하다는 것을 그는 강조하고 있는 것이다.

③ 그리하여 그의 종국적인 안은 토지에 대한 공전제 원칙을 확립하고 그 기초 위에서 여전제를 실시하고 호포법을 실시한다는 것이었다. 즉 그는 여전제만이 호포법 실시의 가장 공고한 정치적 및 경제적 조직이라고 생각했으며, “전제 가

> 운데 병제가 스스로 들어있는 제도가 바로 여전제"라고도 했다.
>
> 다산은 군인은 자기 생명으로써 국가에 바치는 자들인데 그들에게 또 포, 미, 전 등을 바치게 하는 것은 잘못이라고 했다. 그러므로 군인은 생명만을 바치게 하고, 병역에 나가지 아니하는 자들은 일정한 재물을 바쳐서 군수의 비용을 도와주어야 한다. 이런 견지에서 호포는 군포와 달라서 군인의 자격으로서 부담하는 것이 아니라 병역에 나가지 않는 자의 의무로서 부담한다는 것이다.
>
> 다산이 구상한 여전제 하의 군사제도는 군포제에 의한 용병제도가 아니고 호포법과 번상제도(番上制度)를 겸용한 의무병제였다는 점에서 반계, 성호와 유사하기는 하나, 양반계층의 군역부담을 원칙으로 하고 있다는 점에서 그들보다는 진전된 개혁안이었다고 할 수 있다.[182]

다산의 이와 같은 구상은 물론 당시의 역사적 상황 하에서는 진보적인 견해였다. 그것은 무엇보다도 신분적 관계를 개혁하고 토지에 대한 사적소유권을 철폐한 기초 위에서 종래 양인(良人)들만 부담하였던 병역의무를 여의 모든 군대 적령자가 동일하게 부담케 하였기 때문이다. 그것은 또한 공동경작조직인 여전제를 기초로 하였기 때문에 관리들과 중간약탈자들의 수탈을 없앨 수 있었으며 외래침략의 마수가 이미 뻗치고 있었던 당시의 상황에서 극도로 약화되었던 나라의 국방을 강화하는 데에도 어느 정도

---

182) 최성철, 「조선후기 실학의 개혁사상-17·8세기 사회경제적적 변동과 관련하여-」, 『한국학논집』 제6집, (한양대 한국학연구소, 1984. 8), p.132.

의미가 있었기 때문이다.

17~19세기 봉건국가의 군사제도가 심히 문란하고 사실상 무방비상태에 처해 있던 상황에서 실학자들이 국방력을 강화하기 위해서 내놓은 제안들은 당시에는 진보적이었으며 상당한 의의를 가지는 것이었다.[183)]

그러나 실학자들이 보위하려고 한 국가는 다름 아닌 봉건국가였으며 그들의 충성심도 어디까지나 봉건왕권에 대한 충성이었다고 하는 데서 다산을 포함한 실학자들의 군사개혁안의 한계가 있었다고 생각한다.

183) 강만길은 실학자들이 주장하였던 군역(軍役)의 개혁방안이 비록 당시에는 지배세력에게 받아들여지지 않았지만, 나중에는 흥선대원군(興宣大院君)이 양반층도 군역의 일부를 부담하게 하는 호포법을 채택하도록 만드는데 크게 기여하였다고 평가하였다(강만길, 「군역개혁론을 통해서 본 실학의 성격」, 『동방학지』 제22집, (연세대 국학연구소, 1979).

제6장 요약 및 결론

제6장 요약 및 결론

다산의 토지개혁사상에 관한 연구는 그간 적지 않게 이루어져 왔다. 그러나 지금까지의 연구는 경학사상과의 연관을 소홀히 하고 경세적 측면에만 관심을 두었거나 어느 일부분에 지나치게 한정된 연구를 해왔기 때문에 다산의 토지개혁사상을 전체사와 연관하여 종합적이고 거시적으로 파악하는 데에 한계가 있었다.

또한 기존의 연구에 의하면 실학사상은 탈성리학적, 근대지향적, 민족주의적 성격을 지니고 있으며 실학의 집대성자인 다산의 사상 특히 그의 토지개혁사상은 그 정점에 있다고 분석되고 있다. 그러나 이와 같은 결론은 식민사관의 극복이라는 문제에 너무 집착한 나머지 근대적인 면만을 살피는 부조적인 연구에 치중했던 결과이며, 그로 인해 당시 다산이 처해 있던 시대적 제약성과 계급적 제약성을 간과했던 데에서 연유한 것이 아닌가 생각한다.

물론 실학자들은 당시 다른 부류의 사람들보다 진취적이고 앞서 있기는 했다. 또한 다산은 우리 중세사회가 안고 있는 모순을 가장 확실히 밝혀냈으며, 당시의 중세사상가들 중에서, 그리고 모든 실학자 중에서 가장 진보적인 사상가였던 점은 부인할 수 없다. 따라서 다산의 사상에 근대지향적인 면이 없지 않다는 점은 인정하나 그것이 규정적이라고 보기는 어렵지 않은가 한다.

당시 우리나라가 아직 봉건사회의 단계에 있었고 또 다산 자신이 양반계급출신의 진보적 지식층에 속하는 인물이었던 만큼, 그가 제기한 개혁의견들과 연구 성과들은 어디까지나 봉건국가와 봉건제도를 전제로 하고 그 부강을 도모하기 위한 것이었으며 봉건유교사상의 테두리를 벗어나지 못한 것이었다. 따라서 총체적으로 보아 실학파나 다산의 토지개혁사상의 서구적인 근대지향으로 이해되기보다는 당시 조선후기사회의 왕권강화와 관련된, 봉건체제 테두리 안의 진보적인 개혁안이었던 것으로 재검토되어야 한다고 생각한다. 이러한 관점에서 전개된 이 논문의 내용을 요약하면 다음과 같다.

필자는 실학파의 토지개혁사상은 거시적으로 보아 그 근원을 중국의 정전제(井田制)에 두고 있으며 철학적으로는 그 근원을 중국의 유교사상(儒敎思想)에 두고 있다고 인식하고 있다.

우리나라에서, 특히 지주층에 의한 토지겸병이 시작되는 16세기에서 한말에 이르는 사이에 전개된 토지개혁론을 정전론, 균전론, 한전론 등으로 요약해 볼 수 있다. 그런데 이러한 토지개혁론은 본래 중국에서 진·한 이후의 토지겸병현상을 타개하기 위한 개혁론으로서 한대(漢代) 이후 당(唐)·송대(宋代)에 걸쳐 계속 제기되어 온 것이었다.

주지하다시피 중국의 '유교적 사회'에서는 하(夏)·은(殷)·주(周) 삼대를 이상사회로 보고 그때의 정치를 정치의 표준으로 삼고 있었는데, 그 삼대에는 정전제가 시행되었다고 보고 있다. 정전제의 실재에 대해서는 논쟁이 많으나 실재 여부를 떠나서 중요한 것은 유가고전에 나타나 있는 국가적 토지소유(公田制)의 이념이다.

중국의 경우 부패한 사회의 혁신과 병행하여 개혁론이 대두될 때마다 토지개혁론자들이 일반적으로 떠올린 것이 바로 이 정전제였고, 정전제를 현실적으로 실시하기가 곤란할 때 구체적인 형태로 논의한 것이 한전론과 균전론이었다. 따라서 같은 토지겸병 현상이 나타나고 있는 16세기 이후 조선에서 전개된 여러 토지개혁론은 중국에서 상당한 영향을 받지 않을 수 없었다.

우리나라에서 정전론, 균전론, 한전론 등은 토지겸병과 사유화가 상당히 진행되고 중앙집권적 국가권력이 약화되었을 때 제기되곤 했다. 이러한 현상이 처음으로 뚜렷이 나타난 것은 고려말기였으며 따라서 균전·한전사상은 고려 말 우왕·창왕 대에 이르러 이성계, 정도전, 조준 등의 사림파에 의하여 주장된 도학정치라는 왕도정치의 이상과 결부되어 더욱 뚜렷하게 표현되었다.

그리고 16세기 말에 이르러 율곡 이이에 의하여 본질적으로 조광조 등의 사림파와 동일한 개혁안이 제기되었다. 이처럼 우리나라에서 균전, 한전론이 심각하게 제기되기 시작했던 것은 16세기를 전후한 시기였으며, 이 개혁론은 비단 실학자들에 의해서만 제기되었던 것은 아니다. 그러므로 균전, 한전 사상을 제기했다고 해서 그것이 곧 근대지향을 의미하는 것으로 보기는 어려울 것이다.

이이의 사회개혁사상은 그 후 실학파에 의하여 계승되면서 발전되었다. 17세기 이후 실학사상의 주요 내용에는 이미 16세기에 제기한 사상들이 계승되어 반복 논의되었으며 사회역사적 상황의 변화에 상응하여 새로운 내용이 덧붙여지면서 발전하여 갔다.

반계 유형원, 성호 이익, 연암 박지원 등의 실학자들은 유교의 인정·덕치 이념에 입각해서 균전론, 한전론 등의 토지개혁사상을 전개하고 있는데 이것은 대토지소유제, 지주적토지소유제를 개혁함으로써 토지국유제를 지키고, 이를 통해서 국가재정의 충실과 아울러 봉건체제의 왕권강화를 위한 것이었다.

실학자들이 사상적으로 가지고 있는 유교사상의 틀은 기본적으로 같은 것이었다. 실학자들은 적어도 철학의 레벨에서는 주자학적인 원리에 머물러 있었던가, 또는 그 영역에서 크게 벗어나지 못하고 있었다. 이들 실학사상가가 정통 주자학 사상과 정면으로 대립하고 있었던 것은 정치적·사회적 실천론이었다. 다시 말하면 실학사상은 그 본질에 있어서 주자학의 공리공담 측면을 반대한 데에 불과하였고 주자학을 반대하는 경우에도 공자와 맹자의 봉건유교자체를 반대한 것은 아니며, 따라서 실학사상은 양반들의 봉건사회 테두리 내에서의 제도변경에 관한 사상이라 할 수 있다.

다산 역시 유교적 관념에서 완전히 탈각하지는 못했다. 그는 「속유론(俗儒論)」 등에서 조선유교의 공리공담은 비난하였으나 유교의 본래의 교리와 윤리를 반대하지는 않았다. 근본적으로 유교적 테두리 안의 진보라는 데에서 그 특색을 찾아볼 수 있을 것이다. 따라서 다산이 당시 조선사회를 개혁하는 지침으로 삼았던 것은 이 시기 경세가들에 있어서와 마찬가지로 요순삼대의 이상사회를 찬미하고 있는 유교의 경전이었으며 거기에서 이상화한 고대 봉건국가였다.

다산은 당시 상황에서 상정할 수 있었던 최고의 이상사회를 그렸다고 볼 수 있다. 그 조감도를 그려보면, 그것은 우선 정치체제는 백성들에 의한 통치자의 추대제로 구성된 이상적 군주제로 표현하였고, 경제제도는 토지의 공유를 전제로 하는 농민들의 공동점유, 공동경작, 공동수확, 1/10세를 제외한 모든 생산물을 노동력에 따라 공동분배하는 여전제로 표현하였으며, 윤리도덕은 효, 제, 자의 도덕적 규범을 실천하는 것으로 표현하였다.

이와 같은 다산의 여전론은 벌열, 사대부계층의 토지 겸병과 지주제도를 혁신함으로써 사대부권을 제거함과 동시에 토지의 균분으로 농민을 보호하되, 거기에서 걷은 재정수입을 기반으로 왕권을 재강화함으로써 새로운 봉건적 전제왕정을 펴려는 데 그 목적이 있었다.

그러면 다산의 여전론은 어떻게 형성되었으며 그 내용은 어떠한가.

다산의 여전론에 대한 구상이 나타나 있는 「전론」은 1799년, 다산의 나이 38세 때의 저작으로 밝혀졌으나 만년에 38세 때의 저작을 다소 수정한 「전론」을 『여유당집』에 수록하고 있는 것으로 보아 만년까지 여전론의 생각을 버리지 않았음을 알 수 있다.

당시의 사회경제적 상황에서 보아 현실적인 것은 그의 정전론이었다. 그러나 사회개혁론으로서 보다 완결된 다산의 사상이 응결되어 있는 것은 여전론이기 때문에, 그의 토지개혁사상을 정전론에서 여전론으로의 이행이라고 볼 수 있는 사상사적 가치를 지닌다고 하겠다.

다산의 여전론은 그의 관료적 경험과 유교경전의 연구, 후기실학파의 이론 등을 바탕으로, 그리고 토지에 대한 국가적 지배가 극도로 문란하여 사실상 사적토지소유제가 지배적인 상태에 놓이고, 따라서 봉건국가의 재정은 극도로 악화되어 있던 때를 시대적 배경으로 해서 탄생되었다.

다산은 중국과 한국에서 이미 많이 논의된 바 있는 역대의 유명한 전제들-정전론, 균전론, 한전론을 조선의 현실에 비추어보아 모두 실행가능성이 없는 것으로 단정 짓고 여전론을 제기하였던 것이다. 여전론이란 농업생산·농업경영을 여(마을)단위의 공동노동으로 영위하고 생산물의 분배 또한 투하노동량에 따라서 행하려는 것으로써, 일종의 농촌공동체적인 농업론이었다.

다산은 인구와 노동력의 자유로운 이동에 의해 여공동체간의 불균형해소를 시도하고 있다. 봉건시대에 있어서 농민은 토지에 긴박되어 이주의 자유를 가지지 못했다는 것은 주지의 사실이다. 이러한 상황에서 그가 농민의 이동의 자유를 제기할 수 있었던 것은 토지의 사적소유를 인정하지 않았기 때문으로 본다, 그러나 이와 같은 농민들의 여간(閭間)의 자유이동은, 공동체는 본래 자기 완결적인 성격의 유기체임을 그가 인식하지 못한 데서 비롯한 것으로 그의 공동체관의 한계를 노정하는 것이라 하겠다.

다산은 여전론에서 경자유전의 원칙을 주장하여 사족을 비롯하여 상인과 수공업자 등 비 농민을 토지의 분배 대상에서 제외하였다. 사회적 분업에 의하여 비 농민층도 다른 소득을 올릴 수 있고 이것이 사회에 기여할 것으로 보았기 때문이다. 여기에서 우리는 다산이 사농공상의 직업에 대한 평등원리를 내세웠다고 볼 수 있다.

그러나 『목민심서』의 「변등(辨等)」조 등을 통해 볼 때 계급적 견지에서도 평등의식을 가지고 있었다고 보기는 어렵다. 즉 전통적 신분자체, 양반제도 자체를 반대한 것이 아니라 양반의 과도한 팽창, 그들의 무위도식, 그들의 특권과 폐해를 반대하였다는 한계를 지니고 있다. 따라서 다산은 완전히 유교적인 신분윤리의 테두리를 벗어나지는 못했던 것이다.

다산은 또한 광업국영화론을 주장한다. 다산은 광업의 국영체제를 강화하고 그것의 민영화 가능성을 억제함으로써 광업의 민영화과정에서 새롭게 엿보이는 근대자본주의 맹아의 형성에 부정적인 영향을 주고 있다. 다산이 광업국영론을 주장하게 된 것은 그가 중앙집권적 지배체제를 재정비하고 강화하는 데 제반 국가정책의 목표를 귀일시키고 있던 영·정조시대의 지배층의 논리에 입각해서 그의 제반 현실개혁론을 구상·체계화했다는 데에 중요한 원인이 있다고 본다.

그는 또한 여전론에서 전세제도로 십일세를 주장하고 있다. 여전제에서의 십일세법은 곧 세제의 문란을 시정하기 위한 것으로 중국 주(周)대 수납법인 철법(徹法)의 현대적 재현으로 파악된다. 그러므로 다산의 수납법은 역시 고대 유교사상의 원용이라는 테두리 안에서 이루어진 것이라 볼 수 있다.

또한 여전론에서 언급한 그의 병농일치론은 그것을 그의 여전론, 정전론과 결부시켰다는 데 독창성이 있으나 여전히 중세적인 잔재가 남아 있다. 다산은 병정과 농정의 분리는 막대한 해가 된다는 입장에서 병농일치를 주장했다. 이는 농업생산력에 의존하여 군제를 개혁하려던 것이었으며, 비군사적인 농업 내지는 토지제도와 군사분야를 통합·운용해 보려던 방책이었다. 그리고 이는 그가 사회개혁의 주축을 농업경제에 설정하고 있던 데에서 파생된 개혁안이었다. 따라서 그가 제기한 병농일치론은 다분히 복고주의적 경향을 띠고 있는 군사사상이라 할 수 있다.

『주례』 등 중국 고전들에 정전론은 있으나 여전론은 없었다는 점으로 보면 여전론에 어느 정도 독창적인 면이 있었다고 생각한다. 다산이 「탕론(湯論)」, 「원목(原牧)」, 「원정(原政)」 등에서 '아래로부터 위로(下而上)'의 정치를 주장한 점, 인구와 노동력의 자유로운 이동에 의한 여공동체간의 불균형 해소를 시도하고 있다는 점, 사농공상의 직업에 대한 평등원리를 내세웠다는 점, 지주제도의 제거를 통해 농민의 보호를 시도하고 있으며, 아울러 생산력의 증가를 꾀하고 있다는 점 등에서 진보적인 성격을 보이고 있다. 이것은 상품·화폐관계가 어느 정도 발전하고 있던 우리나라 봉건사회 말기의 사회경제상태를 반영한 것으로 본다.

우리가 만일 바람직한 토지제도에 대해 이야기할 때, 토지가 태고 이래 인류공유의 생활기반이요, 그것이 경지로 활용될 경우 경자유전의 원칙이 지켜지는 전제를 둔다면, 다산의 여전론이 그의 시대적·계급적 제약성 및 그 실현 가능성에 문제가 없는 것은 아니나 한편으로는 진일보한 토지사상이라 하지 않을 수 없다.

그러나 결국 여전론은 공유(또는 국유)를 통하여 당시의 토지겸병에 따른 대토지소유제와 소작제도의 폐해를 시정하여 한편으로는 세수확보를 통한 봉건왕조의 유지, 다른 한편으로는 봉건체제를 유지하기 위한 농민의 확보와 그 보호를 의도하고 있다.

그의 정전론은 물론이고 여전론의 근본이념도 그 원천은 결국 중국 정전론의 정신에 입각한 것이었다. 여전론이 조세제도가 문란하고 사적토지소유가 집중됨에 따라 왕권이 약화되어가는 시대적 배경을 반영하고 있기 때문에 당시의 모순을 시정하고자 하는 것이라고 하더라도, 결과적으로는 생산성이 보다 높은 자본주의로 가는 사유제도를 반대하는 성격을 아울러 갖는다고 할 수 있다.

따라서 우리가 만일 경제적인 면의 근대지향성을 사적 자영농을 핵으로 하는 자본주의적 경제체제로의 지향으로 이해한다면, 다산의 여전론의 근대지향적 성격은 극히 제한적인 것이 될 수

밖에 없다. 특히 다산이 여전론에서 농자득전을 유지하고 있는 체제안존적인 농민이요, 자율적으로 새로운 사회를 형성시켜가는 주체적 추진자로서의 그것이 아님을 감안할 때 더욱 그러하다.

이렇게 볼 때 다산의 여전론의 근대지향성을 지나치게 강조해 온 지금까지의 연구는 재검토되어야 할 것이다.

부 록

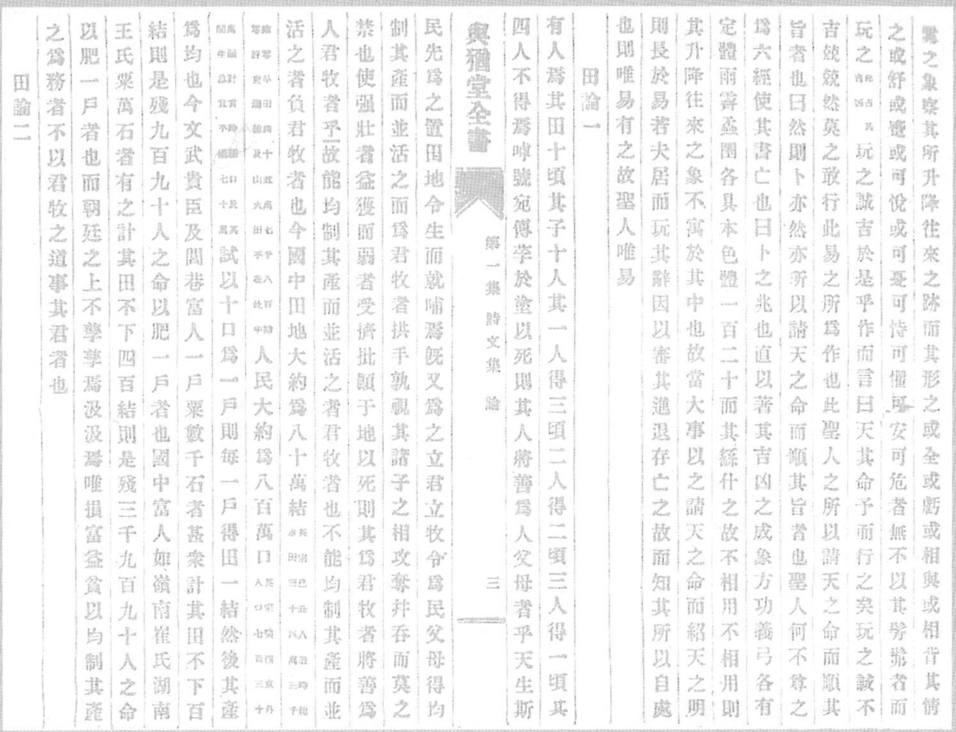

■ 참고문헌

1. 사료

『嘉祐集』
『논어(論語)』
『고려사(高麗史)』
『고려사절요(高麗史節要)』
『담원문록(薝園文錄)』
『대학(大學)』
『맹자(孟子)』
『맹자요의(孟子要義)』
『목민심서(牧民心書)』
『반계수록(磻溪隨錄)』
『삼봉집(三峰集)』
『선조실록(宣祖實錄)』
『성종실록(成宗實錄)』
『성호사설(星湖僿說)』
『성호사설유선(星湖僿說類選)』
『성호집(星湖集)』
『세종실록(世宗實錄)』
『승정원일기』
『시경(詩經)』
『양계초전집(梁啓超全集)』
『여유당전서(與猶堂全書)』
『영조실록』
『연암집(燕巖集)』

『율곡전서(栗谷全書)』
『위서(魏書)』
『이정전서(二程全書)』
『정암집(靜庵集_』
『좌전(左傳)』
『주례(周禮)』
『주자대전(朱子大全)』
『주자어류(朱子語類)』
『중종실록(中宗實錄)』
『징우록』
『한서(漢書)』
『호적문존(胡適 文存)』

2. 국내문헌

강만길, 「군역개혁론을 통해서 본 실학의 성격」, 『동방학지』 제22집, 연세대 국학연구원, 1979.

______, 「정약용의 상공업정책론」, 『조선시대 상공업사연구』, 한길사, 1984.

______, 「다산의 경제사상」, 『다산의 생애와 사상』, 천주교 광주대교구 정의평화위원회, 1986.

______, 「정약용시대의 경제사정」, 『정다산과 그 시대』, 민음사, 1986.

고병익, 「유교사상에서의 진보관」, 민두기 편, 『중국의 역사인식(상)』, 창작과 비평사, 1985.

______, 「다산의 진보관-그의 기예론을 중심으로」, 『다산학보』, 제9집(하), 다산학연구원, 1987.

과학원 역사연구소, 『다산 정약용의 생애와 저작연보』, 과학원 출판사, 1956.

과학원 철학연구소 편, 『정다산』 (다산 정약용 탄생 200주년 기념논문집), 과학원출판사, 1962. 7.

김광영, 「남북한 학자들이 해석하는 정다산의 사상과 변증법」, 『북한』 제246집, 1992.

김광진, 「토지문제에 대한 정다산의 사상」, 『경제연구』, 과학원 경제법학연구소, 1961년 제4호.

______, 『정다산의 경제사상』, 과학원출판사, 1962.

김광진·김광순·변낙주, 『조선경제사상사(상)』, 과학원출판사, 1963, 『한국경제사상사』, 이성과 현실, 1989 재간행.

김문식, 「박지원의 '한민명전의(限民名田議)' 수정과정」, 『문헌과 해석』, 69호, 2014.

김병찬, 「다산학논저목록」, 『다산학보』, 제9집(하), 다산학연구원, 1987.

김병하, 『한국경제사상사』, 일조각, 1977.

김영호, 「실학과 개화사상의 연관문제」, 『한국사 연구』 8, 1972.

______, 「정다산의 직업관 -사민구직론을 중심으로-」, 『천관우선생환력기념 한국사학논총』, 정음문화사, 1985. 12.

______, 「다산학연구사서설 -다산실학에 대한 연구성과와 그 문제점-」, 『다산학보』 제9집(하), 다산학연구원, 1987.

김옥근, 『한국토지제도사 연구』, 대왕사, 1980.

김용덕, 「조선후기의 민권사상(6)」, 『광장』 제49호, 1977. 7.

김용섭, 「최근 실학 연구에 관하여」, 『역사교육』 6, 1962.

______, 「조선후기의 수도작기술-이앙법의 보급에 대하여」, 『아세아 연구』 제7권 제1호, 1964. 3.

______, 『조선후기 농업사 연구(Ⅰ)』, 일조각, 1970.

______, 『조선후기 농업사 연구(Ⅱ)』, 일조각, 1971.

______, 「조선후기 부세제도 이정책(釐政策)-18세기 중엽~19세기 중엽-」, 연세대학교 박사학위논문, 1982. 2.

______, 「전근대의 토지제도」, 『한국학 입문』, 대한민국 학술원, 1983. 12.

______, 「18,9세기의 농업실정과 새로운 농업경영론」, 『증보판 한국근대농업사연구(상)』, 일조각, 1984.

______, 「주자의 토지론과 조선후기 유학」, 『연세논총』, 인문과학편, 제21집, 연세대학교 대학원, 1985.

______, 「실학공개강좌 종합토론」, 『동방학지』 제58집, 1988. 6.

김유철, 「균전제와 균전체제」, 서울대학교 동양사학연구실 편, 『강좌 중국사Ⅱ-문벌사회와 호(胡)·한(漢)의 세계-』, 지식산업사, 1989.

김일곤, 「유교문화권의 질서와 경제」, 한국경제신문사, 1985.

김준보, 『토지문제와 지대이론』, 한길사, 1987.

김정호, 「연암 박지원의 개혁사상에 대한 재조명」,『한국정치외교사논총』, 22(2), 2001.

김준석, 「유형원의 공전제(公田制) 이념과 유통경제육성론」, 『인문과학』 74, 연세대학교 1996.

김채윤, 「반계 유형원의 복지관」, 『사회과학과 정책연구』 제3권 제1호, 서울대 사회과학연구소, 1981. 3.

김태영, 「성리학」, 한국사연구회편, 『한국사연구입문』, 지식산업사, 1981.

______, 「조선전기 소농민 경영의 추이」, 『조선전기 토지제도사연구』, 지식산업사, 1983.

______, 「실학의 사회사상」, 『한국의 사회사상』, 한길사, 1987.

______, 「다산의 정전제론」, 『다산 정약용 연구』, 사람의무늬, 2012.

김현영, 「다산 정약용의 사족보호론」, 공군사관학교 『논문집』 제17집, 1983. 12.

김홍명, 「다산의 전제론-서구 공상적 사회주의와의 한 비교Ⅰ」, 『다산의 생애와 사상』, 천주교 광주대교구 정의평화위원회, 1986.

나민수, 「정다산의 경제사상연구; 전제개혁론을 중심으로」, 『경기대논문집』 제30집, 1992.

다산학연구소, 『다산학보』 제1집~제9집, 1979~1988.

민성기, 「한대(漢代) 한전설(限田說) 연구-사회적 계기를 중심으로-」 『부대사학』 제1집, 1961.

박광순, 「한국어업경제사연구-어업공동체론」, 유풍출판사, 1983.

박석무, 「다산학의 민중성 고찰」, 『민족과 문학』 제1권, 세종출판사 1983.

______, 「다산의 민권의식」, 『다산기행』, 한길사, 1988.

박승구, 「한국경제사입문Ⅰ」, 백산서당, 1986.

박승규, 「다산의 전제개혁사상의 현대사적 의의」, 『진주문화』, 제9집, 진주교육대학교, 1990.

박시형, 「다산 정약용의 역사관」, 과학원 철학연구소 편, 『정다산』, 과학원출판사, 1962.

박찬승, 「정약용의 정전제론 고찰 -≪경세유표≫ <전제>를 중심으로-」, 『역사학보』 제110집, 1986. 6.

______, 「조선후기 사회·경제사상 연구 현황」, 근대사연구회 편, 『한국중세사회해체기의 제문제(상) -조선후기사 연구의 현황과 과제』(정치·사상편), (한울, 1987).

박진태, 「다산과 여전론-여전론 형성의 의미를 중심으로」, 『사림』 제35호, 수선사학회, 2010.

______, 「다산의 토지문제 인식의 추이와 연속성」, 『다산과 현대』 6, 연세대학교 강진다산실학연구원, 2013. 2.

박천우, 「조선후기 토지개혁사상 연구; 정다산의 토지개혁론을 중심으로」, 『장안논총』 제11집, 1991.

박충석, 「실학파 정치사상의 특질」, 박충석·유은호, 『조선조의 정치사상』, 평화출판사, 1980.

______, 「실학사상에서의 민본주의」, 조명기 외, 『한국사상의 심층연구』, 우석, 1983.

백민정, 『정약용의 철학』, 이학사. 2007.

______, 「[다산 정약용 탄생 250주년] 정약용의 철학과 18세기 동아시아」, 『지식의 지평』 13, 대우재단, 2012. 11.

사회과학원 역사연구소, 『조선통사(상)』, 1977, 오월, 1988 재간행.

사회과학원 경제연구소 편, 『조선인민경제사』, 『조선경제사(상)』, 미래사, 1989 재간행.

서근식, 「다산 정약용의 국가개혁론-전제개혁론을 중심으로」, 『동양고전연구』 17, 동양고전학회, 2002.

성태용, 「≪조선철학사≫의 사실성문제」, 『철학연구』 제23집, 철학연구회, 1988. 봄.

송양섭, 「반계 유형원의 공전제론과 그 이념적 지향」, 『민족문화연구』 58, 고려대민족문화연구원, 2013.

송영배, 『중국사회사상사』 (완정판), (주) 사회평론, 2012.

_____, 『고대중국 철학사상』 성균관대학교출판부, 2014.

송주영, 「성호 이익의 경제사상」, 『아세아연구』 12(4), 1969.12.

_____, 「정다산의 계급관」, 『한국실학사상대요』, 박영사, 1979.

송찬식, 「조선후기 농민에 있어서의 광작운동」, 전북사학회 편, 『한국사회사상사논선』, 학문사, 1979.

신용하, 「다산 정약용의 정전제(井田制) 토지개혁사상」, 『김철준박사화갑기념 사학논총』, 지식산업사, 1983.

_____, 「두레공동체와 농악의 사회사」, 『한국사회연구』 2, 1984. 2.

_____, 「다산 정약용의 여전제 토지개혁사상」, 한우근 외, 『정다산 연구의 현황』, 민음사, 1985.

_____, 「토론개요: 다산 경세사상의 역사적 성격」, 한우근 외, 같은 책.

_____, 「성호 이익과 연암 박지원의 한전제 토지개혁사상」, 『이원순교수화갑기념 사학논총』, 교학사, 1986. 11.

_____, 「갑오농민전쟁과 두레와 집강소의 폐정개혁 -농민군 편성, 집강소의 토지정책, 다산의 여전제·정전제 및 '두레'의 관련을 중심으로-」, 한국사회사연구회, 『한국사회의 신분계급과 사회변동』, 문학과 지성사』, 1987. 12.

_____, 「연암 박지원의 사회신분관과 사회신분개혁사상」, 『한국문화, 1989.

안병주 역해, 「유교의 정치사상」, 『맹자』, 현암사, 1965.

안병주, 『유교의 민본사상』, 성균관대학교 대동문화연구원, 1987.

안병직(서평), 「농업사연구의 문제점」, 『창작과 비평』 제11권, 제2호, 1976, 여름호.

______, 「실학의 경제사상」,『한국의 경제사상과 이론』, 서울대학교 경제연구소, 제13회 경제학 심포지움, 1987. 12.

______, 『경제유표에 관한 연구』, 경인문화사, 2017.

안재홍, 「현대사상 선구자로서의 다산선생지위」, 『신조선』 12, 1935.

안진오, 「≪맹자요의≫ 고」, 최대우 외, 『정다산의 경학』, 민음사, 1989.

양재혁, 「동양사상과 마르크시즘」, 일월서각, 1987.

양창삼, 「다산 정약용의 경영 사상에 관한 연구」, 『산업경영연구』 한양대학교, 제4집 1992.

오종일, 「다산 경세사상의 구조」, 『유교사상연구』 제2집, 유교학회, 1987. 2.

원유한, 「조선후기 실학자의 광업론 연구- 다산 정약용의 광업국영론을 중심으로」, 『한국근대사회경제사연구』, (노산 유원동박사 화갑기념 사학논총), 정음문화사, 1985.

원재린, 『조선후기 성호학파의 학풍연구』 혜안, 2003.

______, 「성호 이익의 국가개혁론과 그 사상적 특질」, 『태동고전연구』 제26집, 2010. 12.

원재연, 「다산 여전제의 사회 사상적 배경에 대한 일고찰」, 『교회사연구』 제10집, 1995.

유승주, 「조선후기 광업정책론」, 『한국사상대계Ⅱ』, (사회·경제사상 편), 성균관대학교 대동문화연구원, 1976.

유연식, 「정약용의 토지법 사상 연구」, 『상지논총』 제1집, 1995.

______, 「정약용의 토지법 시장과 구약의 회년 토지법 사상의 비교」 상지대학교 대학원 박사학위 논문, 2003.

윤대식, 이익의 개혁론에 내포된 예법겸전 — 인치(人治)와 법치(法治)의 조화, 철학과 문화 제14집, 2007.

윤사순, 「근대(조선말기) 유학에 관한 연구- 성리학과 실학의 구분점을 중심으로」, 『동양학』 제12집, 단국대 부설 동양학연구소, 1982.

_____, 『한국유학사상론』, 열음사, 1986.

이경식, 「조선전기의 토지개혁논의」, 『한국사연구』 제61·62집, 1988. 10.

이남영, 「다산의 경세사상」, 『철학』 제25집, 한국철학회, 1986. 7.

_____, 「북한의 ≪조선철학사≫ 서술의 특징과 문제점」, 『철학연구』 제23집, 철학연구회, 1988 봄.

이동현, 「조선시대의 토지개혁사상-균전제와 여전제를 중심으로」, 『한국지적정보학회지』 4, 2002. 12.

이배용, 「다산의 신분관에 대한 재검토」, 『조선신분사연구』, 법문사, 1987.

이상은, 「실학사상의 형성과 전개」, 『창조』, 1972. 12.

이성광, 『민중의 역사』, 열사람, 1989.

이세영, 「18,9세기 곡물시장의 형성과 유통구조의 변동」, 『한국사론』 9, 1983.

_____, 「주자의 『맹자집주(孟子集註)』에 보이는 '정전제(井田制)'의 성격」, 『역사문화연구』 제32집, 2009. 2.

_____, 「조선후기의 권분(勸分)과 부민(富民)의 실태」, 『역사문화연구』, 제34집, 2009. 10.

이영협, 「실학파의 경자유전론」, 『낙원지』 제14집, 건국대, 1979.

이영훈, 『조선후기사회경제사』, 한길사, 1988.

_____, 「다산의 정전제개혁론과 왕토주의」, 『민족문화』, 19, 민족문화연구원, 1996.

이우성, 「한국의 사회사상을 어떻게 볼 것인가」, 『한국의 사회사상』, 한길사, 1987.

_____, 「조선실학과 성리학의 관계-반계 유형원의 경우」, 『동방학지』, 58, 1989.

이을호, 『다산경제사상연구』, 을유문화사, 1966.

_____, 「이조후기 신유학의 경학사상사적 연구」, 『철학』 8, 1974.

_____, 「삼강오륜론」, 『다산학의 이해』, 현암사, 1975.

_____, 「실학사상의 철학적 측면」, 『한국사상』 13, 1975.

______, 『정다산의 생애와 사상』, 박영사, 1979.

______, 「공자사상과 다산경학」, 한국공자학회 엮음, 『공자사상과 현대』, 사사연, 1985.

이정철, 「반계 유형원의 전제개혁론과 그 함의」, 『역사와 현실』, 제74호, 한국역사연구회, 2009.

이종후·윤명노, 「전통사상에 나타난 융화정신」, 『한국철학사상연구』, 한국정신문화연구원, 1982.

이준모, 「≪조선철학사≫에 적용된 유물사관」, 『철학연구』 제23집, 철학연구회, 1988. 봄.

이춘식·신승하, 『중국통사』, 한국방송통신대학, 1986.

이호철, 『조선후기 농업경제사』, 한길사, 1986.

______, 「조선시대 사회경제사연구의 새로운 지평을 위하여」, 『역사비평』, 역사문제연구소, 1988년 봄호.

이희덕, 「고려시대 유교의 역할」, 『한국사론』 18, 국사편찬위원회, 1988.

임병훈, 「다산 정약용의 국영광업정책경영론-사회개혁사상의 발전 및 사회개혁론체계와 관련하여-」, 『동방학지』 제54·55·56 합집, 1987. 6.

임재윤, 『정약용의 교육개혁사상』, 전남대학교출판부, 1999.

임형택, 「다산의 '민(民) 주체 정치사상의 이론적 현실적 근거 : '탕론' '원목'의 이해를 위하여」, 강만길 정창렬 외 9명, 『다산의 정치경제사상』, 창작과 비평사, 1990.

장동우, 「주례의 경학사적 위상과 개혁론-왕권과 예치에 대한 문제의식을 중심으로」, 연세대학교 국학연구원 편, 『한국 중세의 정치사상과 주례』, 혜안, 2005.

장동희, 『정다산의 행정사상』, 일지사, 1986.

장승희, 「조선후기 실학의 유토피아 사상-반계 유형원을 중심으로」, 『유교사상문화연구』, 47, 2012. 3.

전석담·허종호·홍희유, 『조선에서 자본주의적 관계의 발생』, 사회과학출판사, 1970, 이성과 현실, 1989 재간행.

정구복, 「실학」, 한국사연구회편, 『한국사연구입문』, 지식산업사, 1981.

정병련, 「≪맹자요의≫ 변석(辨析)요령」, 『다산학보』 제9집(상), 다산학연구원, 1987.

______, 「다산의 ≪맹자요의≫ 평의(Ⅰ)」, 『유교사상연구』 제3집, 유교학회, 1988.

정석종, 「다산 정약용의 경제사상 -그의 전제개혁안을 중심으로-」, 『이해남박사화갑기념 사학논총』, 일조각, 1970.

______, 「다산 저작에 대한 2·3의 문제」, 『정신문화』, 한국정신문화연구院, 1983년 봄호.

정성철, 『실학파의 철학사상과 사회정치적 견해』, 사회과학출판사, 1974, 한마당, 1989 재간행.

정순우, 「다산연구의 제논점과 쟁점」, 『한국학대학원논문집』 제8집, 1993.

정원옥, 「실학파의 전제개혁론 소고-한전법을 중심으로-」, 『경희사학』 제3집, 1972. 1.

정윤재, 「정약용의 자작적(自作的) 인간관과 왕정개혁론-조선후기 정치권력의 공공성문제와 관련하여」, 『한국정치학회보』 33(4), 한국정치학회, 2000. 2.

정재식, 「유교윤리와 사회변혁-전통의 연속과 단절의 문제」, 『동방학지』 33, 1982.

정재정, 「조선후기 실학연구의 동향과 ≪국사≫ 교과서 서술의 변천」, 『역사교육』 제39집, 1986. 6.

정진석, 「다산 정약용의 철학사상」, 과학원 철학연구소 편, 『정다산』, 과학원 출판사, 1962.

정진석·정성철·김창원, 『조선철학사(상)』, 과학원역사연구소, 1961, 『조선철학사연구』, 광주, 1988 재간행.

정창렬, 「실학」 이가원 등편, 『한국학연구입문』, 지식산업사, 1981.

정하명·이충진, 「정약용의 군사방위체제관과 <민보의>」, 국방부 전사편찬위원회, 『군사』 3, 1981. 12.

조 광, 「실학자의 국방의식」, 『한국사론』 9, 국사편찬위원회, 1981.

_____, 「조선후기 실학자의 군제개혁론」, 『동양학』 제18집, 1988.

조기준, 「실학의 전개와 사회과학적 인식」, 『한국사상대계』 Ⅱ (사회·경제사상 편), 성균관대학교 대동문화연구원, 1976.

_____, 『한국경제사』, 개정판, 일신사, 1987.

_____, 「실학사상의 사회경제적 인식」, 『한국자본주의 성립사론』, 대왕사, 1987.

조동원, 「정이(程頤)의 제민산론(制民產論)과 역전(易傳)」, 『부대사학』 10, 1986.

조성을, 「정약용 저작의 체계와 <여유당집> 잡문의 재구성」, 『규장각』 8, 서울대학교 도서관, 1984. 12.

_____, 「정약용의 신분제개혁론」, 『동방학지』 제51집, 연세대 국학연구원, 1986. 6.

_____, 「실학파의 토지개혁론; 유형원. 이익. 정약용을 중심으로」. 『토지연구』 제1집 4호, 1990.

_____, 「정약용의 정치경제 개혁사상 연구」, 연세대학교 박사학위논문, 1991. 12.

_____, 「정약용의 상업적 농업 발전론」, 『인문논총』, 아주대학교, 제6집, 1995.

_____, 『연보로 본 다산 정약용』, 지식산업사, 2016.

조은정, 「다산의 저술과 그에 관한 연구문헌 분석고」, 전남대학교 석사학위논문, 1999. 8.

조의설, 『세계사대사전』, 민중서림, 1976.

지두환, 「조선후기 실학연구의 문제점과 방향」, 『태동고전연구』제3집, 한림대학 부설 태동고전연구소, 1987. 2.

_____, 「실학관계연구논저 총목록」, 『태동고전연구』 제3집, 한림대학 부설 태동고전연구소, 1987.

차기진, 「다산의 서학 인식 배경과 서학관」, 『한국학대학원논문집』, 제8집, 1993

천관우, 「조선후기 실학의 개념 재론」, 『한국문화사대계』 Ⅳ, 고대민족문화연구소, 1970.

_____, 「반계 유형원 연구」, 『근대조선사연구』, 일조각, 1979.

최기복, 「다산의 사생구원관」, 『종교신학연구』 제4집, 서강대학교, 1991.

최대우, 「맹자요의에 나타난 다산 인성논의 특징」, 『용봉논총(인문과학연구)』 제25집, 전남대학교 인문과학연구소, 1996. 2.

최상천, 「정약용의 <여전론> 연구 서설」, 『효성여대연구논문집』 제40집, 1990.

최성철, 「조선후기 실학의 개혁사상 -17·8세기 사회·경제적변동과 관련하여-」, 『한국학논집』 제6집, 한양대 한국학연구소, 1984. 8.

최윤오, 「반계 유형원의 정전법과 공전제」, 『역사와 현실』, 42, 2001. 12.

_____, 「조선후기 토지개혁론과 토지공개념」, 『역사비평』, 2004. 2.

_____, 「조선시기 토지개혁론의 원리와 공법(貢法)·조법(助法)·철법(徹法)」, 『역사와 실학』, 32, 2007.

_____, 「반계 유형원의 공전제국가론」, 『반계 유형원 연구』 실학연구총서, 『사람의 무늬』, 2013. 5.

최익한, 『실학파와 정다산』, 국립출판사, 1955.

한상권, 「18세기말~19세기초의 장시발달에 대한 기초연구 -경상도 지방을 중심으로」, 『한국사론』 7, 1981.

_____, 「조선후기」, 『역사학보』 제116집, 1987. 12.

한영우, 『정도전사상의 연구』, 서울대학교출판부, 1973.

_____, 「조선전기 성리학파의 사회경제사상」, 『한국사상대계』 Ⅱ (사회·경제사상 편), 성균관대학교 대동문화연구원, 1976.

_____, 『조선전기사회경제연구』, 을유문화사, 1983.

_____, 「조선왕조의 정치·경제 기반」, 『한국사』 9, 국사편찬위원회, 1984.

_____, 「다산 정약용의 역사관」, 한우근 외, 『정다산연구의 현황』, 민

음사, 1985.

한우근, 「성호 이익의 사상연구」, 『이조후기의 사회와 사상』, 을유문화사, 1961.

허종호, 「한민명전의 〈限民名田議〉 연구」, 『역사연구』, 1962년 제5호.

홍덕기, 「다산 정약용의 토지개혁사상 연구 -여전론을 중심으로」, 전남대학교 박사학위논문, 1990. 2.

_____, 『다산 정약용의 토지개혁사상,』 전남대학교출판부, 2001.

홍이섭, 『정약용의 정치경제사상연구』, 한국연구도서관, 1959.

황인호, 「다산의 공동체론 -<전론>을 재해석하여」, 연세대학교 석사학위논문, 1987. 2.

3. 외국문헌

甲斐道太郎 外, 『所有權思想の歷史』, 강금실 옮김, 돌베개, 1984.

京大 東洋史辭典 編纂會 編, 『新編東洋史辭典』, 創元社, 1979.

高橋辛八郎 編, 『土地所有の比較史的研究』, 東京大學出版會, 1963.

高橋亨, 「朝鮮學者の土地平分說と共産說」, 『服部先生古稀祝賀紀念論文集』, 1936.

廣常人世, 「孟子」, 宇野精一·中村 元·王城康四郎 編, 『講座東洋思想』 2, 東京大學 出版會, 1967.

堀 敏一, 『均田制の研究-中國古代國家の土地政策と土地所有制-』, 岩波, 1975.

大塚久雄, 『共同體の基礎理論』, 改版, 岩波書店, 1970.

藤塚隣, 「李朝の學人と乾隆文化」, 『清朝文化東傳の研究』, 國書刊行會, 1975.

_____, 「朴楚亭·柳惠風の入燕と淸儒」, 『清朝文化東傳の研究』, 國書刊行會, 1975.

末松保和, 「朝鮮正祖朝に於ける書物傳來の一例-古今圖書集成の場合-」, 『朝鮮』, 1937.

綿谷赳夫,『農業と漁業の共同經營』, 農林統計協會, 1980.

浜中 昇,『朝鮮古代の經濟と社會-村落·土地制度史研究』, 法政大學 出版局, 1986.

山口正之,「近世朝鮮に於ける西學思想の東漸其發展」,『小田先生頌壽紀念朝鮮論集』, 1934.

山內正博,「李朝の課稅單位 "結負" 制についての丁若鏞(1762~1836)の理解」,『宮崎大學 教育學部 紀要 社會科學』 제57호, 1985.

西嶋定生,『中國古代社會經濟史』, 卞麟錫 編譯, 學文社, 1983.

小谷汪之,『共同體と近代』, 青木書店, 1982.

小竹文夫,「中國井田論考」,『東京教育大學文學部紀要』 31, 1961.

守屋美都雄,「漢代家族の形態に關する考察」,『中國古代の家族と國家』, 東洋史研究會, 1968.

安秉珆,『朝鮮近代經濟史研究』, 日本評論社, 1975.

周藤吉之,『中國土地制度史研究』, 東京大學出版會, 1954.

________,『宋代經濟史研究』, 東京大學出版會, 1962.

________,「宋代の土地制度論-井田論·限田論お中心として-」,『唐宋社會經濟史研究』, 東京大學出判會, 1965.

淺見倫太郎,『朝鮮法制史考』, 1922.

和田 清 編著,『支那官制發達史』, 汲古書院, 1978.

金洸鎭,「土地問題に關する丁茶山の思想」,『朝鮮の偉大な思想家-丁若鏞』, 朝鮮大學校, 1962. 8.

朴宗根,「茶山丁若鏞の土地改革思想の考察-耕作'能力に應じた'土地分配お中心として-」,『朝鮮學報』 第28輯, 1963.

______,「李朝後期の實學思想(上)-茶山 丁若鏞の社會改革論」,『思想』 第562號, 1971. 4.

______,「李朝後期の實學思想(下)-茶山 丁若鏞の社會改革論」,『思想』 第567號, 1971. 9.

徐連達·吳浩坤·趙克堯,『中國通史』 上海: 復旦大學出版社, 1986. 12. 中

國史硏究會 譯, 『中國通史』 靑年社, 1989.

林語堂, 『孔子의 思想』, 閔丙山 譯, 玄岩社, 1972.

趙 岡·陳鍾毅, 『中國土地制度史』, 尹貞粉 譯, 大光文化史, 1985.

侯外廬 主編, 『中國哲學史』 上, 梁再赫 譯, 일월서각, 1988.

H.G.Creel, *Confucius, the Man and the Myth*, New York : 1949, 李成珪 譯, 『孔子 : 人間과 神話』, 知識産業社, 1983.

K.Marx, *Pre-Capitalist Economic Formations*, New York : Internationai Publishers, 1964.

■ 찾아보기

ㅇ

ㅈ

ㅊ

• 저자 약력

저자 홍덕기는 전남대학교에서 경제학박사학위를 받았으며 1985년부터 전남대학교 경제학부 교수로 재직하고 있다. 그리고 미국 듀크대학교 경제학부 방문교수(2001-2003)를 역임했다.

오랫동안 학생참여형교육에 관심을 갖고 교내외에서 교수들을 대상으로 교수법 특강을 해왔으며, 전남대학교 교육(최)우수교수로 선정(2006, 2010, 2015, 2017)된 바 있다.

저서와 논문으로는 『다산 정약용의 토지개혁사상』(2001년도 문화관광부 우수학술도서) 『한국경제의 이해』(공저), 『대학 교양교육에 대한 분과학문의 성찰』(공저), 「정유 박제가의 경제사상」, 「리카도의 가치론에 관한 연구」, 「공리주의적 후생개념과 후생경제학」, 「방법론적 개인주의와 신고전학파 경제학」등 다수가 있다.

다산 정약용의 토지개혁사상(개정판)

2001년 3월 30일 초 판 발행
2018년 12월 20일 개정판 발행

지은이 | 홍덕기
펴낸이 | 정병석

펴낸곳 | 전남대학교출판문화원
주소 | 61186 광주광역시 북구 용봉로 77
전화 | (062) 530-0571~3 팩스 | (062) 530-0579
등록 | 1981. 5. 21. 제53호
홈페이지 | http://www.cnup.co.kr
이메일 | cnup0571@hanmail.net

값 16,000 원

ISBN 978-89-6849-592-2 (93320)